Juliana und Dieter Kreutzkamp on tour

Dieter Kreutzkamp, Jahrgang 1946, ist Buchautor, Fotograf, Diplom-Verwaltungswirt und Abenteurer aus Leidenschaft. Über seine Reiseerfahrungen schrieb der fundierte Kenner vieler Länder zahlreiche Reportagen und Bücher.

Bei Frederking & Thaler erschienen die Titel:

Yukon River
Spurensuche in Namibia
Rund um den roten Kontinent
Traumzeit Australien
Am schönsten Ende der Welt – Neuseeland
Husky-Trail
Mit dem Kanu durch Kanada
Weltreise – 4300 Tage unterwegs auf fünf Kontinenten
Das Blockhaus am Denali
Motorradsommer – Mit der Harley durch Südosteuropa (Mai 2008)

www.frederking-thaler.de

Bibliografische Information Der Deutschen Bibliothek
Die Deutsche Bibliothek verzeichnet diese Publikation in der Deutschen Nationalbibliografie; detaillierte bibliografische Daten sind im Internet über http://dnb.ddb.de abrufbar.

NATIONAL GEOGRAPHIC ADVENTURE PRESS
Reisen · Menschen · Abenteuer
Die Taschenbuch-Reihe von
National Geographic und Frederking & Thaler

1. Auflage Februar 2008, erstmals im Taschenbuch

Text und Fotos: Dieter Kreutzkamp
Umschlagfoto oben: Getty Images/Simon Watson
Lektorat: Tamara Trautner, Berlin
Karten: Eckehard Radehose, Schliersee
Umschlaggestaltung: Dorkenwald Grafik-Design, München
Herstellung: Büro Sieveking, München
Druck und Bindung: CPI – Clausen & Bosse, Leck
Printed in Germany

ISBN 978-3-89405-843-2
www.frederking-thaler.de

Das Papier wurde aus chlorfrei gebleichtem Zellstoff hergestellt.

DIETER KREUTZKAMP

GO EAST

Mit der Harley nach Sankt Petersburg

NATIONAL GEOGRAPHIC
FREDERKING & THALER

NORWEGEN
Oslo
Stockholm
Skagerak
SCHWEDEN
Kattegatt
Kopenhagen
DÄNEMARK
Ostsee
Frombork
(Frauenburg)
Rügen
Elblag
Pommersche Bucht
Lübeck
Rostock
Swinoujscie
(Swinemünde)
Gdańsk (Danzig)
Malbork
(Marienburg)
Hamburg
Kwidzyn
(Marienwerder)
Elbe
DEUTSCHLAND
Szczecin
(Stettin)
Grudziądz
(Graudenz)
Odra (Oder)
Pila
(Schneidemühl)
Chełmno (Kulm)
Toruń (Thorn)
Beginn der Reise
Hannover
Braunschweig
Berlin
Kostrzyn
(Küstrin)
Gorzow Wlkp.
(Landsberg)
Magdeburg
Frankfurt/
Oder
Poznań
(Posen)
POLEN
Elbe
Odra (Oder)
Leipzig
Neiße
Saale
Görlitz
Wrocław
(Breslau)
Gera
Dresden
Jelenia Góra
(Hirschberg)
nach Cheb (Eger)
nach Kłodzko (Glatz)

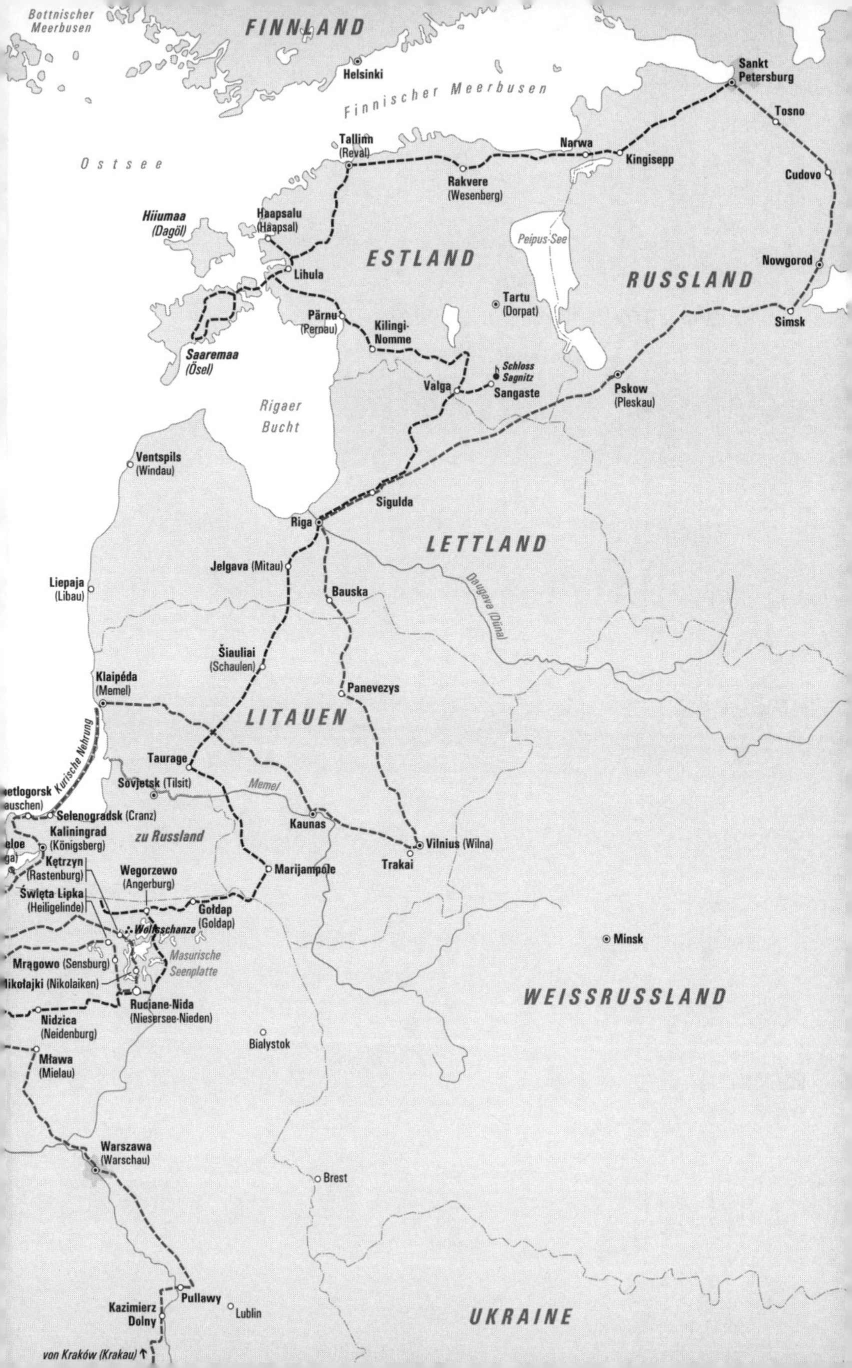

Bottnischer Meerbusen
FINNLAND
Helsinki
Finnischer Meerbusen
Sankt Petersburg
Tosno
Tallinn (Reval)
Narwa
Kingisepp
Ostsee
Rakvere (Wesenberg)
Cudovo
Hiiumaa (Dagöl)
Haapsalu (Haapsal)
Peipus-See
ESTLAND
Nowgorod
Lihula
RUSSLAND
Tartu (Dorpat)
Pärnu (Pernau)
Kilingi-Nomme
Simsk
Saaremaa (Ösel)
Schloss Sagnitz
Valga
Sangaste
Pskow (Pleskau)
Rigaer Bucht
Ventspils (Windau)
Sigulda
Riga
LETTLAND
Jelgava (Mitau)
Liepaja (Libau)
Bauska
Daugava (Düna)
Šiauliai (Schaulen)
Klaipéda (Memel)
Panevezys
Kurische Nehrung
LITAUEN
Taurage
Sovjetsk (Tilsit)
Memel
Selenogradsk (Cranz)
Kaliningrad (Königsberg)
zu Russland
Kaunas
Vilnius (Wilna)
Trakai
Kętrzyn (Rastenburg)
Wegorzewo (Angerburg)
Marijampole
Święta Lipka (Heiligelinde)
Gołdap (Goldap)
Wolfsschanze
Minsk
Mrągowo (Sensburg)
Masurische Seenplatte
Ruciane-Nida (Niesersee-Nieden)
WEISSRUSSLAND
Nidzica (Neidenburg)
Bialystok
Mława (Mielau)
Warszawa (Warschau)
Brest
Pullawy
Kazimierz Dolny
Lublin
UKRAINE
von Kraków (Krakau)

Reisen ist tödlich für Vorurteile.

MARK TWAIN

Inhalt

1
»Born to be wild«

Mein Motorrad war meine erste große Liebe, und wie bei einem Verliebten, der die Welt in rosaroten Farben sieht, kreiste für mich alles um meine 250er BMW. Wir rauschten zusammen von der Nordsee bis zu den Alpen, und wenn auf einer der stillen Heidestraßen zwischen Celle und Lüneburg die Abendsonne zwischen weißen Birkenstämmen hinter dem Horizont versank, stoppte ich und feierte meine Freiheit, die weit über das Ende der Straße und weit über den Horizont hinausreichte.

Ich war romantisch. Ich war 18.

Mit 17 hatte ich die Prüfung für den Motorradführerschein bestanden. Ich hatte die Tage bis zum 18. Geburtstag gezählt, an dem mir der heiß ersehnte »Lappen« endlich in die Hand gedrückt wurde.

An jenem 25. Mai beginnt meine Zeitrechnung als Biker. Hier beginnt auch meine Geschichte.

Dabei hinkte ich der Zeit hinterher. In den Sechzigerjahren war die Motorradbegeisterung in Deutschland auf dem Tiefpunkt. Nach dem Boom der Fünfziger, als zwei Millionen auf NSU-Max, Zündapp, Herkules, Adler oder BMW über die schmalen, katzenbuckeligen Straßen geknattert waren, hatten jetzt Lloyd-Plastikbomber, VW-Käfer, Ford Taunus, Bulli und Opel-Rekord die Straßen erobert. Genau da fiel mein Blick auf eine BMW R25/3, Baujahr 1953.

Ausgerechnet ein Motorrad! Bis heute weiß ich nicht so recht, warum. Ich hatte weder Rockerambitionen, noch war ich ein hartgesottener Rebell à la Marlon Brando im Hollywood-Klassiker *Der Wilde* von 1953. Adlerkopf-Tattoos waren auch nicht mein Ding, und auf meiner sperrigen, zu groß geratenen Lederjacke, die ich von einem reisenden Friseur ergatterte, als der auf eine BMW-Isetta umstieg, sollte auch nie ein Totenkopf prangen.

Das Motorrad bedeutete für mich Freiheit und Aufbruch zu neuen Ufern. Auf ihm würde ich die Welt erobern. Das war so sicher wie das Amen in der Kirche, noch bevor ich das erste Mal den Kickstarter trat und 13 Pferdestärken in Geschwindigkeit umsetzte. Keiner grinste über meine PS-Bescheidenheit. Und wenn ich eng an meine Maschine geschmiegt über die Landstraßen flog und verfolgte, wie die Tachonadel Millimeter für Millimeter weiterkroch, bis sie bei der 120-Stundenkilometer-Marke ihr Limit fand, wusste ich, dass das, was ich von meinen monatlichen 200 DM Praktikantenbezügen abzweigte, richtig investiert war.

Biker sind Nonkonformisten, Aufbegehrer, Rebellen. Ich fand, dass ich in dieses Klischee passte: mit meiner Auflehnung gegen Vater, der mich in den Beruf des gehobenen Beamten drängte, während ich dem »Lebenslänglich« am Schreibtisch die Freiheit der Straße vorzog. Seltsamerweise war es ausgerechnet mein Vater, der seinem 17-Jährigen eines Tages verkündete, ein Kollege wolle seine 250er BMW verkaufen: »Das wär doch was für dich …«

Vermutlich schlugen zwei Herzen in Vaters Brust. Und sollte es eine genetische Veranlagung für Motorradleidenschaft geben, habe ich sie von ihm. Als 19-Jähriger schlug er sich mit einem schweren BMW-R75-Gespann durch Russland, bis er vor Leningrad zum Stehen kam. Auf dem Rückzug durch Estland in Richtung Ostpreußen wurde die R75 unter ihm weggeschossen, und er stieg auf eine KS 750 um, das legendäre allradgetriebene Wehrmachtsgespann von Zündapp. Das war 1942–1945.

Stundenlang träumte ich über seinen zerknitterten Schwarz-Weiß-Fotos und lauschte Motorrad-Storys, in denen er den Krieg zwar ausblendete, mir das Motorradabenteuer aber umso farbiger ausmalte.

Ich zerbrach mir nie den Kopf darüber, warum ich im zweiten Jahr meiner Bikerkarriere einen gebrauchten Steib-Seitenwagen kaufte und von nun an Gespann fuhr. Damit schwamm ich gegen den Strom, denn Mitte der Sechzigerjahre fuhr eigentlich niemand mehr Motorrad mit Seitenwagen. Vielleicht wirkten die Abende über Vaters Bildern in mir nach …

Zwei Jahre später, im Mai 1966, verkaufte ich mein BMW-Gespann, auch weil ich jetzt eine weitere Liebe gefunden hatte und Juliana eher vier Rädern traute.

Meine Bikerträume begrub ich bis auf weiteres in meinem »Kästchen für Unerfülltes«. Andere Träume wurden Realität; als Juliana und ich in Zentralalaska in Blockhütten lebten, herrlich lange Nordlandsommer im Kanu durch Kanada paddelten, uns zu Fuß über den Himalaja schlugen oder mit Fahrrädern durch Australiens Wüsten strampelten.

Aber ich blieb der Träumer von damals, und einmal träumte ich von einer Harley. Ihr Chrom blitzte, und sie glänzte geheimnisvoll wie eine Tropennacht, in der ein blässlicher Mond das samtige Nachtschwarz untermalt.

Es war eine Harley Fat Boy.

Wie sich die Dinge wohl entwickelt hätten, wenn mir nicht eines Samstagabends durch Zufall eine DVD in die Hände geraten wäre, deren Titel mich schon elektrisierte: *Easy Rider*, Kultfilm der Sechziger- und Siebzigerjahre. Ein Streifen, der das Lebensgefühl einer ganzen Generation Alternativer und Unangepasster widerspiegelt. Auf meine Art gehöre ich dazu: als einer, der gern gegen den Strom schwimmt, weil mit der Strömung zu treiben zu wenig Herausforderung bietet.

Ich freute mich auf die Harley-Fahrszenen von Los Angeles quer durch das spießige Amerika der Sechziger bis nach New Orleans und schob die DVD in den Player. Gleich würden Dennis Hopper alias Billy und Peter Fonda alias Wyatt mit ihren legendären Harley-Choppern über die Colorado-Brücke brettern. Irgendwann erwacht Jack Nicholson als versoffener Rechtsanwalt George Hanson nach durchzechter Nacht mit Brummschädel im Knast, um kurz darauf seine langhaarigen Zellennachbarn Billy und Wyatt aus diesem korrupten Westernnest freizupauken. Sie besteigen die beiden Harleys und fahren los, der Freiheit entgegen …

Vor 20 Jahren hatte ich den Film das letzte Mal gesehen, damals noch als miserable Videoaufnahme. Jetzt berauschte mich auch die digitale Wucht des Filmhits *»Born to be wild«*. Unvermittelt kam das Ende: Der hinterhältige Südstaatler legt seine Schrotflinte aus dem Pick-up-Truck auf die beiden harmlos-netten Spinner Wyatt und Billy an und schießt sie über den Haufen.

Ich war noch benommen vom letzten Bild der brennenden Harley, als ich die DVD aus dem Laufwerk fingerte. Da wechselte das Gerät in den Fernsehmodus, und die Bilder des Abendprogramms flimmerten über die Mattscheibe.

»Ich schalte mal aus.« Juliana bewegt sich auf den Fernseher zu.

»Moment …«, sage ich.

Es ist Samstag, der 21. Mai 2005. In der *Hannoverschen Allgemeinen Zeitung* werden wir in der Montagsausgabe lesen: »Deutschland ist Letzter geworden beim Eurovision Song Contest in Kiew. Das passt in die Stimmung in diesem Jammerland … Gracia (22) landete mit *›Run and Hide‹*, der düstersten Nummer des Abends, auf dem 24. Platz. Vier kümmerliche Mitleidspunkte bekam sie, zwei davon vom ärmsten Land Europas (Moldawien) und zwei vom reichsten (Monaco). Spektakulärer kann man kaum scheitern.«

Während nach dem Grand Prix in fast ganz Europa die Sektkorken knallten, war Deutschland in Katerstimmung. Nicht mal die sonst wohlmeinenden Nachbarn Schweiz und Österreich hatten dem Loser Almosenpunkte zugeschnippt. Stattdessen hatte das bettelarme Moldawien mit *»Boonika Bate Toba«* (Oma schlägt die Trommel) alle Lacher auf seiner Seite. Die Belohnung: Platz sechs. Das kleine Lettland räkelte sich wohlig auf Rang fünf. Malta folgte dem Gewinner Griechenland auf dem Fuß. Und Deutschland hinkte mit der roten Laterne hinterher.

»Europa hat uns überholt«, unkte Juliana nach dieser Ohrfeige.

An diesem Abend öffnete sich eine Blüte, die offenbar geduldig genau auf diesen Moment gewartet hatte ... Da ging etwas ab, was ich nicht zuordnen konnte. Klar, Europa hatte sich neu geformt und war dabei, sich im Rekordtempo neu zu orientieren. Länder, die ich bislang nur am Rande wahrgenommen hatte, gaben zunehmend den Ton an; da waren die Verlagerung von Arbeitsplätzen in die Slowakei, Polens neues Selbstbewusstsein beim Irak-Einsatz. Und jetzt dieser Ausgang des Eurovision Song Contest in Kiew ...

Ich wollte an dieser Blüte schnuppern und beim Auf- und Umbruch im neuen Europa dabei sein. Aber dafür musste ich die neuen Länder erst einmal kennen lernen.

Ich bin mit den meisten Winkeln der Welt vertraut, war aber noch nie in Polen oder im Baltikum. San Francisco, Sydney, Windhoek/Namibia, Anchorage/Alaska oder Neu-Delhi kenne ich wie meine Westentasche, nicht aber Krakau.

Dabei liegt die ehemalige Hauptstadt Polens nur acht Fahrstunden von unserem Zuhause entfernt.

Schikanen an den östlichen Grenzübergängen sind längst Geschichte, und die neuen EU-Länder gelten für Reisende als sicher. Seit dem Bei-tritt der Zehn am 1. Mai 2004 herrscht zwischen der blauen Adria und den grünen Wäldern Russlands eine nie da gewesene Reisefreiheit. Fast grenzenlos.

Passt zu deiner grenzenlosen Reiselust! Ich schmunzelte, verriet Juliana aber noch nichts von meinen aufkeimenden Plänen. Dank *Easy Rider* hatte meine alte Motorradleidenschaft kräftigen Aufwind gekriegt, dank Song Contest war mein Interesse für die Länder des Ostens entbrannt. Zusammen ergäbe das einen prickelnden Reise-Cocktail: mit der Harley durchs neue Europa!

Was würde Juliana dazu sagen? Würde sie zurückschmettern: »Vergiss es! Mit Wohnmobil ist's doch viel bequemer«?

Ich kenne sie als Kumpan auf zahlreichen Expeditionen, bei vielen Extremabenteuern saßen wir im selben Boot – so schnell kriegt sie nichts unter. Andererseits weiß ich um ihre Vorbehalte gegenüber Motorrädern. Da war diese noch immer nicht ganz bewältigte Begebenheit, fast auf den Tag genau vor 39 Jahren ...

Ich überlegte, wie ich sie am geschicktesten umgarnen könnte. Allein die Aussicht, mit einer Harley Fat Boy zu reisen, reichte nicht aus. Würde sie sich mit schicken Fotos und beeindruckenden Fakten umschmeicheln lassen? Leergewicht 298 Kilo! Zulässiges Gesamtgewicht 492 Kilo! (Diese Obergrenze würden wir mit allem Reisegepäck locker erreichen. Und das tägliche Packen verhieß Stress!) Wie wär's mit Superlativen: Hubraum satte 1338 Kubik!

Auch das Argument, die Fat Boy sei seit ihrer Geburtsstunde im Jahr 1990 eine der meistverkauften Harleys, würde sie kaum becircen. Und die chromblitzenden Auspuffrohre funktionieren eher als Köder für Männer, die auf so was abfahren wie auf schwingende Hüften in knappen Jeans.

Es gibt keinen vernünftigen Grund, auf einer frei liegenden Konstruktion aus Stahl- und Eisenteilen, Bowdenzügen, Chrom, Kabeln, und Hebeln ohne schützende Blechkarosserie und Windschutzscheibe ausgerechnet zwischen Adria und Finnischem Meerbusen unterwegs zu sein.

Juliana könnte mit gutem Grund kontern, kein Mensch habe im Verlauf der Evolution je etwas ohne zwingenden Grund getan – warum dann gerade wir? Und außerdem würde sie nicht einmal selbst »biken«, sondern nur meine Sozia sein …

Ich musste behutsam vorgehen, wenn aus meiner »Schnapsidee« mehr werden sollte.

2
Mit dem Motorrad – eine Schnapsidee?

Es war Ende Mai, in den Bier- und Hausgärten waren die Sommerboten längst eingezogen. Ich saß über den Straßenkarten des neuen Europa, und je höher das Häuflein vor mir wuchs, umso neugieriger wurde ich. Natürlich blieben meine Aktivitäten Juliana nicht verborgen.

Dass sie bei einer Autoreise oder einer Outdoor-Aktivität sofort dabei sein würde, war mir klar. Unsere gemeinsamen Abenteuer der vergangenen zwei Sommer und Winter waren spannend gewesen; wir waren mit einem Faltboot durch Alaska gepaddelt und mit Hundeschlitten gereist. Aber eben nicht mit dem Motorrad.

Und so fragte ich sie irgendwann: »Begleitest du mich auf einem Harley-Trip durchs neue Europa?«

Ihr Zögern versetzte mich 39 Jahre zurück.

Das Grau des Himmels verhieß keinen Traumtag für Biker, und doch hatte ich Lust auf eine Spritztour. Ich war knapp 20, Juliana fehlten ein paar Monate bis zum 17. Geburtstag. In diesem Alter versetzt man Berge. Ich bemühte mich jedenfalls nach Kräften.

Für all das, was ich vom Leben erwartete, reichte die Distanz zwischen mir und dem Horizont nicht aus. Erst der Abschluss meiner Aus-bildung, das war klar. Dann ein paar Jahre gutes Geld verdienen und anschließend den Spießerjob hinschmeißen, um das zu tun, was ich seit jeher tun wollte: auf Weltreise gehen, ein Abenteurer sein. Ich war sicher, Juliana empfand ebenso.

Ich war gut drauf, als ich an diesem düsteren Märzmorgen mein BMW-Gespann vom elterlichen Grundstück auf die Straße schob.

Ich stellte den Sprithahn in Fließposition, stülpte meinen blauen Römerhelm mit den weißen Kunststoffohrmuscheln am Ledersaum über den Kopf, schloss den Kinngurt. Ein Dreh am Gasgriff, ein schneller Tritt, und meine schwarze 250er BMW sprang blubbernd an. Mein Bruder hörte das Grummeln des Einzylinders und baute sich vor mir auf: »Wohin soll's denn gehen?« Hilmar ist zwei Jahre jünger als ich, und unterschiedlicher können zwei Brüder kaum sein – abgesehen von unserer Leidenschaft fürs Motorradfahren (jedenfalls bis zu diesem Tag).

»'n bisschen rumkurven«, sagte ich.

Er setzte sich hinter mich, und wir fuhren in den grauen Morgen. Nachmittags würden wir Juliana von einer Klassenfeier ihres Gymnasiums abholen.

Irgendwann blickte ich auf die Uhr: »14 Uhr, wir müssen umkehren«, sagte ich zu Hilmar hinter mir auf dem Sozius. Den Platz im Seitenwagen hatten wir für Juliana frei gelassen. Wir tuckerten mit dem Gespann gemächlich die Bundesstraße 217 zurück, an Feldern entlang, auf denen Bauern die Frühjahrssaat ausbrachten. Vögel jubelten trotz des verhangenen Himmels dem Frühling entgegen. Ein beschauliches Bild.

Ich bog auf die Kreisstraße K 228 und näherte mich dem Zielort.

Nachdem Juliana eingestiegen war, gab ich Gas.

Ärgerte ich mich darüber, dass sie uns eine halbe Stunde hatte warten lassen? Oder war ich der stolze Hahn, der vor seinem Hühnerhof mit Machogehabe den Kamm hochstellt? Gelegentlich ›spielte‹ ich aus Übermut mit dem Seitenwagen, hob ihn in Linkskurven einen Meter hoch in die Luft und hatte mein Vergnügen, wenn Juliana darin vor Überraschung quietschte.

Es war also nichts Besonderes, als ich die mir bestens vertraute rechtwinklige Kurve zwischen den Kreisstraßen K 230 und K 228 schwungvoll nahm. Zu schwungvoll …

Ich sehe, wie der Seitenwagen sich hochschraubt. Sehe, wie Hilmar vom Sozius auf die Straße knallt. Sehe, wie Juliana aus dem wie von Geisterhand in der Luft gehaltenen Seitenwagen kopfüber mit dem Gesicht auf die Straße stürzt. Maschine und Seitenwagen schlagen – Räder nach oben – unmittelbar neben ihr auf den Asphalt. Ich registriere das alles wie in Zeitlupe. Stürze zu ihr, hebe sie hoch. Gott sei Dank nichts wirklich Schlimmes, bis auf die Gesichtsverletzungen und das zerrissene Kleid! Hilmar kriecht über die Straße, betastet seinen herabhängenden rechten Arm, verzieht vor Schmerzen das Gesicht: »Ist doch gar nichts!«, winkt er lässig ab.

Der Einzige ohne Blessuren bin ich, weiß nicht mal, wann und wie es mich von der Maschine gehauen hat.

Der gilt nun meine Aufmerksamkeit: Lenker verbogen, die Lampe breit wie eine zermatschte übergroße Olive. Nur das rausgehauene Glas hat auf wundersame Weise überlebt.

»Noch mal Glück gehabt«, sage ich, nehme Juliana in den Arm, während Hilmar seinen rechten Unterarm betastet.

»Packt mal mit an!« Wir wuppen das Gespann auf die Räder und reparieren während der nächsten zwei Stunden am Straßenrand.

»Mein rechter Arm …«, klagt Hilmar.

»Beiß die Zähne zusammen«, brumme ich. »Nur noch die Lampe!«

Als wir unser Elternhaus erreichen, parkt das VW-Cabrio unseres alten Hausarztes vor dem Eingang.

Doppelter Unterarmbruch lautet die Diagnose bei Hilmar. Julianas Eltern erfuhren übrigens nie, dass ihre Tochter sich keineswegs beim Versuch, den anfahrenden Schulbus noch zu erwischen, Gesicht und Kleid ramponierte.

Vier Wochen später trennte ich mich auf Julianas Bitte von meinem geliebten R25/3-Gespann.

Einen Atemzug lang ruhte ihr Blick nachdenklich auf mir. Die 39 Jahre seitdem hatten die Narben in ihrem Gesicht längst kaschiert. Galt das auch für die Erinnerung an den Sturz?

Ich fasste mir ein Herz und fragte sie noch mal: »Bist du auf der Motorradtour dabei?«

»Ja«, sagte sie schließlich. Ich las die alte Lust nach Neuem in ihrem Gesicht.

Wenige Tage später parkte eine chromblitzende Harley-Davidson Fat Boy in unserer Garage.

3
Aufbruch

Unser Reiseziel stand fest: das neue Europa. Doch das erstreckt sich mit seinen vier Millionen Quadratkilometern von Zypern im Südosten bis Irland im Nordwesten, von der portugiesischen Algarve im Südwesten bis zum Nordzipfel Finnlands, unweit der Barentssee. In einem Sommer würden wir dieses Gebiet niemals ganz bereisen können.

Also setzten wir Schwerpunkte. Dem ersten Motorradsommer könnte ja ein zweiter folgen … Als Nordlandfan favorisierte ich zunächst die Route von der Adria durch Slowenien über Polen, Litauen, Lettland und Estland in Richtung Russland.

»Wie wäre es mit Abstechern nach Kaliningradskaja Oblast, dem ehemaligen Nord-Ostpreußen, und später nach St. Petersburg?«

Juliana sah von der Europakarte auf und nickte.

So reizvoll ein weiterführender Rundkurs über Finnland, Schweden und Dänemark auch wäre, die Rückfahrt auf osteuropäischen Alternativrouten reizte mich mehr. Bei meiner Recherche war ich auf uralte Handelswege gestoßen, an denen heute wieder prächtige, blühende Städte liegen. Die alte Hansestadt Danzig (Gdańsk) zum Beispiel.

Die am 1. Mai 2004 auf 25 Mitgliedsländer gewachsene Gemeinschaft war blutjung und zukunftsweisend, doch in der Geschichte entdeckte ich Konstellationen, die den Europa-Gedanken vorwegzunehmen schienen. Ich träumte mich zweieinhalb Jahrtausende zurück in die *polis* der griechischen Antike. Unter Alexander dem Großen und später unter Caesar entstanden erste Großreiche, wenn auch das Schwert der Geburtshelfer war. Doch der in Griechenland keimende Gedanke der Demokratie, die Ideen des Gesellschaftsphilosophen Platon fanden immer größere Verbreitung.

Es dauerte lange bis zur Blüte; Karl der Große einte nach dem Zerfall Westroms ein neues Großreich, für das er christliche Werte mit römischen sowie germanischen Traditionen und Normen verband: die Bausteine für das christliche Abendland. Papst Leo III. belohnte ihn dafür im Petersdom von Rom mit der Kaiserkrone. Karls Karolingerreich steht für die neue Einheit dieses christlichen Abendlands. Es erstreckte sich von Rom bis zu den Pyrenäen, von Kärnten und Böhmen bis in den Norden Sachsens – ein Völkergebilde von europäischer Dimension mit Herrschaftskomplexen, die die Basis der späteren europäischen Nationen bildeten.

Nach dem Tod des »Patriarchen des Kontinents« zerfiel sein Reich in Ost- und Westfranken; Adelsherrschaften zerstückelten den Westteil, während König Heinrich I. Ostfranken stärkte, indem er die deutschen Stämme zusammenführte und so den Grundstein für das Heilige Römische Reich Deutscher Nation legte.

»In meinem Reich geht die Sonne nicht unter«, wird Kaiser Karl V. zitiert, unter dem sich das Heilige Römische Reich von Spanien über Burgund, die Niederlande, Italien, Österreich bis hin zu den amerikanischen Besitzungen in Neu-Spanien erstreckte. Doch mit alledem war am 6. August 1806 Schluss, als Kaiser Franz II. nach Napoleons Ultimatum die Krone des Großreiches ein für alle Mal ablegte. Europa ordnete sich neu. Knapp anderthalb Jahrhunderte später führte nationalsozialistischer Größenwahn zum Fiasko des Zweiten Weltkriegs.

Wie vielversprechend klingt nach alledem die Hymne der Europäischen Union: »Freude schöner Götterfunken … alle Menschen werden Brüder …«. Ludwig van Beethovens »Ode an die Freude« verbindet heute 450 Millionen Europäer unterschiedlichster Kulturen.

Bei der Uraufführung der bekannten Melodie aus Beethovens 9. Symphonie im Jahr 1824 war das zänkische Europa allerdings noch weit von der besungenen Einheit und Solidarität entfernt. Erst 133 Jahre später, im März 1957, entstanden über den Trümmern des Zweiten Weltkriegs die Römischen Verträge, die Belgien, die Bundesrepublik Deutschland, Frankreich, Italien, Luxemburg und die Niederlande zur Europäischen Wirtschaftsgemeinschaft (EWG) zusammenführten.

»Leicht verdaulich zubereitet«, schmunzelte Juliana, nachdem ich ihr einige Fakten über den holprigen Pfad zum aktuellen Europa serviert hatte.

Das Verständnis für die Gegenwart wächst mit der Kenntnis der Vergangenheit, insbesondere bei dieser Reise, die uns in Gebiete führen würde, in denen sich viele Dramen des 20. Jahrhunderts abgespielt hatten. Nie zuvor war ich im ehemaligen Schlesien ge-

In voller Montur geht es endlich los

wesen, Masuren kannte ich nur von den Schwarz-Weiß-Bildern unserer verstorbenen Lieblingstante, genauso wie das alte Königsberg. Noch vor Monaten hätte ich bei der Bitte, auf der Europakarte spontan auf Breslau (Wrocław) oder Stettin (Szczecin) zu tippen, vor Verlegenheit rote Ohren gekriegt. Diese Gebiete waren für meine Geographiepauker damals tabu gewesen. So blieben das lettische Riga oder das masurische Goldap für mich »böhmische Dörfer«, ebenso wie Karlsbad (Karlovy Vary) in Tschechien oder Laibach (Ljubljana) in Slowenien.

»Träum nicht!« Juliana stand neben mir. »Es gibt noch viel zu packen.«

Die chromblitzende Fat Boy und ich wurden schnell Freunde. Wie damals bestieg ich wieder zum Feierabend meinen Feuerstuhl und fuhr über Land, rein in das weiche Lichtspiel des Sommerabends. Wie schwerelos. So fühlt sich Freiheit an. Plötzlich fand ich Muße, die vielen kleinen unspektakulären Schönheiten am Wegesrand zu entdecken: wilde Margeriten, Schafgarbe und Löwenzahn, die in meinem Fahrtwind tanzten. Igel, die durchs Gebüsch krochen. Traktoren, die über Felder tuckerten, andere als die, die ich seinerzeit von meinem BMW-Gespann aus beobachtet hatte, keine bullernden Lanz-Bulldogs, sondern High-Tech-Fahrzeuge. Im Hintergrund wogten Rapsfelder wie ein goldenes Meer.

Ich kniff die Augen zusammen, die Sonne blendete mich, und ich spürte, wie mir der Fahrtwind ins Gesicht peitschte. Natürlich hatte ich mich für einen offenen Jet-Helm entschieden, auch wenn mir gelegentlich Regentropfen oder Hagelkörner ins Gesicht prasseln und Insekten wie Geschosse auf meine Nasenspitze klatschen würden. Ich mag den unmittelbaren Kontakt mit meiner Umgebung.

Manchmal begleitete mich Juliana. Ich merkte, dass das Motorradfahren ihr immer größeren Spaß machte. Auf der Harley verflog die Anspannung der Vorbereitungen, und ich erzählte ihr von den Details meiner Pläne.

»Was hast du gesagt?«, brüllte sie, denn der Fahrtwind zerrte an uns.

Und so fand sich tags darauf auf unserer immer länger werdenden Ausgabenliste der Posten »Gegensprechanlage«.

Harley-Rider lieben Fransenjacken und Nietenhosen aus echtem Leder, und selbstverständlich gilt das auch für mich. Meine Jacke hatte ich kürzlich in Anchorage/Alaska auf der Suche nach Outdoor-Zubehör in der Wühlkiste eines *salvation army store* entdeckt. Welch ein Glück, denn alle gelb markierten Waren wurden an dem Tag zum halben Preis verramscht. So ergatterte ich in der »Eisbox Amerikas« ein flottes Harley-Outfit zum Schnäppchenpreis von 40 Dollar.

Doch da Mitteleuropa nun mal nicht Alaska ist, trieb mir die frühsommerliche Hitze in meiner neuen Kluft den Schweiß auf die Stirn. Wie sollte das erst im Hochsommer werden! Am Ende entschieden wir uns für leichte, aber hochwertige Goretex-Jacken mit ausknöpfbarem Innenfutter.

Die Reisevorbereitung war ein volles Programm:

Ich improvisierte, erstand den größten Tankrucksack und kaufte Werkzeug, das nach einigem Tüfteln in einer Ledertasche zwischen der halbhohen Chopper-Scheibe und dem Lenker Platz fand.

Als ich bei der Harley-Davidson-Vertretung in Hannover zum letzten Check vorfuhr, schmunzelte Geschäftsführer Kai Höcker: »Unnützer Ballast, als Harley-Fahrer brauchst du kein Werkzeug!«

Mit nur 10 000 Kilometern auf dem Buckel war die Fat Boy so gut wie neu. Trotzdem wollte ich unser Abenteuer nicht ohne optimale Ausrüstung angehen.

»Sieh dir mal die Electra Glide da hinten an. Die hat große Packkoffer!« Kai wusste von meinen Unterbringungsproblemen. Ich stolzierte an zwei Dutzend blitzenden Maschinen vorbei bis zu dem Harley-Flaggschiff in Hellblau; bestaunte den CD-Player, die in das Cockpit integrierten Lautsprecher, zwei riesige blauschimmernde *saddle bags*. Und über allem thronte das riesige *top case* – zwei Drittel unserer Ausrüstung würden dort hineinpassen!

Ich schwankte eine Sekunde lang, entschied mich aber dagegen, bestieg die Fat Boy und packte daheim entschlossen weiter.

14. Juli: Über den Fußboden unserer Garage kann ich nur noch staksen. Überall versperren Ausrüstungsgegenstände den Weg. Wie sollen wir das nur alles unterbringen? Neben zwei Leicas und vier Objektiven benötigte ich Platz für 100 Diafilme, außerdem sind noch 20 Straßenkarten und sechs Reiseführer zu verstauen. Auf wundersame Weise verschwindet alles im Tankrucksack. Bleiben noch das Zelt, die Schlafsäcke und Isomatten. Juliana weiß, dass ich morgens immer Lust auf heißen Kaffee habe, und packt neben Primuskocher, Spritflasche und zwei Bechern auch Instantkaffee ein.

16. Juli: Die Nerven liegen blank. Nachdem wir unseren Start wegen der Platzprobleme bereits gestern verschieben mussten, soll es heute endlich losgehen. Sonst können wir das polnische Harley-Davidson-Treffen an der Schneekoppe im Riesengebirge vergessen. Doch bei der Endkontrolle merke ich, dass die Maschine beim Packen kopflastig geworden ist. »Fluch der Schönheit«, knurre ich. »Mit tiefer hängenden, großen *saddle bags* wäre das nicht passiert.« Noch mal umpacken! Heute kommen wir nicht mehr los.

Ausgerechnet da pflanzt sich Nachbar Bernd mit verschränkten Armen vor der Maschine auf: »Meint ihr, das geht gut? Ihr wisst ja: Kaum in Polen, schon gestohlen!« Ich pfeif auf deine Wirtshausparolen, Bernd. Für alle Fälle hängt ein hochwertiges ABUS-Vorhängeschloss nebst »Granit City Chain« am Rahmen …

Sonntag, 17. Juli: Aufbruch!
Ich drückte auf den Taster der Fernbedienung, das Garagentor hob sich. Drinnen glänzte die Harley, der Gepäckberg hinter der Sissy Bar wirkte furchterregend.

Ich überschlug noch einmal Fakten und murmelte Zahlen: Motorradgewicht inklusive Sturzbügel und Sissy Bar 320 Kilo, in voller Motorradmontur wog Juliana 70 Kilo, ich kam auf 80 Kilo. Summa summarum 470 Kilo. Die verbleibenden 30 Kilo bis zum Gewichtslimit waren mit Gepäck aufgefüllt. Eine halbe Tonne würde ab jetzt nur von zwei Armen und meinen 72 Kilo Lebendgewicht gebändigt werden.

Ich zog den Reißverschluss der Jacke hoch und setzte den Helm auf. Ab jetzt hatte jede Bewegung etwas Endgültiges. Wenn es nur nicht so verdammt heiß wäre! Es war nicht mal Mittag, und doch lag die Temperatur schon bei 26 °C. Ich hob den schweren Tankrucksack an, drehte das darunter liegende Zündschloss nach rechts. Tankhebel auf Fließposition, genau wie damals…, nur dass hier kein Starter auf den Fußkick wartete.

Die Zündung klickte, weißes Licht tanzte über nackte Wände, Reifen und all den Krempel in der Garage. Ich schob die Sonnenbrille ins Gesicht und schwang mich auf den breiten Harley-Sitz. Vorsichtshalber zog ich die Kupplung, denn der schwere Tankrucksack verbarg die grüne Leerlaufkontrolllampe. Ich drückte auf den *start button*.

Gut gelaunt und erwartungsvoll brüllte der schwere Motor auf.

Ich stieß mich ab, rollte rückwärts, Stiefel sichernd über dem Boden, bis ich draußen war. Die Sonne stach mir in die Augen. Ein letzter Blick aufs Haus. Die Blumen davor würden bei unserer Rückkehr längst verblüht sein.

Im Film greift Wyatt jetzt nach seiner Armbanduhr. Er zögert einen Moment, dann packt er beherzt zu, und die Uhr fliegt in hohem

Bogen über den Highway in den Wüstenstaub. So beginnt *Easy Rider*. Nur die Intuition zählt, nur der bewusst gelebte Augenblick. Zum Teufel mit Termindruck und Hektik.

Ich warf meine Uhr nicht weg. Vor uns lag ja auch nicht die Mojave-Wüste, sondern die Autobahn Dortmund–Berlin. Wenn alles glatt ging, würden wir am Abend in Südpolen sein.

Ich spürte, wie sich Julianas Arme um mich legten. »Schmieg dich eng an, bis wir unseren Rhythmus gefunden haben«, sagte ich durch mein Mikrofon. Sie nickte.

Dann das harte Klatschen der Kupplung und das Vibrieren des mächtigen V-Motors. Wir rollten aus dem kleinen Ort hinaus, und schon verschluckten uns die Wälder. Wo Sonnenstrahlen sich durch Spalten im dichten Baldachin aus Grün zwängten, tanzten Sonnenflecken über den Asphalt.

Schon lag der Wald hinter uns, vor uns sanft gewelltes Land, Felder und Wälder. Zwischen alledem wirkte der Strich der A 2 wie eine Zäsur. Lerchen tanzten im Blau des Himmels und sangen aus voller Kehle. Der Weizen stand schon hoch. Ich spürte, wie die Unruhe der letzten Tage von mir abfiel. Ich war frei.

Von dieser Freiheit hatte ich unbewusst schon früh gekostet. Ich hatte das Glück, 200 Kilometer westlich der deutsch-deutschen Grenze geboren zu werden, doch das war mir als Junge selbstverständlich erschienen. Erst später machte ich mir über den Wert der Freiheit Gedanken; über Handlungsfreiheit, Willensfreiheit, Meinungsfreiheit, Pressefreiheit – und Reisefreiheit.

Freiheit bedeutet das Recht und die Möglichkeit, selbst zu bestimmen, wohin es geht. Auch deswegen waren Juliana und ich bereits Anfang der Siebzigerjahre mit einem VW-Bulli auf dem Hippie Trail bis nach Indien gerollt …

Unseren früheren Globetrottertouren folgten mehrjährige Reisen in die entlegensten Winkel der Welt. Doch Osteuropa stand immer hintan. Dort fehlten uns diese Freiräume. Es war mir unerträglich, mich Monate im Voraus darauf festzulegen zu müssen, etwa am 3. August in Riga oder Nowgorod zu sein.

Den vagen Wunsch, doch einmal dorthin zu reisen, verwahrte ich in meinem »Kästchen für Unerfülltes«, ohne wirklich zu glauben, dass ich ihn einmal hervorholen und verwirklichen würde.

Nun war es so weit. Ich spürte Hummeln im Bauch. Gut, denn ein Kribbeln gehört zu jeder Premiere.

»Der Mensch hat von Natur einen so großen Hang zur Freiheit, dass, wenn er erst eine Zeit lang an sie gewöhnt ist, er ihr alles aufopfert«, philosophierte ich ausgelassen in das Mikrofon. Ich spürte, wie Juliana nickte, denn unsere Helme pochten aneinander. »Schreibt Immanuel Kant aus Königsberg.«

Wir hatten die A 2 fast erreicht. Ich summte Filmmelodien aus *Easy Rider*, grölte den Refrain *»Born to be wild …«*. Juliana stimmte mit ein.

»Von der Band Steppenwolf«, brüllte ich und vergaß, dass das Mikrofon eingeschaltet war. Meine Stimme musste ihr über die Kopflautsprecher heftig in den Ohren dröhnen. »Wusstest du, dass der Sänger John Kay 1944 als Joachim Krauledat in Ostpreußen geboren wurde? So wie Immanuel Kant 220 Jahre zuvor.«

Auf unserer prächtigen schwarzen Harley rollten wir in Richtung Königsberg (Kaliningrad), dann sollte es nach Riga, Nowgorod und St. Petersburg gehen. Das musste ich erst noch begreifen. »Kneif mich«, rief ich. »Ich will spüren, dass das wahr ist.« Ohne Zögern griff sie zu. Ich schrie auf.

Danach galt es aufzupassen. Die A 2 ist kein Platz zum Träumen.

4
Auf der Hauptstraße Europas

Auf der meistfrequentierten Ost-West-Verbindung der Welt war der Verkehr träge. Nur eine Hand voll Lkws aus Litauen und Estland kroch auf der rechten Spur, dahinter rollte ein verbeulter Autotransporter mit drei alten Mercedes-Taxen in Richtung Polen.

Vor uns lagen 10 000 Straßenkilometer, auf denen nicht immer die schläfrige Entspanntheit dieses Sonntagmorgens zu erwarten war. Ich kannte die A 2 als Verkehrsfalle nach mörderischen Unfällen, als Schleichweg bei Fahrbahnsanierungen. Ich habe gelernt, mit der A 2 zu leben, die Entscheidung für oder gegen sie fällt fast immer nach den aktuellen Verkehrsnachrichten. Schon lange ist die Fahrt auf ihr kein Sympathiebeweis mehr, sondern eine reine Zweckentscheidung, um möglichst zügig Berlin zu erreichen. Bei Werder am Berliner Ring endet die A 2, doch als Europastraße 30 zieht sie sich weiter über Posen (Poznań), Warschau (Warszawa) und Minsk und Moskau hinaus bis Tscheljabinsk im Ural. Die Europastraße 30 ist eine echte Europäerin, von Cork/Irland aus verbindet sie Menschen und Kulturen. Besonders offensichtlich ist das nachts, wenn drei Viertel der sich dahinschlängelnden Blechlawine Brummis aus Polen, Litauen, Lettland, Weißrussland, der Ukraine und Russland sind.

Was nach Wegfall der Ostgrenzen als etwas Modernes erscheint, hat jahrtausendealte Vorgänger. Genau genommen beginnt die Geschichte dieser Autobahn mit den Römern und ihrem schon damals beeindruckenden 80 000 Kilometer langen Straßennetz.

Über die Via Appia reisten sie zum Tyrrhenischen Meer, auf der Via Cassia überquerten Legionäre und Händler ebenso die Alpen wie Künstler und Gelehrte. Wenn auch Roms militärischer Einfluss kaum über den Rhein hinausreichte, so brachten doch römische Händler ihre Waren bis ins Baltikum und legten so den Grundstein für eine Straßenverbindung, die über die Zeit der Hanse bis heute Bedeutung hat.

Irgendwo zwischen Hannover und Braunschweig bogen wir von der Autobahn auf einen Rastplatz ab. Die Fahrgeräusche der A 2 waren hier kaum mehr als ein Summen. Gelegentlich vernahm ich ein Heulen oder sonores Brummen, je nach Maschinentyp, wenn Motorräder vorbeibrausten.

Zwischen Braunschweig und Berlin würden wir nicht nur der neuen Europastraße 30, sondern abschnittsweise auch der ältesten und längsten West-Ost-Verbindung Europas vom westflandrischen Brügge hin zum altrussischen Nowgorod folgen: der Handelsstraße der Hanse.

Von Brügge, einer im 12. Jahrhundert bedeutenden Hansestadt, führte sie über Paderborn, Magdeburg, Riga und Reval nach Westrussland. Wasserstraßen, vor allem die der Ostsee, bildeten zwar die Hauptrouten, doch nicht alle Hansestädte lagen an der Küste. Köln war ebenso Hansestadt wie Frankfurt/Oder und Königsberg. Das Zentrum dieses mächtigsten mittelalterlichen Handelsimperiums war Lübeck, die Kontore in Brügge und Nowgorod waren die Eckpfeiler.

Doch auch nach Schließung des Kontors in Nowgorod blieb die quer durch Europa führende Handelsroute als »Hauptstraße« in den deutschen Osten erhalten. 1846 orientierte sich an ihr der Chausseeverbund Köln–Königsberg.

88 Jahre später – die Nationalsozialisten hatten gerade die Macht übernommen – drückte man der Straße Brügge-Nowgorod die Bezeichnung »Reichsstraße 1« auf. Von Aachen führte sie über Dort-

mund, Magdeburg, Berlin, Königsberg und Gumbinnen nach Eydtkuhnen im Ostzipfel Ostpreußens.

Über die »R1« transportierten Lkws auch Menschen in Vernichtungslager, Militärkolonnen rollten in den Angriffskrieg. Ab 1944 strömte die Rote Armee hier in Richtung Westen.

Wir würden dieser Straße durch einige der bewegendsten Kapitel der europäischen Geschichte folgen.

Kurz hinter Helmstedt verließen wir die Autobahn.

Selten habe ich mich unwohler gefühlt als in einer Winternacht 1985, als wir von Berlin kommend bei Marienborn Schneisen aus Stacheldraht und Beton folgen mussten, hin zu DDR-Grenzsoldaten mit ausdruckslosen Gesichtern, deren Aufforderung »Die Pässe bitte!« wir umgehend nachkamen. Ich war zuvor in 100 Ländern gewesen, aber nirgendwo fühlte ich mich so schikaniert und missachtet wie hier. Der bürokratische Perfektionismus des Regimes ließ den leisesten Anflug eines Lächelns in den Gesichtern gefrieren, egal, auf welcher Seite man stand. Ich sah Reisepässe über bucklige Fließbänder zu Offiziellen hüpfen, die ergeben irgendwelchen höheren Befehlen gehorchten und mit provokanter Pedanterie die Abfertigung verzögerten. Ich fühlte mich gedemütigt, belauert, observiert und um meine Zeit betrogen. Der Ring um meine Brust löste sich erst, als ich später unter einem winterlich klaren Nachthimmel daheim im Garten stand, tief durchatmete und mir bewusst machte, wie frei ich hier war.

Ich lenkte die Harley auf den Parkplatz der heutigen Gedenkstätte Marienborn. Seit jenem Erlebnis vor rund 20 Jahren war ich oft ohne anzuhalten hier vorbeigefahren. Aber jetzt, mit der Harley, dem Symbol für Freiheit, musste ich es tun.

Ich parkte neben dem mächtigen Abfertigungsbereich, der noch immer als gespenstische Filmkulisse taugt. Juliana blieb bei der

Maschine, während ich mich Sonntagsausflüglern anschloss, die zu einer Halle mit einem alten Auto schlenderten: Relikt eines missglückten Fluchtversuchs. Neben dem Wagen hängen von DDR-Grenzern aufgenommene Fotos: Man sieht das blanke Entsetzen in den Augen einer Frau, die ihr Versteck im doppelten Boden auffliegen sieht. Vielleicht geschah das in jener Winternacht 1985 ein paar Kontrollstraßen von uns entfernt …

Ich schlenderte zurück zu Juliana, die, an die Maschine gelehnt, ihr Gesicht der Sonne entgegenreckte. So blieben ihr der einstige Todesstreifen, der mit Graffiti beschmierte Wachturm und die mächtige Säule erspart, deren riesige Scheinwerfer uns in jener Nacht gnadenlos in eiskaltes Licht getaucht hatten.

Bei Magdeburg zweigten wir auf die A 14 Richtung Dresden ab. Gewöhnlich ziehe ich die Stille der Landstraße Autobahnen vor. Aber an diesem Sonntag war es friedlich, und so blieben wir.

Mit 200 Kilometern ist der Aktionsradius unserer Maschine begrenzt. Wir waren genauso durstig wie die Harley und folgten der Ausschilderung zum Autohof.

Daheim mache ich einen weiten Bogen um Fast-Food-Restaurants. Beim Reisen ist das anders, denn dort weiß man immer, was einen erwartet. »Das ist ja langweilig«, strahlte Juliana ihren Hamburger an und biss heißhungrig rein. Etwas abseits des Burger-Restaurants hatten wir es uns im Schatten eines Baumes bequem gemacht. Ein Polizeifahrzeug bog auf den Parkplatz ein, prüfend sah der Polizist sich um. Was er wohl dachte? Zwei Leute mittleren Alters, matschige Burger kauend, neben einer schwer bepackten Fat Boy …

Spatzen zwitscherten in den Zweigen. Einer flatterte herab, plusterte sich auf und tschilpte seiner Angebeteten auf einem Ast zu. Ich schnippte ihm ein Brotstück hin. Ohne sein Balzen zu unterbrechen, pickte er den Brocken auf und trippelte davon. Zufriedenheit auch bei uns, nachdem ich mich bei der Qual der Wahl, ob Erdbeere, Schokolade oder Karamell besser zum Eis passt, für Letzteres entschieden hatte.

Als Biker genießt man das unmittelbare Erleben. Auch bei den Gerüchen, die durchaus ätzend sein können, wenn etwa Bauern Jauche auf die Felder kippen. Manchmal aber betören sie wie hier, wo zwischen Autohof und Autobahn Blütenduft zu uns herüberwehte. Meine getönte Motorradbrille bescherte mir eine Welt in rosaroten Farben. Am ersten Tag eines großen Abenteuers darf das auch so sein.

Die Traktorfurchen im Acker wirkten auf mich wie die von einer goldenen Abendsonne gezeichneten Spuren im Sand einer geheimnisvollen Wüste. Und mittendrin, wie Oasen, das kräftige Grün noch nicht abgeernteter Maisfelder. Hier und da sah ich die bunten Tupfer moderner Gewerbeflächen. Sozialistisches Einheitsgrau hatte längst fröhlicher Farbigkeit Platz gemacht, auch bei Leipzig, doch schon hatten wir die moderne Messestadt zurückgelassen.

Radebeul, las ich.

»Woran denkst du dabei?«

Ich spürte durch die Motorradjacke Julianas Achselzucken.

»Karl May starb hier 1912!« Er war es, der mein Fernweh angeheizt hatte. Wir näherten uns Dresden.

Grauenhafte Zufahrt über buckliges Kopfsteinpflaster und durch verwirrende Baustellen mit gefährlichen Gleisen aufgegebener Straßen-bahntrassen. Ich passe auf wie ein Luchs, und doch verfahren wir uns. Auf Umwegen erreichen wir das »Elbflorenz« mit seinen prachtvollen Gebäuden. Männer in schicken Anzügen und elegant angezogene Frauen flanieren in Richtung Zwinger und Semper-Oper. Englische und französische Sprachfetzen summen durch den milden Abend. Weiches Sonnenlicht fließt über die Altstadt und lässt das acht Meter hohe Kuppelkreuz über der Frauenkirche golden leuchten. Gern wollte ich das 180-Millionen-Euro-Meisterwerk besuchen, das aber hätte bedeutet, sich erneut in das Gewirr unbekannter City-Straßen zu stürzen. Es ist spät, wir wollen heute noch nach Polen kommen. Also Weiterfahrt.

Bereits am ersten Tag lerne ich eine wichtige Lektion: Als Motorradfahrer reist du, um *on the road* zu sein. Städte sind eher Kulissen. Denn kommt man dort an, erweist sich das Motorrad ebenso als Handicap wie die Ausrüstung – beides lässt sich nicht verlässlich sichern. Wir werden Kompromisse zwischen unseren Sightseeing-Wünschen und der Biker-Realität schließen müssen. Schließlich kann man im Leben nicht alles haben.

Ich bugsierte die Harley aus der Stadt, es ging rauf auf die Autobahn und weiter Richtung Polen. Die deutsche Ausschilderung »Breslau« überraschte mich genauso wie das Hinweisschild »Schlesien«. Wir flogen an Bautzen vorbei, einer Stadt, bei der ich sofort an das ehemalige DDR-Gefängnis dachte. Heute indes sahen wir ein kostbares mittelalterliches Ensemble stolzer Wehr- und Kirchtürme, Patrizierhäuser und eine 1000-jährige Ortenburg, von der aus königliche Verwalter einst die Oberlausitz regierten.

Die Sonne stand tief, in einer Stunde würde es dunkel sein. Das hätte uns beunruhigen können, denn wir hatten noch kein Nachtquartier gebucht. Aber mich berauschten die goldenen Kornfelder, zwischen denen düstere Wäldchen standen. Sanft ergoss sich das Blutrot des Sonnenuntergangs in das Blau des Himmels.

Zufrieden brüllte der V-Motor auf der Autobahn, die jetzt der uralten Via Regia folgte, jener 1252 erstmals erwähnten Königsstraße, die vom Rhein über Leipzig, Bautzen, Görlitz und Breslau ins Herz

Schlesiens führte. Vom Westen kamen über sie die Tuche Flanderns, aus dem Osten Honig, Holz, Wachs und Felle. Für Pilger war sie ein Zubringer zum Jakobsweg, Armeen zogen über diese Straße zu den Schlachten von Lützen, Jena und Auerstedt.

Görlitz, Deutschlands östlichste Stadt, ließen wir trotz ihrer einmaligen Architektur rechts liegen. Ein andermal! Ich spürte wieder die Hummeln im Bauch. Gleich würden wir in Polen sein.

Wir überquerten die Lausitzer Neiße.

Der deutsche Grenzbeamte in seinem Kontrollhäuschen sieht auf die Harley, dann auf uns. Ich schiebe ihm unsere Pässe mit den bunten Einreisestempeln aus Australien, Namibia und Botswana durchs Fenster. Ein prüfender Blick, schon haben wir sie wieder. Er winkt uns weiter.

Ich zögere.

Mir war klar, dass ich die Grenze zu unseren polnischen Nachbarn nicht unbefangen würde überqueren können. Dies war keine Grenze wie die vielen anderen zuvor. Die Schüsse des deutschen Linienschiffes »Schleswig-Holstein« im Morgengrauen des 1. September 1939 auf die polnische Befestigung »Westerplatte« bei Danzig hatten den Zweiten Weltkrieg ausgelöst. Namen wie Auschwitz, Treblinka und Majdanek sind für immer mit dem Naziterror verbunden. Kein Land Europas war der Aggression des »Dritten Reiches« gnadenloser ausgesetzt als Polen. Als Folge wurden Millionen Deutsche aus Schlesien vertrieben, das seit 610 Jahren zum Heiligen Römischen Reich Deutscher Nation gehört hatte.

Ich zögere noch immer.

Ein an die Tür des geschlossenen Grenzhäuschens gelehnter polnischer Zöllner bemerkt das und winkt uns durch.

»*Szczęśliwej podróży!*« Gute Reise!

Reklametafeln von »Real«- und »Plus«-Märkten begrüßen uns. Ich sehe viele Häuser im Rohbau, oft mit zugenagelten Fensterlöchern, als wären die Bauherren pleite gegangen. Daneben hell erleuchtete, hochmoderne Tankstellen.

Die Sonne ist untergegangen. Autolichter blenden. Insekten zerplatzen auf der Chopperscheibe. Ich lese die Ortsschilder »Lubán« und »Gryfów Sląskí«. Drei Biker grüßen uns. Das Harley-Davidson-Treffen ist ohne uns zu Ende gegangen. Nur ein samtweicher Schimmer erinnert an den glutroten Sonnenuntergang, als wir Hirschberg (Jelenia Góra) erreichen.

Ich hatte Ortsnamen wie Bad Warmbrunn, Glatz oder Breslau im Kopf. In der politischen Gegenwart heißen diese Städte heute Cieplice Śląskie-Zdrój, Kłodzko und Wrocław.

5
Begegnungen – Hirschberg am Riesengebirge

Tief im Südwesten Polens lebt Rübezahl. Wenn er schlecht gelaunt ist, schleudert er schon mal Schnee, Regen und Blitze in die Wälder des Riesengebirges, aber der Sage zufolge züchtet er auch liebevoll für eine kleine Prinzessin Rüben. Unsere Chancen, dem Riesen am Fuße der 1602 Meter hohen Schneekoppe zu begegnen, waren seit gestern gesunken. Schade, denn der knorrige Typ mit dem roten Rauschebart hätte prächtig auf eine Harley gepasst. So weit meine Fantasie. Doch nach dem Ende des großen Harley-Treffens in Krummhübel (Karpacz) fehlte der Antrieb für den Abstecher dorthin.

Erst mal wollte ich vorankommen; zunächst nach Osten, dann entlang der Weichsel nordwärts in Richtung Ostsee.

Natürlich hatten Reiseführer uns auf Schlesien eingestimmt, Bildbände hatten Reiselust auf die Masurischen Seen gemacht. Trotz der knappen Vorbereitungszeit hatten wir uns auf das ehemalige Ostpreußen, das Baltikum und den Westzipfel Russlands vorbereitet. Ich wusste, dass im Kaliningrader Gebiet noch heute vieles im Zustand der Zerstörung von 1945 ist. Dem wiederum standen Bilder der meisterhaft rekonstruierten Altstädte von Breslau, Warschau oder Danzig gegenüber.

Ob wir uns wohl auf dieser Reise noch ein wenig als Entdecker fühlen könnten? So wie in unseren wilden Siebzigern, als wir mit einem 34-PS-VW-Bulli Afrika von Nord nach Süd aufrollten, mit jeder Menge Gottvertrauen und dem fotokopierten Erfahrungsbericht eines Globetrotters im Gepäck? Ich hoffte sehr!

Auf Landkarten träume ich mich gern an gelben und roten Straßenlinien durch die weite Welt. Doch das Gewusel der südpolnischen Straßen verwirrte mich. Mein Zeigefinger huschte etwas ratlos auf der Karte hin und her und suchte nach unserem roten Faden.

Bezüglich der touristischen Details war ich leidenschaftslos, ob wir Glatz (Kłodzko) anstelle von Schweidnitz (Świdnica) oder Neisse (Nysa) anstatt Oppeln (Opolo) besuchen würden, war mir gleich. Jede Route würde ihre eigenen Highlights haben.

Der Kamm des Riesengebirges markiert die Wasserscheide zwischen Elbe und Oder sowie die polnisch-tschechische Staatsgrenze. Hirschberg, auf der Karte nur ein Daumenbreit nördlich der Schneekoppe, ist das Zentrum eines weitläufigen Tales mit Thermalquellen und fruchtbaren Äckern. Ab dem 12. Jahrhundert strömten auf Einladung polnischer Fürsten deutsche Siedler in dieses Land, um Dörfer und Städte zu gründen. Ihnen folgten Ritter, deren Schlösser dem Hirschberger Tal später den Beinamen »Schlesisches Elysium« gaben.

Um ein Haar hätte ich am Stadtrand von Hirschberg das »Camping«-Schild übersehen. Steifbeinig klettert Juliana von der Harley und drückt gegen das Tor. Geschlossen!

Merkwürdig, es ist erst kurz nach 22 Uhr … Ich sehe Gäste im Schein von Campinglaternen vor Zelten sitzen, daneben Motorräder. Eine Frau um die 35 nähert sich der Pforte.

»Dzień dobry.« Mit diesem Gruß bringt Juliana ein Fünftel unserer Polnischkenntnisse ein.

»Guten Abend«, kommt's auf Deutsch zurück. Wer abends um zehn mit einer schwerbeladenen Harley einläuft, kann wohl kein Pole sein? Sie spricht gerade genug Deutsch, um uns klar zu machen, dass der Campingplatz belegt und das Duschwasser um diese Zeit sowieso kalt sei.

»Macht nichts«, erwidere ich. Mir steht der Sinn eher nach einem kalten Bier.

Der holländische Eigentümer habe aber angeordnet, dass nach 22 Uhr kein Motor mehr auf dem Platz laufen dürfe, sagt sie.

Es gibt keine Alternative zu diesem Campingplatz, ich bin hundemüde, und so nahe wie hier war ich einem kühlen Blonden schon lange nicht mehr. Lachen klingt von einer Terrasse, hinter der ich eine Bar vermute.

»Ich schiebe«, sage ich mutig, obwohl ich weiß, dass es Knochenarbeit ist, eine schwerbepackte Harley nur mit Muskelkraft über einen holprigen Kiespfad zu schicken. Die Frau seufzt, öffnet das Tor, und ich bugsiere die Maschine an den Rand einer Wiese, auf der wir unser Zelt aufschlagen.

»Prost.« Juliana hat bereits das typische rotbraune Biker-»Windgesicht«.

»Auf das Reisen!« Wir trinken. Auch die Gesichter der anderen Frauen und Männer glühen vor Hitze und vom kalten Bier.

»Prima Reiseauftakt«, sage ich, und das nicht nur, weil der halbe Liter an der Theke 1,25 Euro kostet.

»Wem Gott will rechte Gunst erweisen, den schickt er in die weite Welt!«, Juliana wischt sich den Schaum von den Lippen.

»Joseph von Eichendorff?«

Sie nickt. »Auch ein Schlesier, gestorben 1857 in Neisse/Oberschlesien.«

Darauf gebe ich noch einen aus. Morgen sollten wir in Neisse sein.

Die Sonne trieb uns noch vor dem Weckerklingeln aus dem Zelt. Auf den Gräsern glitzerte kühler Morgentau, in den wie Silberfäden durch die Baumkronen gewebten Sonnenstrahlen tanzten Insekten. Am frühen Morgen ist mir allzu viel Aktivität suspekt, und so begnügte ich mich mit einer Hand voll Wasser ins Gesicht.

»Zwei Straßenzüge weiter gibt es einen *Sklep*, einen kleinen Laden, wo ihr Brot kaufen könnt«, verriet unsere Bekannte vom Vorabend, die jetzt an der Rezeption saß.

Der Verkehr auf der Straße war lebhaft, nur war weit und breit kein Fußgänger zu sehen, und so konnte ich niemanden nach dem Weg fragen. Die mir fremden Ausschilderungen zwischen von fantasielosen Architekten in den Sechzigerjahren hier verteilten grauen Plattenbauten verwirrten mich. Ich hoffte, irgendwo ein Hinweisschild zum Supermarkt zu entdecken. Vergeblich. Doch als ich nach einigem Suchen den unauffälligen *Sklep* betrat, fand ich mich in dem winzigen Tante-Emma-Laden meiner Kindheitserinnerungen wieder.

Hinter einem groben Holztresen die gutmütige, dralle Verkäuferin. Im Wandregal mehrere Reihen übereinander gestapelter Konserven, neben Spaghettitüten eine beeindruckende Batterie von Wodkaflaschen. Käse, Wurst und Joghurt liegen in der Glasvitrine. Aus geflochtenen Weidenkörbchen duftet es appetitlich nach frischen Brötchen und Kuchen. Die Verkäuferin versteht kein Deutsch und ich kein Polnisch, und doch verständigen wir uns. Sie schiebt mir Pfannkuchen, zwei Stück Hefekuchen und ein Weißbrot zu, ich lege einen Euro auf den Tresen.

Daheim träte ich jetzt auf die Terrasse, begrüßte unsere Hunde und lauschte den Drosseln. Juliana käme mit knusprigen Brötchen, duftendem Cappuccino und der Zeitung aus dem Haus. In der Realität des Reisens hocken wir uns nach meiner Rückkehr auf die Stufen einer kleinen Blockhütte am Rand unserer Wiese und knabbern Hefekuchen.

Im Camp erwacht das Leben. Ein junger Mann beobachtet uns über den Rand seiner Zeitschrift hinweg, zwei sportliche Mittsechziger aus Holland mit BMW-GS-Adventure-Maschinen versuchen auf ihrem Gaskartuschenkocher endlich das Kaffeewasser heiß zu kriegen. Verstohlene Blicke streifen uns.

Die Lederhose klebt an meinen Beinen. Während die übrigen Gäste in Badelatschen umherlaufen, stelze ich bei 25 °C in Motorradstiefeln zur Dusche. Ich glaub, ich bin im falschen Film. Aber man muss kein Prophet sein, um zu wissen, dass uns auch Regentage bevorstehen, und so knurre ich nicht allzu sehr.

»Manchmal ist das Reisen wie eine Walnuss: schwer zu knacken, aber irgendwann wirst du durch die leckere Frucht belohnt«, philosophiere ich, wie um mir selbst Mut zu machen. Gerade bin ich aus der Dusche gekommen und schwitze schon wieder.

»Lass uns endlich eine Bank finden, wir benötigen Bargeld«, zieht Juliana mich auf den Boden des Naheliegenden zurück.

Hirschberg, am Zusammenfluss von Zacken und Bober gelegen, zählt 91 000 Einwohner. Die Leinen- und Schleierweberei bescherte der Stadt im 16. und 17. Jahrhundert Wohlstand, was unschwer an den barocken und klassizistischen Bauwerken mit großzügigen Laubengängen rund um den Rynek, den Marktplatz, zu erkennen ist. Johann Wolfgang von Goethe weilte hier genauso wie Theodor Fontane, Caspar David Friedrich und John Quincy Adams, der spätere Präsident der Vereinigten Staaten. Feldmarschall von Gneisenau, Held der Völkerschlacht bei Leipzig, und andere Größen verbrachten hier den wohlverdienten Ruhestand. Hirschberg überstand den Zweiten Weltkrieg nahezu unversehrt, verwahrloste dann aber.

Jetzt rollten wir mit der Harley ein und erregten Aufsehen. Vorbei an wilhelminischen Prunkfassaden, von denen in großen Placken der Putz bröckelt, lenkte ich die Maschine in Richtung Innenstadt. An einem Bankautomaten schob ich meine EC-Karte ein, bekam mein Geld, aber trotz mehrfacher Versuche keine Quittung.

Aus den Augenwinkeln bemerkte ich einen Herrn, der jetzt nach vorn kam und mich auf Deutsch fragte: »Kann ich Ihnen helfen?« So begann unsere Bekanntschaft mit Eduard Mahler, der zur deutschen Minderheit in Polen gehört.

Alter schätzungsweise 75. Graublaue, wachsame Augen, die freundlich aus einem schmalen Gesicht blicken.

Er stamme aus Oberschlesien, berichtet Eduard, genauer: aus dem Oppelner Land. Hier im Hirschberger Tal verbringe er seinen Lebensabend. Er lächelt und schiebt unaufgefordert nach: »Heute besitze ich wieder einen deutschen Pass.«

Wir laden Eduard zu einer Tasse Kaffee ein.

Wieso er sich nicht den Hunderttausenden deutschstämmigen Polen angeschlossen habe, die zwischen 1950 und 1989 nach Deutschland ausreisten, frage ich.

Sein Vater sei als Ingenieur damals unabkömmlich gewesen, erinnert er sich. Später habe er bei Waldenburg (Wałbrzych) im Bergbau gearbeitet, dort seien die Lebensbedingungen für die Familie erträglich gewesen. »Bis auf die Tatsache, dass unsere deutsche Abstammung amtlicherseits einfach ignoriert wurde«, sagt Eduard nachdenklich. Er trat später in die Fußstapfen des Vaters und ging ebenfalls ins Bergwerk, doch letztlich seien es wohl die zwei Kinder gewesen, die ihn in Polen gehalten hätten.

Ich führe mir die bekannten Daten vor Augen: Mehr als 18 Millionen Deutsche lebten vor dem Krieg in den deutschen Ostgebieten, also vor allem in Ostpreußen, Danzig, Pommern, Ostbrandenburg, Schlesien und dem Sudetenland – die etwa 1,3 Millionen Volksdeutschen aus den polnischen Gebieten in den Grenzen von vor 1939 eingeschlossen. Etwa 2,5 Millionen kamen durch Krieg, Flucht und Vertreibung um. 12,5 Millionen erreichten die Gebiete der Bundesrepublik bzw. der späteren DDR. Nach einer Volkszählung von 1950 verblieben rund 1,1 Millionen Deutschstämmige in ihrer alten Heimat, auch nachdem die Oder-Neiße-Linie als neue deutsch-polnische Grenze galt.

Eduard ist einer von ihnen.

Viele Oberschlesier blieben nach dem Zweiten Weltkrieg in Polen, aber nur etwa 110 000 Niederschlesiern blieb die Vertreibung erspart. »Wer von denen nicht später in den Westen ging, ließ sich in der Regel als Pole einstufen. Etwa 45 000 waren das … «, erinnert sich Eduard und nimmt einen Schluck Kaffee.

»Schlesien«, sagt er nachdenklich, »war für die Herrschenden immer von Interesse, es war eine Art Zwischenland, wo sich – und das sehe ich positiv – Völker und Kulturen begegneten.« Jetzt habe er Frieden mit der Vergangenheit geschlossen und lebe die meiste Zeit des Jahres hier, wenn er nicht gerade seine in Hamburg und Fürth lebenden Kinder und Enkel besuche.

Was ihn am Hirschberger Tal so fasziniere, fragen wir. Eduard Mahlers Augen glänzen. Unter den Habsburgern hatte das Tal seine erste große wirtschaftliche und kulturelle Blüte. Wohlhabende Preußen machten es zu ihrer Residenz und zum Badeort des europäischen Adels. Nicht von ungefähr sprach man vom »Schlesischen Elysium«, vom »Ort der Glückseligen«. Es sei die landschaftliche und kulturelle Vielfalt, die ihn hier fasziniere.

»Besucht Schloss Erdmannsdorf (Mysłakowice)!« Ein Traumschloss habe der alte Gneisenau daraus gemacht. König Friedrich Wilhelm III. sah das auch so und erwarb es nach dem Tod des alten Haudegens. Bis 1909 blieb das Schloss Sommersitz der königlichen und später kaiserlichen Familie. Nach dem Zweiten Weltkrieg zog die Rote Armee ein.

Mir schwirrte der Kopf. Die Reise durchs ehemalige Schlesien, Pommern und Ostpreußen würde auch eine Zeitreise durch eine 700-jährige deutsche Vergangenheit sein. Die Kombination von Geschichte und der aktuellen europäischen Realität war ein Reise-Cocktail ganz nach meinem Geschmack.

Durch lauschige Gassen bummeln wir Richtung Marktplatz. An Häuserwände gelehnte Pilzverkäufer bieten Körbe voller Stein- und Butterpilze feil. Obstverkäufer preisen blutrote Kirschen an. Vor einer italienischen Eisdiele drängen sich Jugendliche. Wir erreichen den mit hellem Granit gepflasterten Marktplatz, von dem Treppenstufen im weiten Halbrund zu Laubengängen führen. Es scheint, als wäre die Zeit hier vor 150 Jahren stehen geblieben; nur die am Rathaus geparkten Autos stören das Bild. Wir hocken uns auf die Treppenstufen.

Ein etwa 60-jähriger Mann in hellgrauer Leinenjacke, schwarzer Hose und mit unförmigem Plastikbeutel unter dem Arm steuert schnurstracks auf uns zu. »Grüß Gott«, wir seien doch gewiss aus Deutschland. Ach, er liebe unser Land. Wir müssten unbedingt seine schöne Stadt anschauen, und überhaupt seien Besucher aus Deutschland eine Bereicherung hier. All das spult er wie einstudiert in fließendem Deutsch mit leichtem Akzent ab.

Ich hätte ihm gern gesagt, dass ich diese über die letzten Jahre so meisterlich restaurierte Altstadt wunderbar fände und mir noch ein wenig Stille zur Betrachtung wünschte. Keine Chance. Er wiegt sich zur Seite, zieht die Augenbrauen zusammen, betrachtet uns prüfend, erzählt, dass er nur 130 Euro im Monat Rente beziehe, und schließt: »Zum Sterben zu viel, zum Leben zu wenig.«

Daher weht der Wind. Schon wühlt er in seinen Hosentaschen und klimpert mit ein paar Euromünzen. Und krank sei er (dabei schaut er mich traurig an und zieht eine Medizinampulle aus der Tasche), Medikamente seien teuer, das Beste komme sowieso aus Deutschland, aber er habe ja kein Geld. Er tänzelt aufs andere Bein und kommt zur Sache: »Haben Sie fünf Euro für mich?«

Komischer Vogel, denke ich und schüttele den Kopf. Er versteht mich sofort und verschwindet im Schatten der Arkaden.

Von den gelb, ocker, grün und rotbraun gestrichenen Hausfassaden hängen rote Geranienblüten üppig aus Blumenkästen herab. Ein Luftballonverkäufer hat es sich darunter bequem gemacht, er döst. Gemächlich bummelt eine Familie über den Rynek.

Das gleißende Licht blendete mich, und ich schloss die Augen. Ich freute mich darauf, bald wieder den kühlen Fahrtwind zu spüren, als mir Brigitte einfiel, eine unserer besten Freundinnen und Patentante unserer Tochter Bettina. Brigitte wurde in Hirschberg geboren. Hundertmal und mehr hatten wir uns mit ihr getroffen, so manches Gespräch hatten wir mit ihr geführt, aber nie war ein Wort über Schlesien, geschweige denn über ihre Vertreibung gefallen. Ich hatte sie allerdings auch nie danach gefragt... Das wollte ich nachholen. Nach unserer Reise besuchten wir Brigitte, die als pensionierte Oberstudienrätin mit ihrem Mann bei Hannover lebt.

Brigitte Winkler – damals bei uns in Niederschlesien

Ob sie sich noch an Niederschlesien erinnern könne, frage ich. »Durchaus! Unser Hof war aus Klinker gebaut, der östliche Gebäudeflügel diente als Wohntrakt, und auf der gegenüberliegenden Seite, über Stall und Vorratsräumen, waren die Schlafzimmer... Mein Vater fiel 1943«, erinnert sich Brigitte, »damals war ich ein Jahr alt.« Ihr einziger Bruder ist zehn Jahre älter. Brigittes Mutter verlor durch den Krieg und die anschließende Flucht alles, was bis dahin ihr Lebensinhalt gewesen war: den Mann, den Hof, die Heimat.

Am 8. Juni 1946 wird Mutter Ansorge mit den beiden Kindern von ihrem Hof bei Grunau nördlich von Hirschberg vertrieben.

Zehn Tage dauert die Zug-Odyssee, an deren Ende die Gemeinde Bettrum bei Hildesheim steht.

»Vor dem Krieg hatte der Ort 600 Einwohner. 1946 waren es rund 2000, auf jeden Einheimischen kamen zwei Fremde. Aber die Bettrumer räumten ihre Häuser, rückten zusammen, versorgten uns mit Möbeln. Natürlich gab es auch Spannungen zwischen den Eingesessenen und uns Vertriebenen. Heute bewerte ich vieles anders als damals«, bemerkt Brigitte. »Es war eine große Leistung der Einheimischen, uns Fremde aufzunehmen und letztlich zu integrieren.« Aber damals spürte das heranwachsende Mädchen die Ausgrenzung durch die anderen Kinder, wenn die Mutter ihr wieder mal eine Verlängerung an den zu kurz gewordenen alten Rock gestrickt hatte. Der große Bruder »stoppelte« im Herbst nach der Ernte über die Äcker und buddelte nach vergessenen Kartoffeln. Die Mutter sammelte Ähren und Bucheckern. Irgendwie schafften sie es durch den Winter.

»Wenn Mutter im Tausch für ihre Bucheckern Öl bekommen hatte, gab es gebratene Kartoffeln. Dann wieder Pellkartoffeln in Ölstippe oder Kartoffelbrei mit einem Schuss Milch und Öl.«

Die Mutter kam über das Trauma der Vertreibung nicht hinweg. Zeit ihres Lebens nahm sie keine feste Anstellung an und ging nie wieder zur Wahl.

»Mein Lebtag habe ich gewählt, und doch ging es mir danach immer nur schlechter«, sagte sie. Sie fühlte sich vom Staat betrogen.

»Hast du das Hirschberger Tal je wiedergesehen?«, frage ich.

»Zweimal«, sagt Brigitte. Die Begegnung mit der polnischen Familie, die ihren Hof übernommen hatte, sei herzlich gewesen, und der Tisch der Gastgeber habe sich geradezu gebogen.

Und die Mutter?
»Als ich 1982 zum ersten Mal drüben war, sagte meine polnische Gastgeberin, wir seien jederzeit willkommen, aber für Mutter sei es besser, daheim zu bleiben. Sie sprach aus eigener Erfahrung, hatte nach der eigenen Vertreibung Lemberg (L'viv) in der heutigen Ukraine besucht. Die Begegnung mit der alten Heimat hatte tiefe Wunden neu aufgerissen. Das sollte ich meiner Mutter ersparen.«
Brigittes Mutter starb, ohne das Hirschberger Tal je wiedergesehen zu haben.

6
Schlesische Entdeckungsreisen

Nach der hübsch restaurierten Altstadt Hirschbergs trafen mich die roten und gelben Reklametafeln zwischen aschgrauen, verfallenden Neubauten wie Ohrfeigen. Dieser Stadtrand bot nur wenig Reizvolles.

Das Vorderrad unserer Harley hüpfte über die unebene Straße. Hoffentlich würde die aufs Schutzblech geklebte Folie dem Hämmern der Packtasche standhalten. Bei solchen Straßenverhältnissen würde die Maschine sich schleunigst auf ihre Stärken besinnen müssen, auf all das, was William S. Harley und Arthur Davidson 1903 ihrer Ur-Harley ins Wesen gepflanzt hatten. Die sah zwar wie ein Moped aus und ließ bei bescheidenen 400 Kubik nur drei Pferdestärken galoppieren, lief aber in ihrem Motorradleben beeindruckende 160 000 Kilometer. Sie war der Urahn jener Knuckleheads und Panheads, Hydra Glides, Sportsters und Fat Boys, die in ihrem Namen in alle Welt rollen würden.

Der Verkehr war mörderisch: »Nie zuvor solch halsbrecherisch überholende Autofahrer gesehen! Seit der Ankunft in Polen trafen wir noch keinen Landsmann, doch das einzige Unfallfahrzeug am Straßenrand hatte ein deutsches Kennzeichen!«, schrieb ich am Abend ins Tagebuch.

Bei der Zufahrt zum Schloss Fürstenstein (Zamek Książ) stoppte uns eine Schranke. Ich schnippte dem Parkwächter eine Münze zu, und schon waren wir in einer überaus prächtigen Anlage. Der letzte schlesische Hausherr war der Fürst von Pleß gewesen, doch die Nazis hatten sein Schloss beschlagnahmt und mit den Vorbereitungen für ein »Führerhauptquartier« begonnen. Hitlers Tod und das Kriegsende verhinderten Schlimmeres.

Wir hockten uns ins Gras. Nicht weit entfernt saßen zwei Männer in Arbeitskleidung: zerknitterte Hosen, graue Hemden, speckige Lederwesten – der eine mit tief ins Gesicht gezogenem Hut, der andere mit grüner Lodenmütze. Beide hatten sie kantige, faltige Gesichter. Ich schätzte den Älteren auf 80, den Jüngeren auf 70. Landarbeiter. Sie unterhielten sich, wobei der Alte dem Jungen seine zum Trichter zusammengelegten Hände an den Schädel drückte und ihm unablässig ins Ohr brüllte.

Es war merkwürdig, hier waren weit und breit keine westeuropäischen Besucher ... Sonst schlugen wir uns mit Schweizern, Österreichern und Deutschen durch Zentralafrika, begegneten ihnen auf Paddeltouren in Kanada und hockten mit ihnen im Outback Australiens am Lagerfeuer. Doch die einzigen Gäste hier waren Polen. Das bestätigen auch aktuelle Umfrageergebnisse, wonach 30 Prozent der Deutschen zwar gern Danzig besuchen würden, doch nur acht Prozent auf Schlesien neugierig sind.

Als wir später Glatz erreichten, trieben Quellwolken wie Riesenballons über einen stahlblauen Himmel. Glatz ist ein Stück »Geschichte zum Anfassen«. Hier, auf der gleichnamigen Festung, hielt Friedrich der Große den Abenteurer Friedrich Freiherr von der Trenck als seinen Gefangenen fest. Ich kannte jenen Trenck als Hauptfigur in einem opulenten Sechsteiler des ZDF von 1973. Jahre später begegnete er mir in einer eher bescheidenen Neufassung mit Ben Becker wieder. Das Original war ein Charmeur und Verführer, ein Filou.

1740 wird Trenck Ordonanzoffizier Friedrichs des Großen und verliebt sich Hals über Kopf in dessen Schwester Anna Amalia. Ist es Eifersucht, die den Großen Fritz veranlasst, seinen Offizier in die Festung Glatz zu sperren, oder die Verwandtschaft zum Pandurenführer Franz von der Trenck, der für den österreichischen Feind kämpft?

1746 flieht unser Held aus Glatz. Der König fängt ihn ein und schmiedet ihn sicherheitshalber in Ketten. Erst 1763 kommt Trenck frei. Nach weiteren Abenteuern gelangt er 1794 nach Paris, wo er als Spion angeklagt und hingerichtet wird.

Wir betraten die Welt jenes Freiherrn durch ein gotisches Brückentor. Ein wunderbares Stadtensemble: Auf der Brücke über den alten Mühlgraben fühlte ich mich nach Prag versetzt, denn wie bei der Karlsbrücke säumen auch hier barocke Heiligenfiguren das Geländer. Auf dem von prächtigen Bürgerhäusern gerahmten Marktplatz stoppten wir an der von Engeln bewachten Pestsäule. Verblüffendes auch hier: Ich entdeckte deutsche Inschriften!

In der Folge von Potsdamer Konferenz und Vertreibung waren in Schlesien deutsche Straßen- und Ortsnamen getilgt worden, Vor- und Familiennamen wurden polonisiert: Heinrich wurde zu Henryk, aus Schulz machte man Szulc. Deutsche Grabinschriften wurden weggeschliffen. Doch an dieser Pestsäule auf neu angebrachten Tafeln steht in goldenen Buchstaben: »Dem Engel Gabriel dich liebes Glatz befehl«.

Die Jeskas – Los ging's mit »Schlesischem Himmelreich«

War es Zufall oder Fügung, dass ich während der Nachbereitung unserer Reise in der Regionalbeilage der *Hannoverschen Allgemeinen Zeitung* über einen gewissen Axel Jeska las, den es 1946 als Achtjährigen mit seinen Eltern und Brüdern aus Glatz in unser norddeutsches Dorf verschlagen hatte? Die Gelegenheit musste ich beim Schopf packen und rief Axel Jeska an. Wir trafen uns an einem Winterabend, Axels zehn Jahre älterer Bruder Peter – Jahrgang 1928 – war auch dabei.

»Als Eigentümer des ›Hotel drei Karpfen‹, mit 32 Zimmern und angeschlossenem Restaurant, war unser Vater ein angesehener Mann in Glatz«, erinnert sich Peter, der das Ende des Krieges als 18-Jähriger erlebte. Zwar waren Glatz zerstörerische Bombardements erspart geblieben, doch der Einmarsch der Roten Armee brachte eine Orgie der Gewalt: Plünderungen, Vergewaltigungen, Mord. Wobei die Jeskas noch Glück hatten, denn das russische Oberkommando war zunächst in ihrem Hotel einquartiert. Bald ging die Macht an die neuen polnischen Herren über. »Eine Welle von Hass schlug uns entgegen«, berichtet der ältere Jeska. »Sobald wir Polen begegneten, mussten wir die Bürgersteige verlassen, und weiße Armbinden machten uns als Deutsche kenntlich.« Nach einem Moment fügt er nachdenklich hinzu: »Ähnlich empfanden wohl die Juden im ›Dritten Reich‹!«

»Laut Anordnung der Regierung der Republik Polen hat die gesamte deutsche Bevölkerung das polnische Staatsgebiet zu verlassen ... Bei Verlassen des polnischen Staatsgebietes dürfen nur 20 kg Gepäck mitgenommen werden. Alle Personen, welche dieser Aufforderung nicht nachkommen, werden mit Gewalt entfernt«, lautete der neue Befehl mit dem Datum 29. Juni 1945. »Bis zum 30. Juni 1945, mittags 12 Uhr muss der Befehl ausgeführt sein.«

Das war Wochen vor der Potsdamer Konferenz vom 17. Juli 1945, in der die Siegermächte festlegten, dass die Vertreibung der Deutschen in humaner und geordneter Weise zu erfolgen habe.

»Mutter backte ihren Schmuck in Brote ein. Ringe und kleinere Wertgegenstände vernähte sie in Kissen.«

Mit diesem finanziellen Polster erreichten die Brüder und ihre Mutter Ostfriesland, hier erfuhren sie, dass der Vater und Ehemann nach der Kriegsgefangenschaft als Fahrer für die englischen Besatzungstruppen bei Hannover arbeite.

»Eines Tages kam er mit einem britischen Lkw und holte uns ab«, erinnert sich Peter.

Wie es denn im Vater, dem ehemaligen Hotelier und Vorsitzenden des niederschlesischen Gaststättenverbandes, ausgesehen habe, will ich wissen.

»Vater blickte nach vorn, er baute an einer neuen Existenz«, erzählt Axel. Peter kramt ein Fotoalbum hervor und zeigt Bilder vom »Hotel drei Karpfen«: rustikale Wandmalereien, gepflegtes, fast bayerisch anmutendes Ambiente. Bereits auf der nächsten Albumseite die Einladung zur Eröffnung der Gaststätte »Haus der Väter« in Bad Münder. Als Hauptgericht gab es an diesem 4. November 1950 Gänsebraten mit Rotkohl, Salzkartoffeln und Apfelmus für drei Mark fünfzig.

»Es war die kleine, aber feine Speisekarte mit Spezialitäten wie ›Schlesisches Himmelreich‹ – Dörrobst mit Schweinefleisch und Klößen –, die den Eltern neben der Anerkennung auch Zulauf brachte«, berichtet Peter. »Die Vergangenheit war der Baustein für unsere Zukunft. Vater fuhr nie wieder in die alte Heimat zurück.«

Die von hinten scheinende Abendsonne ließ den Schatten der Harley in skurrilen Formen vor uns über den unebenen Asphalt hüpfen. Bei Ottmachau (Otmuchów) stellte ich mir vor, wie vor 200 Jahren der preußische Minister und Humanist Wilhelm von Humboldt über diese Ländereien ritt. Der König schenkte seinem großen Gelehrten neben diesem Land aus Dankbarkeit noch ein Schloss. Doch während Wilhelm von Humboldt in seinen Werken und im Geist der nach ihm benannten Berliner Universität weiterlebt, versank ein Großteil des Besitzes unter einem späteren Stausee. Der Schatten der Harley erreicht kurz vor uns die Stadt Neisse, das den Beinamen »Schlesisches Rom« trug. Die gotische Jakobuskirche war mein Orientierungspunkt.

Der Zoologe Bernhard Grzimek gehört ebenfalls zu dem großen Söhnen dieser Stadt. Als Chef des Frankfurter Zoos und Fernsehmoderator brachte dieser freundliche, immer etwas näselnde, hagere Mann mir die Naturwunder Afrikas so nahe wie kein Zweiter. Meine Träume vom Ngorongoro-Krater und der Serengeti füllte er mit so viel Leben und Farbe, dass ich es nicht erwarten konnte, eines Tages selbst dort zu stehen. Und als ich dort stand, wurde meine Fantasie von der Realität übertroffen.

Doch schon waren wir an Neisse vorbei.

Der Campingplatz außerhalb der Stadt war schwach beleuchtet, ich sah die Sterne über uns funkeln. Neben einem Kleinbus mit tschechischem Kennzeichen hockten junge Leute; große Gaskocher fauchten, Töpfe klapperten, dann war es still. Man aß. Wenig später sang eine junge Frau mit glockenheller Stimme zur Gitarre amerikanische Countrysongs. Ich lauschte, schaute in den Himmel, über den feine Schleierwolken huschten, und ließ meinen Gedanken freien Lauf.

Diese Sterne leuchten zeitgleich über den Nachbarn Polen und Deutschland. Nur ein paar Kilometer sind es von hier nach dort und umgekehrt. Und doch wissen die Nachbarn so wenig voneinander. Es heißt, vor allem die Alten täten sich schwer, sich dem anderen zu nähern, man sei meilenweit davon entfernt, einander zu mögen. Und Deutsche brächten ihrem östlichen Nachbarn mehr Ressentiments entgegen als umgekehrt.

Nach rund anderthalb Jahrzehnten relativ offener nachbarschaftlicher Beziehungen knirscht die Achse Berlin–Warschau wieder, auch weil Polen gegen das von Deutschland in Berlin geplante »Zentrum gegen Vertreibung« polemisiert und die Bevölkerung sich fragt: Sollen wir Polen nach allem, was war, die Ostdeutschen wegen ihrer Vertreibung um Verzeihung bitten?

»Polen betrachten Schlesien und die übrigen deutschen Ostgebiete als Entschädigung für den Verlust der an die Russen gegangenen polnischen Ostprovinzen«, hörte ich noch Eduard Mahler in Hirschberg sagen.

Was war geschehen?

1943–1945: Stalin, Churchill und Roosevelt ziehen auf den Konferenzen von Teheran und Jalta die polnische Ostgrenze neu. Als Folge tritt Polen 180 000 Quadratkilometer, also 46 Prozent seines Territoriums, an Russland ab. Die Entschädigung dafür sind 114 000 Quadratkilometer ostdeutschen Gebiets, einschließlich der Freien Stadt Danzig. Am grünen Tisch schrieb man dieses Land einer ostpolnischen Bevölkerung zu, die unter dem Trauma des russischen Geheimdienstterrors stand. Gut eine Million Ostpolen waren von den russischen Besatzern nach Sibirien deportiert worden, Zehntausende waren vor diesem Terror nach Westen geflohen … geradewegs in die Arme der Nazis. Nach der systematischen Vernichtung ihrer Elite wurden die Ostpolen von den Russen auf Pferdegespanne und in Züge gesetzt und nach Westen getrieben.

Viel Leid lag hinter denen aus Lemberg und jenen anderen Ortschaften Ostpolens, als sie 1945/46 in Glatz, Breslau und Hirschberg in die Häuser der ihrerseits vertriebenen Schlesier einzogen.

Die Sterne verblassten zwischen den dicker werdenden Wolken. Wind war aufgekommen, die Wolken huschten schneller. Die Frau

Alles muss mit – beim Beladen der Harley ist Kreativität gefragt.

mit der kraftvollen Countrystimme, die mich an Joan Baez erinnerte, sang jetzt *»The Night They Drove Old Dixie Down«*.

»Lass uns mal drüben vorbeischauen«, sagte ich und nahm Julianas Hand.

»Setzt euch!«, deuteten wir die einladende Geste des 30-jährigen Tschechen mit dem hüftlangen Pferdeschwanz. Offenbar der Gruppenleiter. Die anderen lauschten hingebungsvoll der Musik. Niemand sprach. Das Lagerfeuer flackerte, würziger Holzduft umnebelte uns. Vor den Zelten und Wohnwagen der übrigen Camper waren die Lampen längst erloschen. Ich lehnte mich zurück und träumte mich zu den Klängen der Musik fort, bis zum Ende der uralten »Europastraße« in Nowgorod.

Den Namen der jungen Sängerin erfuhren wir übrigens nie. Sie sang noch, als ich weit nach Mitternacht unser Zelt öffnete und wir müde hineinkrochen.

Morgenstund hat für mich selten Gold im Mund. Gewöhnlich steht Juliana als Erste auf und gewährt mir noch fünf Minuten Galgenfrist. Ich streckte mich und kroch träge wie ein Bär nach dem Winterschlaf aus dem Zelt. Anders als an den Tagen zuvor war der Himmel heute verhangen.

Ich wusch einen Apfel unter einem Schuss Wasser aus der Trinkflasche und biss genüsslich rein. Dann der Versuch des Pläneschmiedens: Nach meinen Kartenmarkierungen würde es heute am »oberschlesischen Ruhrpott« entlang in Richtung Weichsel (Wisła) gehen.

Ich schob die Karte beiseite. Später.

Das Gras war erfrischend kühl. Ich hatte die Motorradsocken ausgezogen und genoss das Kribbeln unter den Fußsohlen genauso wie die Erkenntnis, mich richtig entschieden zu haben.

»Nur Daytona!«, hatte mich der Verkäufer im Bike-Shop beim Kauf meiner Stiefel förmlich angefleht.

»Hast du keine preisgünstigeren Boots?«

»Nichts ist so dicht und gleichzeitig so atmungsaktiv!«

Ich vertraute ihm, doch als es ans Bezahlen ging, wurde ich blass, und er schob mir einen Stuhl zu. Dafür sind die Socken auch am dritten Reisetag noch so sauber, als kämen sie frisch von der Wäscheleine.

Eine Gretchenfrage bei langen Motorradtrips ist die nach dem Ausmaß der freiwilligen Leidensbereitschaft: Worauf bist du bereit zu verzichten? Hinter dieser Frage steckt die Erfahrung, beim Packen jeden Tag in seiner Kreativität neu gefordert zu sein. Wie kriege ich dieses verflixte Gepäck am schnellsten verstaut? Schon im Vorfeld hatte ich mich von vielem, was ich eigentlich gern dabei gehabt hätte, getrennt. Von anderem nicht…

Das morgendliche Kaffeeritual zum Beispiel musste sein (Juliana behauptet mit spitzer Zunge, es sei mir auch *on the road* geradezu heilig). Also steckte sie alles ein, was dazugehört. Nicht wenige Zeitgenossen machen die Qualität ihrer Reisen an der Zahl ihrer Hotelsterne fest, da erscheint mir mein Wunsch noch bescheiden. Ich begann also mit der Zubereitung des Morgenkaffees, zog Primuskocher und Spritflasche raus, klaubte die Knoblauchzehen aus dem Kaffeebecher und schüttete Kaffeepulver rein. Vor der Weiterfahrt würde der Knofel wieder im Becher verschwinden.

Der Kaffee war heiß und belebend. Inzwischen waren unsere Campnachbarn aus ihren Zelten und Wohnwagen gekommen; manche so flott wie Juliana, die anderen wie ich. Nur über dem Zelt unserer neuen tschechischen Freunde lag noch schläfrige Stille. Man schlief auch noch, als ich auf den Anlasser drückte, die Harley erfreut aufbrüllte und mit uns vom Platz rollte.

7
Freud und Leid eines Bikers

Eine Fahrt entlang der Weichsel sei eine Fahrt durch die Geschichte Polens, sagte uns ein polnischer Freund. Die Königin aller polnischen Flüsse entspringt weit im Süden des Landes in den Westbeskiden, verläuft zwischen den Bergen der tschechischen und slowakischen Grenze, wo sich die kalten Wasser der Schwarzen und Weißen Neiße zum polnischsten aller Flüsse vereinen.

Kein Fluss ist emotional so behaftet wie die Weichsel. »Wir werden Weichsel und Warthe durchschreiten. Wir werden Polen sein«, heißt es in der Nationalhymne.

Dabei beginnt ihr Lauf unspektakulär. Munter, doch unscheinbar springt sie über glatt gewaschene Felsen durch Wälder, wo sich Farne verträumt über ihr schmales Bett neigen. Erst weiter nördlich nimmt sie an Ausmaß und Volumen zu.

Königin Weichsel durchstreift heute ein Gebiet, das die drei schwarzen Adler der russischen Zaren, österreichischen Kaiser und preußischen Könige jahrhundertelang unter sich aufgeteilt hatten. Das machte die Weichsel zum nationalen Bindeglied Polens, auch wenn sich das im Sprachgebrauch nicht niederschlägt: Jeder weiß, dass Köln am Rhein liegt und Paris an der Seine. Doch von Krakau (Kraków) und Warschau an der Weichsel spricht man fast nie. Dabei verdanken beide Städte ihre Existenz dem Fluss, genau wie das ferne Thorn (Toruń) oder das nahe gelegene Auschwitz (Oświeçim).

Im Städtchen Weichsel begann unsere Reise entlang dem 1066 Kilometer langen Fluss in Richtung Danzig.

Der Morgen verriet kaum etwas von dem, was dieser Tag für uns noch in petto hielt. Der leichte Nieselregen, der auf die hübsche Altstadt von Oberglogau (Głogówek) niederfiel, war nach der Hitze der vergangenen Tage eine willkommene Erfrischung. Im Schutz des Vorbaus eines kleinen Fotogeschäftes beobachteten wir das Treiben der Menschen auf dem Marktplatz. Das schwere Kopfsteinpflaster glänzte matt im blassen Licht der Sonne, die sich vergeblich abmühte, durch die immer schwerer und grauer werdenden Wolken zu brechen. Ich sah die barocke Altstadt wie durch einen Weichzeichner, der darüber hinwegtäuschen wollte, dass Oberglogau im März 1945 zur Hälfte von russischen Truppen zerstört worden war – und doch spiegelt diese wieder auferstandene Kleinstadt noch immer die kosmopolitischen Einflüsse der vergangenen Jahrhunderte wider. Gut 200 Jahre lang war Oberglogau böhmisch, knapp 200 Jahre lang habsburgisch und weitere 200 Jahre preußisch beziehungsweise zum Deutschen Reich gehörig, bis es nach 1945 an Polen fiel.

Über den Markt vor mir bummelte einst Ludwig van Beethoven, der hier dem Reichsgrafen von Oppersdorff seine vierte Symphonie widmete. Rund 40 Prozent der Einwohner sind deutschstämmig, Oberglogau nimmt für sich in Anspruch, ein Zentrum der deutschen Minderheit in Polen zu sein, und hat sogar den Spitznamen »Klein-Berlin«.

Aber da war niemand, der deutsch sprach. Der Regen hatte zugenommen, die Menschen verschwanden in den Häusern, und wir zogen uns tiefer in den schützenden Eingang des Fotoladens zurück.

Blitz und Donner brachen über uns herein. Ein regelrechter Wolkenbruch spülte durch die Straßen. Die dominierende Farbe war jetzt Mausgrau.
Sie lag als finstere Decke über der Landschaft.

Wir wollten den »schlesischen Ruhrpott« von Kattowitz (Katowice) zügig umfahren und auf dem kürzesten Weg ins Quellgebiet der Weichsel gelangen, Abstecher waren nicht geplant. Das Vorankommen im Regen war schwierig, denn die unebenen, teils unbefestigten und von Wasserrinnen durchzogenen Fahrbahnen offenbarten jetzt die ganze Palette ihrer Gemeinheiten.

Wir flüchten uns unter das Dach einer kleinen Tankstelle, die wie ein Relikt aus sozialistischen Zeiten wirkt.

Auf der den Zapfsäulen zugewandten Seite des winzigen grauen Gebäudes ein Fenster, aus dem ein Mittzwanziger gelangweilt herausschaut, direkt durch uns hindurch. An seiner Mimik ändert sich auch in der nächsten halben Stunde nichts, während wir wie begossene Pudel auf die rasant vorbeifahrenden Lkws schauen, die das Wasser der Fahrbahn in meterhohe Wellen teilen.

Kundschaft ist weit und breit nicht zu sehen. Gelangweilt starrt der Tankwart in den Regen.

Ich meine, einen hellen Spalt in den Wolken zu entdecken. Aufbruch. Zehn Kilometer später schüttet es stärker denn je. Die Fahrt nach Ratibor (Racibórz) wird zur Bewährungsprobe für unsere Goretex-Ausrüstung.

Die meisten polnischen Tankstellen sind supermoderne Oasen der Zivilisation. Die erste Tankstelle in Ratibor ist ein Servicetempel. Wir klopfen das Wasser von den Jacken und gehen an bunten Twix-, Mars- und Ritter-Sport-Naschereien zur Kasse. Ich hebe zwei Finger und sage »Cappuccino«, worauf der Verkäufer auf Deutsch antwortet: »Kaffee gibt's im Automaten gleich neben Ihnen.« Wir machen es uns mit pfeffrigen Hot Dogs im Minirestaurant bequem und warten darauf, dass es aufhört zu regnen.

Kornelia Stanke: Kindheit in Polen

Kornelia Stanke ist mir von unseren Reisevorbereitungen aus zweierlei Gründen in Erinnerung; zum einen zauberte sie mit flinker Nadel zusätzliche Motorradpacktaschen, zum anderen sprach sie Deutsch mit einem so starken Akzent, dass ich sie für eine Polin hielt.

»Nein, nein, wir sind Deutsche aus Oberschlesien«, widersprach sie. In ihrer Heimat Großstrehlitz (Strzelce Opolski) sei nach 1945 ein Großteil der deutschen Bevölkerung zurückgeblieben. Auch ihre Familie.

»Wie war es, in Polen aufzuwachsen?«, fragte ich die 45-Jährige.

»Nicht einfach. Die Lehrer ließen uns spüren, dass wir, die ›Schwaben‹, wie sie uns nannten, deutschstämmig waren.«

»Welche Sprache habt ihr denn zu Hause gesprochen?«

»Schlesisch«, sagte sie, »also eine Mischung aus Deutsch und Polnisch, auch ›Wasserpolnisch‹ genannt.« 1979 beschlossen die Eltern, mit ihren Kindern nach Deutschland überzusiedeln. Natürlich wusste das jeder im Dorf, und vermutlich fand sich genau deswegen niemand, der ihren Besitz kaufen wollte. Wer ausreiste, durfte kein Eigentum mehr in Polen haben. Also geschah, worauf mancher spekuliert hatte: Die Eltern verschenkten Haus und Hof, auch die Konten standen auf null.

»Meine Eltern wollten nur raus!«, erinnerte sich Kornelia Stanke. In Norddeutschland wurden sie heimisch.

»Kürzlich spazierte meine Mutter mit ihrem großen Hund durch die Feldmark«, erzählte Kornelia Stanke. »Ein Mann sprach sie auf ihren hübschen Hund an und sagte, ein Stück weiter lebe eine polnische Familie mit einem ähnlich prächtigen Tier. Dann beschrieb er Mutter den Weg zu ihrem eigenen

Haus. Als sie mir davon berichtete, war Mutter rot vor Wut«, sagte Kornelia Stanke. »In Polen waren wir die Schwaben, hier sind wir die Polen.«

Der Campingplatz liegt wenige Kilometer oberhalb des weit verzweigten Wintersportzentrums Weichsel. Graue Wolken klebten auf halber Höhe der mit Fichten bewachsenen Berghänge der Beskiden. Doch da man das Glas je nach Stimmung als halb voll oder auch halb leer empfindet, waren diese Wolken für mich ein Lichtblick. Das diffuse Regengrau löste sich auf, Details kamen zum Vorschein: hölzerne Ferienchalets, der bunte Hinweis auf ein »Hotel Bavaria« und endlich das Schild »Camping«.

Ein paar Hartgesottene umstanden ein kleines Lagerfeuer am hinteren Ende des Grasplatzes. Jemand spielte Gitarre. Vom ersten Moment an fühlte ich mich hier wohl. Vielleicht auch, weil mich die naturbelassene Weitläufigkeit des Platzes an die zünftigen Campgrounds in den kanadischen Rocky Mountains erinnerte.

Die Rezeption war nicht besetzt. Wir gingen in das hölzerne Nachbargebäude, offenbar ein kleines Restaurant. Gäste waren nicht anwesend, nur drei offenbar zum Camp gehörige Blondinen, von denen eine auf uns zukam und in rasantem Polnisch lossprudelte. Ich verstand nur Bahnhof. Sie lachte übers ganze runde Gesicht. »Kommt mit zur Rezeption«, gab sie uns zu verstehen, nahm ein Englisch-Polnisch-Lexikon, fand das richtige Wort und strahlte: »*Welcome!*« Der düstere Tag, von dem wir gut ein Viertel unter schützenden Tankstellendächern verbracht hatten, begann zu strahlen.

Ich mag das unkomplizierte *g'day mate* (Guten Tag, Kumpel) der Australier oder das freundliche *hello* auf kanadischen Campgrounds. Die Sprache ist der Schlüssel zu den Menschen, und so wünschte ich mir – gerade auf dieser Reise –, noch mehr Sprachen zu sprechen. Das galt für die baltischen Staaten ebenso wie für

Tschechien, Slowenien, Russland und eben Polen. Zwar wird der Englischunterricht an Polens Schulen immer wichtiger, doch außerhalb der Großstädte jemanden zu finden, der tatsächlich Englisch spricht, schien nach den ersten Erfahrungen fast aussichtslos. Oder war die gelegentliche Sprachlosigkeit Ausdruck der Unsicherheit, wie man mit den von Westen anreisenden Besuchern umgehen sollte?

Das Lächeln der jungen Frau im Camp von Weichsel machte mir Mut.

Flüsse erzählen Geschichten. Sie glucksen, plätschern und schmatzen, graben an Uferwänden, versetzen Sandbänke und düngen das umliegende Land mit fruchtbarem Schlamm. Die Weichsel versorgte die Menschen an ihren Ufern seit jeher mit Fischen, heute allerdings nur noch bedingt, warnte man uns, die Weichsel gilt als verschmutzt.

Flüsse erzählen Geschichten; auch die jener Menschen, die sich an ihren Ufern niederließen – etwa die Ritter des Deutschen Ordens, die in der zweiten Hälfte des 13. Jahrhunderts an einem als Nogat bezeichneten Weichselarm die Marienburg bauten. Die Weichsel erzählt vom Hochmeister dieses Ordens, der 1309 seinen Amtssitz von Venedig an die Nogat verlegte und die Marienburg zum mächtigen Zentrum des Ordensstaates machte.

Sie erzählt von Auschwitz, das nach wechselvoller Zugehörigkeit zu Schlesien, dem Habsburger- und Deutschen Reich nach dem Zweiten Weltkrieg wieder Polen zufiel.

Die Weichsel erzählt die Geschichte der Millionen, deren Fahrt nach Auschwitz eine Fahrt ohne Wiederkehr war.

Auschwitz liegt südöstlich des Ballungszentrums Gleiwitz (Gliwice) – Kattowitz am Zusammenfluss von Weichsel und Sola. Eine mittelgroße Industriestadt, eine Stadt ohne Auffälligkeiten so weit. Ich erinnere mich, wie Regisseur Steven Spielberg in seinem Film *Schindlers Liste* das Grauen von Auschwitz fassbar zu machen versucht, indem er die Asche Millionen Ermordeter über der Stadt niederrieseln lässt.

Die Weichsel kann vom Leid erzählen.

Der Morgen war kühl. Der nasse Rasen schmatzte, wenn meine Stiefel den Boden berührten. Zum Glück hatte es in der Nacht kaum noch geregnet. Wir packten und brachen auf.

Dem verschlungenen Verlauf der Weichsel am Ufer mit dem Motorrad folgen zu wollen, ist unmöglich. Aus Respekt vor Überschwemmungen halten die Straßen Abstand. Von den Bergen der Beskiden fuhren wir über Nebenstraßen durch eine stark zersiedelte Landschaft, bis wir einen weitläufigen Eisenbahnkomplex erreichten. Eines der Auswahlkriterien der Nationalsozialisten für das, was Auschwitz werden sollte, war seine Eigenschaft als Verkehrsknotenpunkt.

Den Ort hatte ich mir anders vorgestellt. Ohne die Hot-Dog-Imbissbude neben der KZ-Mauer. Auf der gegenüberliegenden Straßenseite ein Restaurant und ein großer Parkplatz. Tourbusse dröhnen. Wir folgen dem Hinweis »Auschwitz Museum«.

Museum?

Ein junger Parkwächter winkt uns auf den Ausweichplatz. Auch hier Fast Food; Bratwurst mit Brot und Krautsalat für einen Euro. Daneben der Supermarkt.

Wir parken neben den beiden BMW von Martti und Leena, einem finnischen Ehepaar um die Sechzig, das bereits seit drei Wochen durch Europa tourt. Während des Besuchs der Gedenkstätte hatten sie ihre Maschinen samt Gepäck der Obhut des Parkplatzwächters anvertraut. *»No problem«*, versichern sie uns. Wir wagen es auch.

Und verabreden uns für später mit den beiden Bikern zu einem Kaffee auf dem Campingplatz.

Die Sonne bricht durch dünne Wolken. Trotz der Abkühlung gestern herrscht heute Treibhausklima. Eis schleckende Besucher entsteigen einem Bus mit der Aufschrift »Mazurka Travels«.

So betreten wir den Ort des Grauens.

8
Tod am Fluss – Auschwitz

Daria Pasternak ist Mitte 20, mittelgroß, schlank und hat ein schmales, fein geschnittenes Gesicht. Die junge Frau in schwarzem Rock und weißer Bluse begrüßt uns mit sparsamer Geste. Umso nachhaltiger ist das, was sie sagt. Auschwitz und Birkenau hätten wir uns ohne einfühlsame, aber auch kundige Begleitung nicht gewachsen gefühlt.

Nach und nach leert sich der Treffpunkt, 20-köpfige Gruppen folgen jetzt ihren *tour guides* auf dem Weg durch Auschwitz I. Ich höre Italienisch, Englisch, Deutsch, Spanisch, Französisch und Polnisch, aber auch mir unbekannte Sprachen.

»Das polnische Judentum der Vorkriegszeit ist nicht mit dem von heute zu vergleichen«, weiß Daria Pasternak. »Während damals rund 3,3 Millionen Juden in Polen lebten, sind es jetzt nur noch 10 000. 99 Prozent der jüdischen Bevölkerung fielen dem Rassenwahn der Nazis zum Opfer. Viele hier in Auschwitz.«

Mir kam Alfred Döblins Buch *Reise in Polen* aus dem Jahr 1924 in Erinnerung. Darin schreibt er: »Sie haben ihre eigene Tracht, eigene Sprache, Religion, Gebräuche, ihr uraltes Nationalgefühl, ihr Nationalbewusstsein. Aus Palästina, ihrem Stammland, wurden sie vor zwei Jahrtausenden geworfen ... Man presste sie von Süden nach Norden, aus Spanien heraus, wo sie zu Hunderttausenden siedelten, aus Frankreich nach Deutschland, in das Polen- und Russenland hinein. Immer warf sich ökonomischer Hass über sie, Abneigung gegen das fremde Volk, Widerwille, Furcht vor ihrem fremden Kult. Dieses Polen nahm sie im 13. Jahrhundert auf ... Das Wort ging früh um: ›Polen, der Himmel des Adels, das Paradies der Juden, die Hölle der Bauern.‹ Jedes Jahrhundert erlebte dabei seine Judenhetzen.«

Prophetische Worte.

Ich beobachtete zwei junge Italienerinnen unter dem Torbogen, in den die Henker in großen eisernen Lettern zynisch geschrieben hatten: »Arbeit macht frei«. Jetzt erspähen sie einen jungen Mann, dem sie ihre Digitalkamera in die Hand drücken. Sie zupfen an Haaren und Blusen, werfen sich in Pose und lächeln. Erinnerungen fürs Familienalbum. Nachmittags zur Hauptreisezeit, wenn Besucher aus aller Welt durch Auschwitz I strömen, fällt es schwer, jene Bilder des Grauens zu sehen, für deren Betrachtung Stille und Andacht nötig sind.

Bilder Tausender geschundener Häftlinge, die durch dieses Tor von der Arbeit zurücktorkeln, während das Lagerorchester flotte Märsche spielt. Ich sehe Kranke auf Krücken verzweifelt hinter anderen herhumpeln und Zusammengebrochene, von Mithäftlingen in Karren geschoben. Das Lagerorchester schmettert den Radetzky-Marsch.

»1940 begann man mit dem Bau des KZ Auschwitz I zunächst, um polnische Häftlinge unterzubringen«, höre ich Darias Stimme wie von fern. »Dafür baute man ein verlassenes Kasernengelände um. Doch schon ein Jahr später erklärt Heinrich Himmler Auschwitz aufgrund seiner günstigen Bahnanbindung zum Zentrum der Judenvernichtung. Drei Kilometer entfernt entsteht im Gebiet des Dorfes Birkenau (Brzezinka) das Lager II. Dort werden mehr als 100 000 Juden, Polen, Russen, Homosexuelle, politische Gefangene, Sinti und Roma unter unwürdigsten Bedingungen vegetieren.«

Das Ziel der Nazis ist Vernichtung. Unablässig bringen Güterzüge Menschen aus allen Winkeln des besetzten Europa: aus Frankreich, Polen, der Slowakei, Österreich, Holland, Belgien, Norwegen, Litauen, Russland, aus Deutschland. Und es werden mehr.

Viele Juden ließ man in dem Glauben, dass ihnen in den besetzten Ostgebieten eine neue Heimat zugestanden werde, weiß Daria. Stattdessen perfektioniert Lagerkommandant Rudolf Höß ab 1942 den Massenmord mithilfe von Gas.

»Auschwitz ist der größte Friedhof der Menschheitsgeschichte«, sagt Daria. Mindestens 1,2 Millionen Menschen werden hier, nahe der Mündung der Sola in die Weichsel, umgebracht. Niemand weiß die genaue Zahl, es mögen auch 1,5 Millionen sein.

In Block 4, einem von 28 Bauten, in die die Häftlinge eingepfercht waren, hängen drei heimlich aufgenommene Fotos aus dem Jahr 1944: abgemagerte, nackte Frauen, zusammengetrieben, bevor man sie in Gaskammern steckt. Anonymes Leid bekommt plötzlich individuelle Züge. Auch bei den Reihen der Gefangenenporträts. Korrekt fotografiert, wie beim polizeilichen Erkennungsdienst. Drei Fotos pro Person; von vorn, von der Seite, das dritte im Halbprofil.

Da ist der weißhaarige Kopf einer alten Frau. Eine Bäuerin vielleicht. Ich sehe hagere, fragende Gesichter kurzgeschorener junger und alter Männer, lese in diesen Gesichtern, in denen sich vor dem Sekundenbruchteil der Aufnahme ein Leben abspielte: sehe Menschen, die Geburtstage und Hochzeiten gefeiert, Schulen besucht, sich durch Prüfungen gebüffelt hatten, Menschen, die gestritten, geliebt und geträumt hatten.

»1,2 Millionen Auschwitz-Toten stehen nur 60 000 Überlebende dieser Hölle gegenüber«, erklärt Daria Pasternak.

Das Gesicht eines 15-jährigen Mädchens lässt mich nicht los. Es trägt keine gestreifte KZ-Kleidung. Dem Namen nach eine Polin. Hohe Stirn, fester Blick, selbstbewusste Züge. 1943 kam sie hierher, über ihr weiteres Schicksal ist nichts bekannt.

Mägde, Bauern und Professoren, Arbeiter neben Rebellen und Wirtschaftskapitänen, Kriminellen, Ärzten und Viehknechten. Alle zusammengepfercht in Block 4. Hier, wo ich stehe, in Block 4. Jeder hoffte, das Letzte zu erhalten, das Leben. Die Nazis stahlen den Toten selbst die Goldzähne, schnitten toten Frauen das Haar ab, um es zu Matratzen zu verarbeiten. Wir folgen Daria in den Saal mit Bergen von Haaren ermordeter Frauen. »Für ein paar Pfennig pro Kilo ging das Haar in die Industrie«, berichtet Daria. Die Asche der Toten streute man in einen nahe gelegenen Teich oder als Dünger auf Felder.

Unerträgliche Berge von Brillen. Dahinter sehe ich Gesichter und hinter jedem Gesicht ein Leben.

Endlose Schuhreihen, Schuhe von Männern und Frauen, gute Schuhe, die besten für die Reise ins Verderben ausgewählt, ausgelatschte Schuhe. Schuhe von Kindern.

Daneben übereinander gestapelte Koffer, auf denen Namen und Geburtsdaten von Menschen erzählen. Koffer in Berlin, Warschau, in Kiew, Athen oder Amsterdam von einem Menschen mit einem Rest Hoffnung gepackt. Endstation war die Hoffnungslosigkeit.

Nur einmal verspüre ich Genugtuung und Freude: an dem Galgen, an dem KZ-Kommandant Rudolf Höß 1947 gehenkt wurde.

Es war spät, als wir Auschwitz I verließen. Der zuvor randvoll belegte Parkplatz hatte sich zur Hälfte geleert, der Parkwächter hockte gelangweilt auf einem Mauervorsprung und klimperte mit einer Hand voll Münzen. Auf einer Bank saß ein Elternpaar mit seinen 8- und 10-jährigen Kindern. Man trank Coke.

Daria Pasternak verabschiedete sich. Feierabend. Morgen um zehn würde sie die nächste Gruppe durch Auschwitz I führen.

Ich tat mich schwer, das Grauen zu verarbeiten. Wir bestiegen unsere Maschine und fuhren ein paar Kilometer weiter nach Birkenau.

Zögernd gehe ich durch das mir aus zahlreichen Publikationen und Dokumentarfilmen bekannte Todestor. Ich sehe die sich verzweigenden Schienenstränge, die SS stellte die Weichen, entschied zwischen sofortigem und aufgeschobenem Tod.

Stellvertretend für das Grauen sehe ich eine mir bekannte Filmszene: Die Tür des Güterwagens öffnet sich, das plötzliche Licht blendet das angstvoll verzerrte Gesicht einer jungen Mutter, die ihre zwei kleinen Kinder schützend an den Körper drückt. »Entscheide dich!«, herrscht der SS-Mann sie an. Sie schweigt. Die Augen weit aufgerissen. »Entscheide dich!«, brüllt der Nazi-Scherge. »Wofür?« »Für ein Kind«, zischt er. »Ich kann doch nicht …«, stammelt sie. Da entreißt ihr der SS-Mann beide.

Die Luft war feucht und schwer. Grauer Dunst lag über Birkenau. Langsam glitt die blasse Sonne nieder, bis sie blutrot hinter den gesprengten Trümmern der Gaskammern II und III versank. Bedrohlich hoben sich die Wachtürme und der Todeszaun dagegen ab.

Wir stiegen auf die Harley und fuhren langsam auf einer schmalen Straße unmittelbar außerhalb des Lagers am Zaun entlang; vorbei am Familienlager »für Juden aus Theresienstadt«, vorbei am »Frauenlager«. Einige schäbige Wohnhäuser außerhalb des Lagerkomplexes, doch nahe der Gaskammern und Krematorien irritierten mich. Kaum mehr als ein kräftiger Steinwurf vom größten Friedhof der Menschheitsgeschichte entfernt leben jetzt Menschen.

Bis auf sein einzigartiges Erbe ist das heutige Auschwitz ein ganz normaler, unauffälliger Ort.

Wo es Einkaufsmöglichkeiten gebe, erkundigen wir uns. »Kaufland oder Lidl?«, stellt man uns zur Wahl und beschreibt den Weg. Auf dem weitläufigen Parkplatz des modernen Kaufland-Shoppingkomplexes parken Mercedes, Audi, VW und BMW. Jugendliche präsentieren sich in Adidas-Turnschuhen. In den Supermarktregalen stoße ich auf die gleichen Produkte wie daheim.

Beim Besuch des Todesblocks meint man, nie wieder lachen zu können. Auf den Straßen von Oświęcim schlägt einem pralles Leben entgegen.

All das sieht die Weichsel.

9
Paradiesvögel und polnische Juwelen – Krakau und Sandomierz

Ich traf auf unseren Reisen die verrücktesten Leute. Motorradfahrer gehören in der Spezies »Paradiesvögel« zu den schillerndsten. Zum Beispiel Otto, den wir an einem heißen Septembertag in Kabul/Afghanistan trafen.

Juliana und ich saßen in einem der besten Hotels der Stadt, nippten eiskalte Cola und knabberten Pistazien. Natürlich hätten wir all das mit mehr Flair und für weniger Geld auch in einem der zahllosen exotischen Straßencafés haben können, nur eben nicht klimatisiert wie hier im Hotel Ariana.

»Hi!«, sagte ein Mann und setzte sich auch schon an unseren Tisch, reichte Juliana und mir die Hand und sagte: »I am Otto from Ohio.« Als wäre damit schon alles gesagt.

Sein Wuschelkopf war deutlich dunkler als der schneeweiße Bart, der seine untere Schädelhälfte wie ein säuberlich geschnitzter Rahmen umschloss. Das noch immer jugendliche Gesicht hatte über die Jahre und durch den Fahrtwind markante Falten bekommen. Mich erinnerte es an das wettergegerbte Gesicht eines Südtiroler Bergbauern. Doch Otto war nie auf einer Alm gewesen, und als Ingenieur der Stadtverwaltung von Columbus/Ohio war er nur selten aus der Großstadt herausgekommen.

Als bei ihm jener Geburtstag nahte, an dem Amerikaner gern über den Kauf eines Wohnmobils nachdenken, um ihren *American dream* von den Wüsten Arizonas und den Wäldern Alaskas zu verwirklichen, reduzierte Otto seine Bedürfnisse auf das, was in ein paar Packtaschen passte, flog nach Deutschland, kaufte sich eine »Bi Em Dabbelju« und machte sich auf den Weg nach Fernost. Von

Japan wollte er sich nach San Francisco verschiffen lassen. Otto war 60, Juliana und ich erreichten diese Zahl nicht annähernd, selbst wenn wir unser beider Lebensjahre addierten. Otto beeindruckte mich – er verkörperte die Mobilität und Aufbruchstimmung, die ich bei vielen Amerikanern so schätzte. Während all der folgenden Jahre ging Otto mir nicht aus dem Kopf, obwohl unsere Begegnung in Kabul kaum mehr als eine Momentaufnahme war.

Auf dem Hotelrohbau neben unserem Camp in Oświęcim war es lebendig geworden.

Bauarbeiter balancierten auf Gerüsten, schleppten Zementsäcke und setzten die am Vorabend unterbrochene Arbeit fort. Die Nachfrage der Gäste nach zentral gelegenen Unterkünften sei in Auschwitz groß, hatten wir gehört, und die Gedenkstätte sei von hier nicht mal einen Kilometer entfernt.

Ich dachte gerade an Otto aus Ohio, als Martti von seinem Zelt auf der anderen Seite des Platzes zu uns trat. Martti mochte das gleiche Alter wie damals Otto haben. Schon seit Jahren habe er davon geträumt, mit dem Motorrad von Helsinki bis in die Alpen zu fahren, erzählte er. Es dauerte, bis auch seine Frau Leena diesen Traum träumte. »Aber wie du siehst, sind wir hier«, sagte er strahlend.

Leena trat ebenfalls mit einem Kaffeebecher in der Hand zu uns, und wir setzten uns ins Gras.

Wie lange sie denn schon mit dem Motorrad unterwegs seien, wollen wir wissen.

Vor drei Wochen war Start in Helsinki, von da ging es über Stockholm und Hamburg nach München.

Warum München?

Martti deutet auf die beiden R 1100 GS mit den blauweißen Emblemen. Deswegen habe man mal München sehen wollen; und um das Hofbräuhaus kennen zu lernen. Außerdem habe er endlich am eigenen Leib erfahren wollen, wie sich ein Autobahn-ride ohne Geschwindigkeitsbegrenzung anfühlt…

Es ist schon eine eigentümliche Faszination, die vom Mythos »deutsche Autobahn« ausgeht. Ich kenne Japaner, die von Tokio nach Frankfurt jetteten, nur um auf *»motobikos«* mit Vollgas ein paar heiße Tage Jahresurlaub auf der A 7 abzuspulen. Hoch und runter… Und ein Freund im kanadischen Calgary träumt noch immer seinen Traum, die Tachonadel seines Porsches auf der Autobahn einmal ans äußerste Limit zu treiben.

Ich mache aus meiner Skepsis gegenüber Autobahnen und den ewigen Staus keinen Hehl, aber Martti lacht nur: »Sieh mal, wir fuhren kürzlich durch Mittelschweden. Verkehr gleich null, schon seit einer halben Stunde kein anderes Fahrzeug, nichts außer dichten Wäldern. Plötzlich bricht ein kapitaler Elchbulle aus dem Busch und brettert direkt vor uns über die Straße.«

Solche Hindernisse waren auf der Strecke Auschwitz-Krakau nicht zu erwarten.

»Krakau lässt sich in drei Tagen nie und nimmer besichtigen«, sagt der eine. »Um die Stadt kennen zu lernen, braucht man mindestens fünf Tage«, legt der andere nach und erinnert daran, dass keine andere Stadt Polens solch herausragende Kulturschätze bietet wie die einstige polnische Hauptstadt. Nicht ohne Grund sei Krakau als World Heritage Site in die Liste des UNESCO-Weltkulturerbes eingetragen, meldet sich der Dritte zu Wort. Für Krakau brauchst du mindestens eine Woche!

Wir nähern uns der Stadt von Westen her. Natürlich würden wir nicht genug Zeit für diese prächtige Königsstadt haben, denn bereits am Abend wollten wir nach Norden weiterfahren. Aber es ist nicht immer nur die Zeit, die einem die Dinge näher bringt.

Auf der dem Schloss gegenüberliegenden Flussseite parkte ich ein. Wir kamen mit einer Englisch sprechenden jungen Frau ins Gespräch, die an einem Bootsstand gelbe und rote Kanus an Touristen vermietete.

»Kennt ihr die Geschichte der Weichsel?«, fragte sie. »Ihre Geschichte ist die Geschichte Krakaus.«

Wir waren neugierig.

»Alles beginnt mit einem Fürsten namens Krak, der eines Tages auf dem gegenüberliegenden Wawelhügel eine Burg baute und sie Kraków nannte. Als er erfuhr, dass unterhalb der Burg ein Drache hauste, füllte er zehn Schaffelle mit Schwefel, nähte sie zusammen und legte sie vor die Drachenhöhle.

Der Drache fraß sie alle. Bald trieb ihn unbändiger Durst an die Weichsel, fast hätte er den Fluss leer gesoffen, als ein Knall das Land erschütterte und er in tausend Stücke platzte. Kraks List machte Krakau zur Hauptstadt Polens«, beendete die junge Bootsvermieterin ihre hübsche Geschichte.

Krakau setzte Maßstäbe, auch in Kunst und Kultur. Doch gegen Ende des 18. Jahrhunderts sank Krakaus Stern. Der Sitz der Hauptstadt war längst nach Warschau verlegt worden, und Polen war wirtschaftlich wie politisch zerrüttet. Da hackten wieder mal die Adler Russlands, Österreichs und Preußens auf das geschwächte Polen ein und bedienten sich nach Gutdünken. Ab 1795 floss die obere Weichsel durch das Habsburger Reich.

Die Maschine steht sicher im Schatten eines Baumes, als zwei Herren, so Mitte 30, beide in Anzug und Krawatte, stehen bleiben, den Chrom der Harley mit leidenschaftlichen Blicken polieren und in bestem Deutsch nach Hubraum und Pferdestärken fragen.

So lernten wir Tomaśz und Andrzej kennen.

Die beiden sind Wissenschaftler an der Krakauer Universität. Allerdings würden sie viel lieber in Amerika forschen. Die Kontakte seien geknüpft, und mit jedem Tag kämen sie der eigenen Harley-Davidson in Harvard ein Stück näher. Bei aller Begeisterung für Amerika seien sie überzeugte Europäer. Klar, es gebe wirtschaftliche Probleme in Polen, noch hielte sich das Einkommen in Grenzen, aber sie spürten jetzt eine Aufbruchstimmung. EU-Mitgliedschaft und die von Westeuropa nach Polen abgewanderten Industriearbeitsplätze seien doch gute Gründe, optimistisch in die Zukunft zu sehen. Deswegen definierten sie ihren geplanten amerikanischen Forschungsaufenthalt auch als Job auf Zeit. »Später«, sagt Tomaśz, »kommen wir ins ›Vaterland‹ zurück.«

Hatte ich richtig gehört?

Als Angehöriger einer Generation, für die dieser Begriff nicht gerade zur Umgangssprache gehört, fällt mir Heinrich Heine ein, der vom glühenden polnischen Patriotismus schwärmte: »Wenn ›Vaterland‹ das erste Wort der Polen ist, so ist ›Freiheit‹ das zweite.« Dieser Patriotismus hatte Polen auch während seiner drei jahrhundertelangen Teilungen innerlich zusammengehalten.

»Wer Krakau kennt, versteht die polnische Seele«, schwärmen Tomaśz und Andrzej, als wir uns verabschieden. Diese »Seele« sei von der katholischen Kirche entscheidend beeinflusst worden. »Besucht die Dominikanerkirche«, geben sie uns als Tipp auf den Weg, die Marienkirche auf dem Hauptmarkt zähle zu den bedeutendsten der Stadt, und gegenüber der Franziskanerkirche befinde sich die Residenz der Krakauer Bischöfe, in der Karol Wojtyła gelebt habe, bevor er Johannes Paul II. geworden sei.

»Schau du dir die Stadt zuerst an.« Juliana machte es sich auf der Bank neben unserem Motorrad bequem. Wir hatten keinen bewachten Parkplatz gefunden, auf dem wir die Maschine sicher parken konnten.

Es herrschte ein emsiges Kommen und Gehen, vor allem junge Leute waren unterwegs, vermutlich Studenten. Auf der Grünfläche hinter uns sonnte sich ein Bursche, der seine verfilzten Haare wie ein indischer Guru zu einem großen Knoten zusammengebunden hatte. Frauen schleppten Einkaufstüten, Büroangestellte folgten ihrer Nase zu dem leckersten Mittagessenangebot.

Auf der Ulica Sienna erreicht man nach ein paar hundert Metern den quadratischen Rynek Główny, Krakaus Hauptplatz, mit den gotischen Tuchhallen. Hier schlägt das Herz der Stadt. Schlagartig fühle ich mich auf eine südeuropäische Plaza oder Piazza versetzt.

Eine freundliche Alte preist frische Salzbrezeln an, ich geselle mich zu den Zuschauern, die begeistert einer Trachten- und Musikantengruppe applaudieren. Akrobaten jonglieren, Tauben gurren, am Rand des Hauptmarktes ziehen Schimmel Droschken, Urlauber winken ihnen aus Straßencafés zu und fotografieren. Und plötzlich verharren alle, denn der Wächter auf dem Turm der Marienkirche bläst sein stündliches Signal. Mitten im Ton stoppt er … ein Pfeil der angreifenden Tartaren hat ihn getötet. So will es die Legende, und wir Touristen recken begeistert die Hälse.

Warschau wurde im Zweiten Weltkrieg zerstört, Krakau nicht. Keine andere polnische Stadt bündelt wie diese das Erbe einer Zeit, als Polen eine bedeutende europäische Großmacht war. Viele Polen betrachten Krakau mit seinen mehr als 5000 denkmalgeschützten Bauten als heimliche Hauptstadt – die »Hauptstadt der Herzen« ist es auf jeden Fall.

Ein ganz anderes Bild begegnet uns jenseits der breiten Ulica Dietla im Stadtteil Kazimierz, den man zu Beginn des 20. Jahrhunderts das »Jerusalem des Ostens« nannte. Aber die Nationalsozialisten zerstörten Krakaus jüdisches Viertel und deportierten die Bevölkerung nach Auschwitz und Birkenau.

»Abends sehe ich die Männer in Gruppen aus kleinen hellerleuchteten Betstuben wandern, in den engen Gassen von Kazimierz, der Krakauer Judenstadt: auf Halbschuhen, in weißen Strümpfen, kolossale Pelzmützen bis an die Ohren, die Strejmel«, notierte Alfred Döblin 1924 bei seinem Besuch in Krakau.

»Bis 1939 lebten 70 000 Juden in Krakau. Heute zählt unsere jüdische Gemeinde nur noch 150 Gläubige«, berichtet uns in gebrochenem Deutsch ein schwarz gekleideter, gebückter alter Mann mit Kippa, den wir an der Remuh-Synagoge treffen, dem religiösen Zentrum der Krakauer Juden.

Obwohl sich in Polen das politische Klima für Juden verbessert habe, sagt er, sei ein reges Gemeindeleben noch immer schwierig. Wir folgen ihm zum alten jüdischen Friedhof, wo jahrhundertealte Barock- und Renaissancegräber der Zerstörung durch die Nazis standhielten.

Der Alte nimmt den Faden wieder auf: »Die Juden, die den Holocaust überlebt hatten, sahen sich im sozialistischen Polen der Nachkriegszeit einer antizionistischen Kampagne ausgesetzt. Viele von ihnen kehrten daraufhin Polen den Rücken.«

Wir verließen Krakau in Richtung Osten und folgten der bogenförmig nach Norden fließenden Weichsel. Juliana, die Kartentasche im Windschutz unserer Körper verborgen, wies auf den gut ausgebauten Nebenstraßen den Weg. Ich vermisste eng an den Fluss geschmiegte Uferstraßen wie an Neckar, Rhein oder Mosel. Wir beobachteten Bauern, die Gemüse ernteten und Felder pflügten, auf einer Wiese leuchteten weiße Margeriten und gelber Hahnenfuß. Das romantische Bild eines hinter dem Pflug seines Pferdegespanns schreitenden Bauern suchte ich vergebens. Moderne Traktoren haben auch hier die Ackergäule längst aufs Altenteil verbannt.

Jahrhundertelang war das Weichselland die Kornkammer Polens. Auf dem Fluss herrschte damals ein buntes Treiben: Schiffe kamen und gingen, Flöße und Lastkähne transportierten Weizen, Holz, Wein und Textilien – vor allem in die Hafenstadt Danzig, wo die Güter auf Schiffe nach London, Riga, Reval (Tallinn) oder Lübeck verladen wurden. Dieser Handel machte die Weichselstädte reich.

In Sandomierz konnten wir uns davon überzeugen.

Unterhalb der Altstadt schlagen wir auf dem kürzlich fertig gestellten Campingplatz unser Nachtlager auf.

»Wo kann man hier gut zu Abend essen?«, erkundige ich mich beim Platzinhaber.

»*One moment please.*« Er holt seinen englisch sprechenden Sohn.

»Drüben auf dem Großmarkt, alles frisch vom Feld, und preisgünstig zudem!« Er sei gerade auf Besuch beim Vater, fügt der junge Mann hinzu, eigentlich lebe er in Schottland.

Frischer Wind ist aufgekommen. »Wie sind die Wetteraussichten?«, frage ich. Schon flitzt der Filius zum Computer und druckt mir den neuesten Wetterbericht aus.

Menschen prägen das Land, aber uralte landschaftstypische Gewohnheiten prägen auch die Menschen. Seit über tausend Jahren lebt Sandomierz von und mit durchziehenden Händlern, das machte die Menschen hier aufgeschlossen – auch diese freundliche Familie, die virtuos die Hebel der Marktwirtschaft bedient.

Am nächsten Morgen lernen wir Pawel kennen, den ältesten Spross der Familie. Im ersten Moment hatte ich den Endzwanziger für den Gärtner gehalten, denn er schob einen Rasenmäher. Pawel kann sich gar nicht satt sehen an unserer Maschine.

»Hat die Harley einen japanischen oder einen amerikanischen Vergaser?« Ebenso gut hätte er mich nach der Gummimischung unserer Reifen fragen können. Aber wir sind im Gespräch. Pawel hat

Wirtschaftswissenschaften studiert und gerade als Master abgeschlossen, doch in irgendeinem Warschauer Büro zu versauern, könne er sich beim besten Willen nicht vorstellen, sagt er grinsend.

»Ich bin Technikfreak und habe mich auf die Restaurierung alter Mercedes-Sportcabriolets spezialisiert«, erzählt Pawel. »Alles Auftragsarbeiten aus den USA«. Die Liebhaber alter Luxuskarossen hätten dort längst erkannt, dass die Transportkosten über den Atlantik verrechnet mit den günstigen Mechanikerlöhnen in Polen Peanuts sind.

Wie viel wir daheim für den Service unserer Harley zahlen, interessiert ihn. »Doch bestimmt 20 Euro die Stunde ...«

»60 Euro!«, entgegne ich etwas säuerlich.

»Dafür arbeitet ein guter Mechaniker hier drei Tage oder sogar länger«, sagt Pawel.

Ich parkte die Harley am Rand der Altstadt. Orgelmusik drang aus der mit barocker Üppigkeit überladenen Kathedrale. Drei Frauen knieten drinnen vor dem Altar und beteten. Aus einem Schaukasten der Kirchengemeinde lächelte uns huldvoll Papst Benedikt XVI. zu. Ein gedrungener Mann in Anzug und Krawatte, er wirkte wie ein Buchhalter, wollte uns Ansichtskarten andrehen. »Danke«, sagte ich, »wir brauchen keine«, aber er versprach, für ein paar Münzen ein waches Auge auf unser Motorrad zu werfen.

Der große, rechteckige Marktplatz mit dem gotischen Rathaus ist ein Spiegelbild des Wohlstandes, den die Weichsel nach Sandomierz brachte. Doch in dem Maße, wie die Bedeutung der Weichsel als Handelsweg sank, verblasste auch Sandomierz' Stern. Gleichwohl ist das Städtchen ein beliebtes Touristenziel.

»Moment mal!« Ich hörte Motorräder. Vom Rand des Rathausplatzes sah ich drei Maschinen mit polnischen Kennzeichen auf den Parkplatz neben der Kathedrale einbiegen.

Seit einer Woche seien sie in Ostpolen unterwegs, erzählten die zwei Frauen und zwei Männer, während sie ihre Motorradjacken auszogen. Morgen wollten sie in ihren Heimatort Braniewo (Braunsberg) zurückkehren. Unsere Unterhaltung verlief schleppend, denn nur die junge Frau sprach ein wenig Englisch.

»Wo liegt Braniewo?« Ich holte unsere Straßenkarte, eine der Frauen ließ ihren Finger zur Grenze von Kaliningradskaja Oblast, dem russischen Teil des ehemaligen Ostpreußen, gleiten.

Genau dort würden wir in wenigen Tagen nach Russland einreisen.

10

An der schönen blauen Weichsel – Kazimierz Dolny

Motorradfahrer sind bekennende Individualisten. Bei entgegenkommenden Artgenossen allerdings nehmen sie gern die Hand vom Lenker, um zu grüßen. Und treffen sich unterwegs Gleichgesinnte, gibt immer irgendwer seinen Senf zu Ventilspiel und Drehmoment dazu.

Motorradfahrer sind eine verschworene Gemeinschaft. Doch halt, schon treiben manche zwischen Moto-Guzzi- und BMW-Piloten, Harley-Riders und Honda-Goldwing-Dickschiff-Kapitäne einen Keil. Man habe beobachtet, dass Harley-Fahrer die Biker anderer Sparten nicht gegrüßt hätten; und umgekehrt…

Mit dem Zuziehen ihrer Lederjacken-Reißverschlüsse verabschieden sich Motorradfahrer entschlossen vom grauen Alltag. Dass der Individualist in der Gruppe dennoch kein Widerspruch ist, sieht man beim Frühlingserwachen, wenn Biker-Konvois wie Bienenschwärme über Alpenpässe sausen…

Natürlich ist die Bikergemeinschaft toll, doch ich genieße es auch, allein zu entdecken: mit der Harley zu stoppen, wann immer ich es möchte, nur meinem eigenen Rhythmus zu folgen und mich nach meinen eigenen Wünschen und Bedürfnissen zu richten. Ich genieße die Intensität des Alleinseins, ohne dabei ein »einsamer Wolf« zu sein. Und deswegen freue ich mich über Julianas Gesellschaft und die Begegnung mit den Motorradfahrern aus Braniewo.

Die Weichsel war weit und ausufernd, lange Sandbänke reckten ihre goldenen Buckel aus den gemächlich dahintreibenden Fluten, der grüne Saum der Uferbüsche bot den Wasservögeln einen Lebensraum, wie er in Europa nicht alltäglich ist. Eine Regulierungswut, die viele unserer heimischen Flüsse in den Sechziger- und Siebzigerjahren zu schnurgeraden Rinnen stutzte, blieb der Weichsel erspart.

Nördlich von Sandomierz fuhren wir über eine große Weichselbrücke an das östliche Flussufer.

»Lass uns einen Moment stoppen«, schlug ich vor und lenkte die Harley auf ein Straßenarbeiterdepot. Ich parkte, und wir gingen auf die Brücke zurück.

Knubbelige Haufenwölkchen drifteten über den Himmel, dessen Aquamarinblau sich in der Oberfläche der Weichsel spiegelte. In der Ferne ballten sich grimmige schwarze Wolken, ich roch förmlich das aufziehende Gewitter. Ein Reiher lauerte regungslos unter herabhängenden Weidenzweigen auf Beute. Bachstelzen trippelten über Ufersteine. Es wäre bestimmt auch reizvoll, mit einem Kanu durch das Herz des neuen Europa zu paddeln.

Merkwürdig, seit Beginn unserer Reise hatte ich kein einziges Frachtschiff gesehen.

»Ist die Weichsel nicht mehr schiffbar?«, wollte ich von Pawel in Sandomierz wissen. »Doch, doch«, sagte er, »obwohl sie wegen der Sandbänke für Kapitäne eine ziemliche Herausforderung ist.« Doch mit solchen Tücken hatten sich Weichselschiffer seit mehr als 1000 Jahren arrangiert. »Es fehlt an Kapital«, wusste Pawel. »Nach dem Kollaps des Kommunismus mangelt es noch immer an privaten Investoren, die Geld in die Weichselschifffahrt stecken wollen.«

Ein Vibrieren der Brücke schreckt mich auf. Zwei 30-Tonner nähern sich von Westen, der hintere Lkw schiebt sich halsbrecherisch dicht an den vorderen, überholt trotz doppelter durchgezogener Linie und rast mit 100 Sachen knapp einen Meter an uns vorbei.

Wenn man nichts von dem Ort weiß, ist Kazimierz Dolny, abseits der Durchgangsstraße am östlichsten Punkt der Weichsel gelegen, leicht zu übersehen.

Nach dem heftigen Wolkenbruch hatten sich tiefe Pfützen gebildet, erdbraunes Regenwasser ergoss sich über unsere Stiefel. Eine Windböe erschütterte die Harley. Über uns kämpften zwei Wetterfronten, unwillig drifteten die schwarzen Regenwolken nach Osten und machten weißen Quellwolken Platz. Genau hier liegt das Dorado polnischer Intellektueller und Künstler, eine Puppenstube der Renaissance – mit einem nicht allzu großen, sorgfältig gepflasterten Platz, gesäumt von fantasievollen Gebäuden, deren kunstvolle Fassaden die Aufbruchsbereitschaft, die Lebensfreude, aber auch den Wohlstand der Eigentümer widerspiegeln.

Vorsichtig, die Beine gespreizt und die Füße dicht am Boden, bugsiere ich unsere Harley über schwere, bucklige Flusssteine zum äußeren Platzende.

Der Sound des Motors schreckte die Menschen auf. Gespräche wurden unterbrochen, Blicke folgten uns. Behutsam balancierte ich die Maschine über die regenglatte Straße und parkte sie oberhalb des Marktplatzes an einer Kirche.

Weichselschifffahrt und Getreidehandel hatten Kazimierz Dolny groß gemacht. Dann aber vergaß die Zeit den Ort, und er schlummerte einen langen Dornröschenschlaf. Erst im 20. Jahrhundert küssten Maler, Dichter, Intellektuelle, Aussteiger und Träumer ihn wieder wach. Der Abstecher nach Kazimierz Dolny ist eine Reise in die Beschaulichkeit.

Nach und nach kamen die Menschen aus ihren Häusern und füllten den Platz mit Leben. Noch immer ging kalter Wind, doch die Sonne brannte jetzt ungefiltert heiß aus dem stahlblauen Himmel. Von den katzenbuckligen Pflastersteinen stieg Dampf auf. Das Straßencafé am Marktplatz füllte sich bis auf den letzten Platz. Zwei

Hippies stellten ihre indischen Tablas unter eine Arkade, lehnten sich gegen ihre alten Rucksäcke, schlossen die Augen und begannen zu trommeln. Maler schwärmten aus, bauten Staffeleien auf und zückten ihre Pinsel. Ein 70-jähriger Künstler schien der prominenteste zu sein, ein Fernsehteam hielt seine Striche in Nahaufnahme fest. Die Kirchenglocke schlug fünfmal.

»Schon 17 Uhr!« Ich sah auf die Landkarte und überschlug die verbleibende Strecke. Mit etwas Glück sollten wir es heute Abend bis Warschau schaffen.

Der polnischen Hauptstadt bringe ich die gleichen gemischten Gefühle entgegen wie anderen lärmenden Millionenstädten. Ich bin nun mal ein *country boy*, wenn auch ein neugieriger.

Der Verkehr ist zäh, dann der erste Stau. Zu allem Überfluss peitschen Gewitterböen auf uns ein. Bei der erstbesten Tankstelle stoppe ich und wärme meine klammen Finger am Harley-Getriebe. Juliana kauft drinnen einen Stadtplan.

»Beeil dich!« Sie läuft auf mich zu. »Ein Mann wird uns den Weg zum Campingplatz zeigen.« Ein etwa 40-jähriger Warschauer stoppt seinen Audi 80 neben uns. »Folgt mir«, sagt er auf Deutsch, tritt aufs Gas und biegt schon über eine Nebenstraße auf den breiten Schnellweg ein. Ich zwänge meine kalten Finger in die Handschuhe, Juliana zurrt ihren Helm fest. Verflixt, konnte er nicht noch einen Moment auf uns warten! Ein grüner Pfeil der Ampel signalisiert mir freie Fahrt, schon sind wir auf der Schnellstraße. Da schiebt sich ein Sportwagen von hinten ran, der Fahrer bleibt auf unserer Höhe und hebt mahnend den Zeigefinger.

Aber warum?

Mit glücklich überstandenen Gefahrensituationen zu kokettieren, ist dumm. Vorausschauend und defensiv zu sein, ist schlauer, als den Draufgänger zu mimen, beim Motorradfahren besonders.

Ich war mir sicher, keinen Fehler gemacht zu haben – dass der leuchtend grüne Ampelpfeil einem nachrangigen »DDR-Grünpfeil« gleichkommt und ich beim Einbiegen auf den Verkehr hätte Rücksicht nehmen müssen, hatte ich nicht gewusst.

Gut, dass auch in Warschau Schutzengel fliegen.

Im Camp-Restaurant schlug uns Popmusik entgegen, jemand bearbeitete energisch einen einarmigen Banditen. So hatte ich mir den Ausklang eines beschaulichen Reisetags nicht vorgestellt. Aber wir waren nun mal hungrig. Ich schaute auf die Uhr: kurz nach 21 Uhr. Ein *Sklep* sollte irgendwo noch offen sein. Wir setzten uns auf die Harley und fuhren einkaufen.

Auf dem Campingplatz war es bei unserer Rückkehr still. Ich sah Autos von Franzosen und Deutschen, Italienern, Belgiern und Österreichern. Die meisten allerdings hatten niederländische Kennzeichen. Man schlief in Wohnwagenanhängern und Zelten, andere Camper residierten in 100 000-Euro-Wohnmobilen. Zwei Rucksacktouristen kochten im Schein einer Laterne ihr Süppchen. Ein Campingplatz ist ein winziger, in sich geschlossener Kosmos. Ich mag das. Allerdings traute ich meinen Augen nicht, als ich in einigen Wohnmobilen Fernseher flimmern sah.

Wir aßen unsere im *Sklep* erstandenen Vorräte und stießen mit zwei Dosen Strong-Bier auf den Tag an. Wir hatten Tritt gefasst, das Reisen war wieder Alltag geworden. Routine war eingekehrt.

Der Regen hatte aufgehört. Die Luft war erfrischend, aber nicht kalt. Sterne leuchteten am Himmel. Mit ein paar Handgriffen funktionierte ich unsere Matratzen zu bequemen Sesseln um und lehnte mich zurück.

Als »bekennende Wohnmobilisten«, die seit den Siebzigern mit VW-Bussen mehr als eine halbe Million Kilometer in allen Winkeln des Globus zurückgelegt haben, ist der Bulli für uns der Schlüssel zur Welt geworden. Ich mag den auf zwei Quadratmeter begrenzten »Komfort« einer überschaubaren Welt auf vier Rädern. Aber ebenso genieße ich die Lebendigkeit und Unmittelbarkeit des Motorradfahrens. Zwei Herzen für unterschiedliche mobile Leidenschaften schlagen in meiner Brust.

11
Von Warschau zum Harley-Treff in Thorn

»Eines Tages«, sagte Marcin Galeski, »werde ich auf der Route 66 von Chicago nach Los Angeles fahren!«

Er stand auf, zog einen Ast aus dem hinter uns liegenden Bündel Treibholz und warf ihn in die kleine Feuerstelle.

»Vom Lake Michigan über St. Louis, Oklahoma City, Amarillo, San Bernardino bis zum Pazifik …« Aber solange das aus zeitlichen Gründen nicht möglich war, nahm er mit Wochenendtouren in Polen vorlieb.

Ein paar Funken sprühten. Marcin beugte sich vor und zog die glühenden Äste auseinander, denn wir wollten ungestört bleiben und ließen deshalb die Flammen nicht allzu groß werden.

Vor uns lag dichtes Gebüsch, irgendwo dahinter floss die Weichsel. Wir konnten sie im Dunkel nicht sehen, wohl aber die Weichselbrücke, über die Autolichter mehrspurig hin und her huschten. Das Geräusch der Motoren drang als leichtes Grollen zu uns.

»Ich habe in Kalifornien gelebt, unweit von San Francisco«, sagte Marcin.

Die Flamme fraß sich auf dem Ast entlang, und der Schein des Feuers tänzelte über die neben unserer Fat Boy geparkten sechs Harley-Sportsters.

Drei- bis viermal im Sommer treffe er sich hier mit seinen Motorradkumpels. »Das ist fast so, als säße ich bei Needles am Colorado River«, sagte Marcin.

Seine Freunde grillten Würste und boten uns davon an. Sie sprachen kaum Englisch. Von uns acht Bikern am Lagerfeuer waren Juliana und ich neben Marcin die Einzigen, die den Colorado River, der südöstlich von San Diego in den Golf von Kalifornien mündet, gesehen hatten.

»Die Route 66 ...«, griff Marcin sein Lieblingsthema wieder auf. Amerikaner nennen sie die *mother road*, die Mutter aller Straßen, die einlädt, allen Ballast abzuwerfen, sich auf die Harley zu schwingen und auf 4000 Kilometern drei Zeitzonen und acht Bundesstaaten zu durchqueren. Für Marcin ist sie ein Symbol des Aufbruchs, Synonym für *going somewhere*, für Freiheit. Auch wenn er zugeben muss, dass die Realität den Mythos überholt halt, denn moderne *freeways* haben die *main street of America* streckenweise begraben, und filmreife Westernnester verkamen zu Ansammlungen von Tankstellen, Hamburger- und Reifenshops. Aber der gute, alte Mythos zieht noch viele Menschen in seinen Bann.

Hier in Thorn hatten wir eine Verästelung der uralten Handelsroute Brügge–Nowgorod erreicht. Und nördlich von hier, an der Marienburg (Malbork), träfen wir auf die Trasse der ehemaligen »Reichsstraße 1«.

»Durch Thorn führt eine der ältesten Durchgangsstraßen Europas«, sagte ich und wagte einen mutigen Vergleich. »Die *main street of Europe*, wenn man so will. Aber während Amerikas Route 66 nicht mal auf 90 Jahre Geschichte zurückblickt, gibt es unsere Europaroute bereits seit Jahrhunderten.« Das war doch für den Polen und den Deutschen ein Grund, stolz zu sein! Aber Marcin wiegte nur den Kopf. Ich hatte schon bemerkt, dass seinem Faible für Amerika nicht beizukommen war.

Anfang 1990 war er seinem Bruder Jan nach Kalifornien gefolgt. »Der war schon in den Achtzigern ausgewandert«, erzählte Marcin. Schon bald nach seiner Ankunft begleitete er Jan, einen leidenschaftlichen Harley-Electra-Glide-Piloten, in die Black Hills von South Dakota zum legendären Motorradtreffen von Sturgis.

»Ein Kulturschock«, lachte Marcin, »da kam ich grün und unbeleckt aus Polen, wo es nur abgetakelte Uralt-Ostblockmotorräder gab, und stand in Sturgis plötzlich 10 000 fantastischen Harleys gegenüber!«

Sturgis, auch Motorcycle City USA genannt! 358 Tage lang ist es ein verschlafenes Westernnest, aber das ändert sich im August, wenn 300 000 Harley-Fans über die 7000-Einwohner-Stadt herfallen, aus riesigen Lautsprechern Willie Nelsons *»Good Morning America, how are you?«* dröhnt und Steppenwolf die Tageslosung ausgibt: *»Born to be wild«*.

»Ich sparte danach kräftig und kaufte mir meine erste Harley, eine 84er-Softtail«, erinnerte sich Marcin.

Ich erhob mich vom Lagerfeuer und sah am gegenüberliegenden Weichselufer die spätmittelalterliche Stadtkulisse von Thorn. Bisher hatte ich nur die Thorner Straße in Hannover gekannt, hier hatte ich Juliana vor Jahren abends immer von dem Kindergarten abgeholt, wo sie arbeitete. Nahebei gibt es den Graudenzer Weg und den Kulmer Weg, und am Mittellandkanal erstreckt sich das Westpreußen-Ufer. Ich hatte diese Straßennamen damals zur Kenntnis genommen, und das war's auch schon.

Und jetzt hockten wir mit einer Hand voll polnischer Harley-Freaks in Thorn am Lagerfeuer, weil uns in Warschau der Zufall ein paar Sekunden lang mit Marcin zusammengeführt hatte.

Zufall? Ich blickte zwölf Stunden zurück und war wieder in Warschau.

»Den Zufall gibt die Vorsehung; zum Zwecke muss ihn der Mensch gestalten« , schrieb einst Friedrich von Schiller in altväterlichem Deutsch. Wir handelten ganz im Sinne des alten Meisters, als wir in Warschau der Schnellstraße Richtung Altstadt folgten. Plötzlich sah ich im Rückspiegel ein sich rasant näherndes Motorrad. Der

Fahrer bremste, die rote Sportster näherte sich längsseits. Er rief etwas, ich hörte nur »Toruń« und »Biker Meeting« – der Rest ging im Donnern seiner frisierten Auspuffröhre unter.

»Kaliningrad«, brüllte ich zurück, denn ich vermutete, dass er sich nach unserem Ziel erkundigt hatte. Der unbekannte Harley-Pilot zuckte die Achseln, grüßte und verschwand auf seiner Sportster im dichten Verkehr vor uns.

Wir fuhren in die oberhalb der Weichsel gelegene Warschauer Altstadt mit der Sigismund-Säule und dem frühbarocken Königsschloss. Ein romantisches Bild, das die Jahrhunderte widerspiegelt und zum Bummeln einlädt. In Wirklichkeit ist die Altstadt von Warschau eine einzige Rekonstruktion.

Als im September 1939 die deutsche Wehrmacht einrückte, begann eine fünfjährige Zeit der Willkür, an deren Ende 1944 – auch als Folge des Aufstands der Warschauer Untergrundarmee – die fast vollständige Zerstörung dieser Altstadt stand. Als Bestrafung brandschatzten und zerstörten hasserfüllte Nazis Paläste, Kirchen und Bürgerhäuser. 160 000 Menschen hatten den Tod gefunden, 350 000 waren in die Zwangsarbeit deportiert worden.

Das prächtige Warschauer Altstadtpanorama verrät davon nichts. Wir waren in Höhe der Vorstadt Praga am rechten Weichselufer, und ich sah zur Linken die Altstadt mit Kirchtürmen, Zinnen und Herrschaftssitzen. Etwa hier saß vor 230 Jahren der Venezianer Bernardo Bellotto, auch Canaletto genannt, der für den polnischen König großflächige, detailgetreue Bilder von Warschau anfertigte. Canalettos einmaliges Dokument blieb unzerstört und diente nach 1945 als Vorlage für die Rekonstruktion Warschaus. Ein Meisterwerk, durch das Warschau zum Weltkulturerbe wurde.

Ein quittegelbes Motorrad parkte unterhalb der Sigismund-Säule am Rand des Schlossplatzes. Mutig stellte ich die Harley daneben und wartete gespannt auf die Reaktion der anwesenden Polizisten. Doch während die Ordnungshüter falsch geparkte Autos im Fünf-Minuten-Takt abschleppen ließen, grüßten sie uns nur und sahen über die Harley in der Fußgängerzone großzügig hinweg.

Es war sonnig. Ein einfach gekleideter freundlicher Mann – vermutlich ein Landarbeiter beim jährlichen Stadtbummel – wurde von seinem 12-jährigen Sohn dicht an die Harley geschoben. Der schmächtige Junior mit den mächtig abstehenden Ohren legte besitzergreifend eine Hand auf den Lenker, schmiss sich grinsend in Pose, Vater zog eine einfache Kamera aus der Hosentasche und fotografierte. Der Taxifahrer, der neben uns auf Kundschaft wartete, sprach uns an. Doch trotz verschiedener Brocken unterschiedlichster Sprachen verstanden wir nur Bahnhof. Zwischen all diesen Menschen stand die Harley sicher. Wir ließen sie kurz unbeaufsichtigt zurück und bestiegen einen Turm, unter dem der von braunen und grünen Gebäuden gesäumte Schlossplatz lag. Studenten warben für eine Fahrt auf ihren bunten Fahrrad-Rikschas. Der Kutscher eines Vierspänners wartete auf dem schwarz gepolsterten Sitz seiner rot-gelb lackierten Droschke geduldig auf Kundschaft.

Das Warschaubild, das Alfred Döblin 1924 gezeichnet hatte, sah in einem entscheidenden Punkt anders aus: »350 000 Juden wohnen in Warschau, halb soviel wie in ganz Deutschland«, schreibt er. »Eine kleine Menge sitzt verstreut in der Stadt, die Masse haust im Nordwesten beieinander ... Ihre Häuser haben Fronten wie die meisten Häuser Warschaus, bröcklig, unsauber. Höfe tauchen in alle Häuser hinein ... Ich lese sonderbare Namen: Waiselfisch, Klopfherd, Blumenkranz, Brandwain, Farsztandig, Goldkopf, Gelbfisch, Gutbesztand. Man hat den Menschen des geächteten Volkes Spottnamen angehängt.«

Eine jüdische Bevölkerung existiert nach den Nazipogromen nicht mehr, ebensowenig wie das Warschauer Getto, das nach dem niedergeschlagenen Aufstand 1943 völlig zerstört wurde.

Willy Brandts Kniefall vor dem Mahnmahl für den Aufstand im Warschauer Getto leitete 1970 symbolisch Deutschlands neue Ostpolitik ein, die die Anerkennung der bestehenden Grenzen mit sich brachte und zu einer Aussöhnung mit den östlichen Nachbarn führte.

Am Rand der vierspurigen Ausfallstraße nach Norden warb ein übergroßes Schild für Media Markt. McDonald's erfreute sich besten Zulaufs, der Parkplatz war bis auf den letzten Platz gefüllt. Nahe dem Zentralbahnhof sahen wir eines der größten Einkaufszentren Europas. Diese 1,7-Millionen-Einwohner-Stadt vibriert. Die Arbeitslosenquote ist vergleichsweise gering, die Börse boomt. In Warschau spürt man den Aufbruch.

In Mielau (Mława) stoppte ich und schlug vor, eine Tasse Kaffee zu trinken. Aber in Wahrheit bewegte mich etwas anderes.

»Lass uns einen Blick auf die Karte werfen«, bat ich Juliana.

»Zunächst bis Allenstein (Olsztyn) und von dort nach Masuren ...«, fasste sie unseren eigentlichen Plan zusammen.

»Der Sportster-Fahrer geht mir nicht aus dem Kopf«, murmelte ich.

Was hatte er von »Harley-Treffen« und »Thorn« erzählt? Ein solches Treffen zu besuchen, wäre spitze! Doch in der Großstadt Thorn nach Bikern zu suchen, könnte zur Suche nach der Nadel im Heuhaufen werden, aber ich dachte an die vielen Situationen, in denen ich spontan meinem Bauchgefühl gefolgt war. Schiller ging mir durch den Kopf, und ich sagte: »Lass uns den Stier namens Zufall bei den Hörnern packen und nach Thorn fahren!«

»Da hätten wir längst abzweigen müssen.« Für Juliana war das Ganze offensichtlich ein Hirngespinst. »Außerdem wollen wir doch in fünf Tagen in Königsberg (Kaliningrad) sein!«

Wir hinkten unserem am grünen Tisch zusammengebastelten Reiseplan sowieso schon hinterher. »Auf ein paar Tage mehr oder weniger kommt es doch nicht an. Lass uns doch fahren ...« Sie zögerte. Juliana ist zurückhaltender, abwägender, ich bin schnell zu begeistern und lasse schon mal die Pferde durchgehen. Wir kennen das ... und in unserer Unterschiedlichkeit ergänzen wir uns. Juliana nennt mich den »Motor«, ich sie die »Bremse«. Bei unserer Harley sind das die wichtigsten Teile. In unserem Leben auch.

Sie überlegte einen Moment und nickte. Auf stillen Nebenstraßen näherten wir uns Thorn.

Die Bilder veränderten sich; statt Gemüse stand Getreide auf den Feldern. Bauern sahen wir nicht, es war Feierabend, in einem kleinen Ort versammelten sie sich bereits in der Dorfschänke. Hübsche junge Mädchen und muskulöse Burschen bummelten schäkernd über die ansonsten fast verlassene Landstraße. Die Sonne ging gerade unter, als wir Thorn erreichten.

»Schiller hat doch Recht«, trumpfte ich auf, als wir am Rand des Marktplatzes Marcin Galeski mit fünf Freunden in einem Straßencafé entdeckten. Sechs Harleys parkten davor.

»Kommt mit«, lud Marcin uns ein. Im Dämmerlicht fuhren wir zur Weichsel, wo wir ein Lagerfeuer anzündeten.

Die polnische Stadt Toruń (heute Wojewodschaft Kujawsko-Pomorskie) lag, als sie noch Thorn hieß, im ehemaligen Westpreußen. Mit den historischen Grenzen hatte ich Schwierigkeiten.

Ich fand heraus, dass Thorn eine Stadtgründung des Deutschen Ordens war. Und nicht nur das. Thorn war die erste deutsche Stadt im Ordensstaat, aus dem später Ost- und Westpreußen hervorgingen. Am Beispiel Thorn wollte ich versuchen, den deutsch-polnischen Konflikt zu begreifen, der sich 700 Jahre lang bis ins 20. Jahrhundert hinzog und mit den Konferenzen von Teheran 1943 und Jalta 1945 sowie der anschließenden Flucht und Vertreibung der Ostdeutschen schlagartig ein Ende fand.

Zunächst grub ich in Reiseführern nach den historischen Hintergründen, kam aber nicht weiter. Ich blätterte in meinem alten Brockhaus von 1924. Da stand:

> »Thorn, poln. Toruń, Hauptstadt der poln. Woiwodschaft Pomorze (Pomerellen), Festung, rechts an der Weichsel (1000 m lange Eisenbahnbrücke), (1921) 39 419 E., Rathaus aus dem 13. (14.) Jahrh., gegenüber Denkmal des hier geborenen Kopernikus, Reste eines Ordensschlosses (Danskerturm), Gymnasium, Realgymnasium und andere Mittelschulen, Appelationsgericht, Finanzamt. Hier 1411 und 1466 Friedensschlüsse zwischen dem Deutschen Orden und Polen; 1815–1919 preußisch, seitdem wiederum polnisch.«

Aber auch der alte Brockhaus verriet mir nicht, welche Menschen das Thorner Rathaus und jene hübsch beleuchtete Stadtkulisse gebaut hatten, die mich über die Flammen unseres Lagerfeuers hinweg so begeisterte.

Meine Neugier trieb mich in das 12. Jahrhundert – in die Glanzzeit des Mittelalters, als Handelsstädte blühen und das Selbstbewusstsein des Abendlands sich in immer höher strebenden Kathedralen wie Notre-Dame in Paris widerspiegelt.

Davon unangefochten hält das tapfere Volk der Prussen (Preußen) östlich der Ostsee den Eroberungsversuchen des polnischen Adels stand. Über jene Ur-Preußen weiß man: Sie waren Bauern, die in Gemeinwesen lebten und offenbar keiner zentralen staatlichen

Ordnung bedurften, ein friedfertiges Volk von Silberschmieden, Töpfern und Webern, Bauern und Fischern, die in heiligen Hainen Naturgottheiten huldigten. Sie verteidigten ihre »heidnische« Welt erfolgreich gegen Wikinger, Polen und Litauer.

Doch die politische Konstellation verändert sich. Es ist der Vorabend ihres Untergangs.

Man schreibt das Jahr 1190: Während des dritten Kreuzzugs bildet sich im Heiligen Land der Orden der Deutschritter. Deren Markenzeichen ist ein weißer Mantel mit schwarzem Kreuz. Die Zukunft der Ordensbrüder ist alles andere als rosig. Mit einer kontinuierlichen christlichen Vorherrschaft im Mittelmeerraum rechnet niemand mehr. Es wird Zeit, sich nach neuen Beschäftigungen umzusehen.

1209: Hermann von Salza wird Hochmeister des Deutschen Ordens, ein neues Kapitel wird aufgeschlagen.

Von alledem unberührt, leben die heidnischen Prussen noch immer im Nordosten, sie bestellen ihre Felder, fischen in Weichsel und Nogat und huldigen ihren Göttern.

1226: Nur noch fünf Jahre sind es jetzt bis zur Stadtgründung von Thorn.

Da seine Eroberungsversuche keinen Erfolg haben, bittet der polnische Herzog Konrad von Masowien den Ordenshochmeister von Salza um Hilfe im Kampf gegen die Prussen. Als Lohn verspricht er Naturalien in Form von Land.

1230 überträgt Konrad das als »Kulmer Land« bezeichnete Prussengebiet auf »ewige Zeit« dem Orden. Der Landerwerb wird von Kaiser Friedrich II. garantiert und in der päpstlichen Goldenen Bulle von Rieti festgeschrieben. Es entstehen erste deutsche Stadtgründungen: 1231 Thorn, 1232 Kulm, 1233 Marienwerder, später, im Jahr 1253, Memel, 1255 Königsberg. Ordenszentrum ist die Marienburg an der Nogat.

Nach jahrzehntelangen Kämpfen sind die Prussen geschlagen. Sie assimilieren sich mit den aus dem Westen zuziehenden Siedlern. Ihre weitere Geschichte verliert sich im Dunkel, aber der Name »Preußen« überdauert.

Schnell entwickelt sich der Ordensstaat zum Machtzentrum, dessen Einfluss sich sogar auf das nördliche Kurland (historische Landschaft in Lettland) und Livland (historische Landschaft zwischen Rigaer Meerbusen und Peipus-See) erstreckt, und in dessen Schutz Städte wie Riga, Reval und Arensburg auf der Insel Ösel blühen.

1410: Der Stern des Deutschen Ordens sinkt. Ein vereintes Heer von 20 000 Polen, aber auch Litauern, Russen und Tartaren zieht auf die Marienburg zu, um das Ordensgebiet ihrerseits zu kassieren. 15 000 Ordensritter treten den Angreifern zwischen den Gemeinden Grünfeld und Tannenberg entgegen. Am 15. Juli 1410 tobt eine der größten Schlachten des Mittelalters. Die Ordensritter unterliegen, die Marienburg aber wird erfolgreich unter Heinrich von Plauen verteidigt. Er handelt mit den polnischen Siegern die Friedensbedingungen aus, die 1411 zum ersten Thorner Frieden führen. Der Orden tritt Westlitauen an Polen ab, behält aber die übrigen Ordensgebiete. Die Schlacht bei Tannenberg (Polen nennen sie »Schlacht von Grunwald«) hat die militärische Vormachtstellung des Ordens gebrochen.

Es gibt allerdings auch interne Probleme im Ordensland. Die inzwischen mächtigen deutschen Städte, allen voran Thorn und Danzig, begehren gegen den Orden auf und unterstellen sich dem polnischen König, von dem sie sich Autonomie sichern lassen. Der gegen den Orden gerichtete Aufstand des »Preußischen Bundes« (Städte und deutscher Adel) führt 1466 zum zweiten Thorner Frieden. Das Schicksal des Ordensstaates ist besiegelt. Der jetzt in Königsberg residierende Hochmeister leistet König Kasimir IV. den

Treueid. Der Ordensstaat, aus dem sich nun Preußen entwickelt, steht bis auf weiteres unter der Oberhoheit der polnischen Krone. Aber nur so lange, bis auch über Polen der Schatten der Geschichte fällt und ein starkes Preußen die politische Bühne dominiert.

Die Lichter von Thorn leuchten vom südlichen Weichselufer zu uns und spiegeln sich im Chrom der Harleys. Ein friedliches Bild, das mich die jahrhundertelangen Machtspiele vergessen lässt.

12
Neugier treibt mich um die Welt

Tags drauf, vor dem Standbild des größten Sohnes der Stadt, Nikolaus Kopernikus, schmunzele ich über die Bemühungen der polnischen wie der deutschen Seite, den Astronomen für eigene Zwecke zu instrumentalisieren. Für die Polen ist Kopernikus Pole, für Deutsche Deutscher.

Als Sohn deutschstämmiger Eltern sprach und veröffentlichte Kopernikus in Deutsch und Latein, doch nachdem die Ordensstädte sich nach der Niederlage in der Schlacht von Tannenberg dem polnischen König unterstellt hatten, schwor er als Kanzler des Ermländischen Domkapitals diesem die Treue. Als universaler Geist gehört er allerdings seit jeher der ganzen Welt. Womit beide Seiten Recht haben.

Thorn ist eine Großstadt mit 210 000 Einwohnern. Abgesehen von den monumentalen Plattenbausiedlungen der Vororte nahm die Stadt mich auf Anhieb für sich ein, nicht zuletzt wegen der vielen Studenten der Mikołaja-Kopernica-Universität, die abends die Altstadt belebten. Allerdings rieb ich mir dort ungläubig die Augen, stand da doch ein vertrautes gelbes deutsches Verkehrsschild mit dem Hinweis: »Göttingen – 735 km«. Die beiden Universitätsstädte sind Partnerstädte.

Weit nach Mitternacht verabschiedeten wir uns von Marcin und seinen Freunden. Sie wollten die Nacht irgendwo in freier Wildbahn verbringen. Wir steuerten den am linken Weichselufer gelegenen Campingplatz an.

In einer weltoffenen Stadt sollten Campingplätze auch nachts geöffnet sein, aber sicherheitshalber hatten wir zuvor nachgefragt. Eine gertenschlanke Studentin mit Rastazöpfen, die mit dem Nachtjob im Camp ihr Studium finanziert, ließ uns ein.

Ich überschlage die Zahl der Wohnmobile und zähle mehr als 80. Nur wenige Zelte gibt es, außer uns sind keine Biker anwesend.

Ein fröhliches sechsjähriges Mädchen und sein vierjähriger Bruder quietschen lauter als die Kinderschaukel. Dabei ist es erst Viertel nach sieben! Neben dem Camp brandet der Berufsverkehr. Für zentral gelegene Campingplätze muss man hart im Nehmen sein. Und dann ist auch noch die verflixte Düse meines Gaskochers verstopft. Offensichtlich hat ein junger Franzose mich beobachtet. *»Bonjour«*, sagt er und bringt mir seinen Kocher. Reisen verbindet.

Der ältere Herr mit Kölner Kennzeichen wäscht indessen sein Wohnmobil, gießt bedächtig Wasser in den gelben Plastikeimer, gibt einen Schuss Spülmittel dazu, zieht sorgfältig den Teleskoparm des Schrubbers raus und gibt sich lustvoll der Reinigung seines längst blitzblanken Motorhomes hin. Juliana rollt das Zelt ein, ich blättere in meinen Tagebuchnotizen. Da erscheint ein anderer Nachbar und fragt auf Englisch mit holländischem Akzent nach unseren Reiseplänen.

Die Familie war mir bereits aufgefallen: Der Vater, seine Frau und vier Kinder im Alter von 13, 16, 19 und 22 Jahren. Lange bevor die Eltern aufgestanden waren, saßen diese bereits in ihre Bücher vertieft draußen. »Schon unser 13-Jähriger schmökert Harry Potter auf Englisch«, sagt der Vater nicht ohne Stolz.

Zum dritten Mal seien sie in Polen, um hier Architektur zu besichtigen, und zwar nicht die des 17. und 18. Jahrhunderts – da seien die Polen unangefochtene Meister –, sondern die Relikte aus der Zeit der Industrialisierung, die hier leider dem Verfall preisgegeben seien.

Erst vor zwölf Stunden waren wir in Thorn angekommen, aber unsere Begegnungen in diesen wenigen Stunden waren inspirierender als eine Woche Alltagstrott daheim.

In Thorn dreht sich alles um Nikolaus Kopernikus; es gibt Kopernikus-Schokokringel, die nach ihm benannte Universität, Ansichtskarten mit seinem Porträt. Auch auf dem Altstadtmarkt führen alle Wege zu Kopernikus: Im wallenden Mantel erklärt er von seinem Podest aus den Lauf der Erde um die Sonne. Ein Verehrer des Astronomen klettert auf den Denkmalsockel und heftet dem Schöpfer des heliozentrischen Weltbildes eine leuchtend gelbe Sonnenblume an.

Am Kopernikus-Denkmal treffen sich Verliebte, man flaniert über den Markt oder gönnt sich in einem der vielen Innenstadtläden ein »Thorner Kathrinchen«, pfeffrigen Lebkuchen, der seit Jahrhunderten am Namenstag der Heiligen Katharina gebacken wird (Namenstag ist inzwischen jeder Tag, der die Kassen klingeln lässt). Thorns Stadtensemble gehört zum Weltkulturerbe. Beim Blick durchs Teleobjektiv scheint es mir, als lehnte Kopernikus sich gegen den mächtigen Rathausturm. Der Turm wird auch diese Last tragen, denn seit 1250 trotzt er Stürmen und Feuern, sah Kriege, Könige und unterschiedlichste Regierungen kommen und gehen. Thorns Rathaus ist eines der bedeutendsten Bauwerke der Gotik.

An einem Verkaufsstand am Rand des Altstadtmarktes naschen wir frisch gebackene Waffeln mit heißen Kirschen und Eiscreme, besteigen gestärkt die Harley und folgen der »Straße der Backsteingotik« in Richtung Norden.

Seit Warschau hatten der Fluss Bug, der im Südosten die Grenze zu Weißrussland markiert, sowie die Flüsse Narew und Drweca unter unseren Augen die Weichsel gespeist. Polens großer Strom war jetzt breit und ausladend. In Kulm (Chełmno) sahen wir ihn wieder.

Kulm trägt im Baedeker einen Stern, das war für uns Grund genug anzuhalten – zumal der Deutsche Ordensstaat »Kulmer Land« auf den Namen dieses Ortes zurückging.

Als Hansestadt erlangte Kulm wirtschaftliche Blüte, kam kurz unter die Hoheit Polens, war bis 1920 preußisch, fiel dann durch den Versailler Vertrag Polen zu. Nach Deutschlands Überfall auf Polen holte Hitler Kulm 1939 »heim ins Reich«. 1945 fiel Kulm fast unzerstört in die Hand der Roten Armee. Eine große Stadt mit bewegender und wechselvoller Geschichte. Kulm ist auch die Geburtsstadt des Schriftstellers Hermann Löns (1866–1914) und des SPD-Politikers Kurt Schumacher (1895–1952).

Ich lenkte die Harley entlang der mächtigen Backsteinmauer, durchfuhr das Graudenzer Tor und war unvermittelt im Zentrum einer der schönsten Städte Polens.

In den Straßen der von einer roten Mauer umfassten Altstadt herrschte fast kein Verkehr. Vielleicht weil Sonntag war. Ich sah strohblonde Frauen, die sich wie Generationen von Frauen vor ihnen zum Sonntagsschwatz aus ihren kleinen Fenstern beugten. An brüchigen Fassaden blätterte der Putz. Auf den mit schiefen Betonplatten gepflasterten Fußwegen galt es aufzupassen, denn die Lüftungsgitter der Kellerschächte waren kaum mehr als nebeneinander liegende, verbogene Eisenstangen. Jemand pumpte aus seinem Keller graues Schmutzwasser auf die Straße. Daneben mühten sich vier junge Männer ab, einen Kleinwagen anzuschieben.

Und überall rote Backsteingotik, die den Reichtum der einstigen Hansestadt verriet. Wir bummelten durch die Stadt und ließen uns von den 600 Jahre alten, vom Zahn der Zeit angenagten Backsteinen Geschichten erzählen.

Kulm hat das Potenzial von Rothenburg ob der Tauber, liegt aber leider im touristischen Niemandsland; links der Weichsel ziehen die Besucher nach Danzig, zur Rechten locken die Masurischen Seen. Also wird Kulm noch ein wenig schlummern, so wie die anderen wunderschönen Weichselstädte Graudenz (Grudziądz) und Marienwerder (Kwidzyn). Bei der berühmten, viel besuchten Marienburg sieht das inzwischen schon ganz anders aus.

Von der Kulmer Altstadt aus unternahmen wir einen Abstecher zur Weichsel und entdeckten einen hübsch im Grünen gelegenen Campingplatz. »Hier möchte ich bleiben und Kulm auf eigene Faust weiter erkunden ...«, schwärmte ich.

»Aber dann kommen wir niemals pünktlich nach Nowgorod und St. Petersburg«, hielt Juliana mir entgegen. Gelegentlich kommt die Erzieherin in ihr durch. Sie nennt es »Bodenhaftung«.

Und doch gestatte ich mir, ein wenig zu träumen; davon, mehr Zeit für Entdeckungen zu haben, den Termindruck zum Teufel zu jagen, Versicherungs- und Steuerunterlagen mit einem kräftigen Schubs auf den Dachboden zu kicken, einfach zwei Bündel zu packen und aufzubrechen. Auszusteigen ...

»Das haben wir doch schon getan«, kontert Juliana nüchtern und erinnert daran, wie wir 1975 in drei Jahren um die Welt reisen wollten und dann ganze acht Jahre am Stück unterwegs waren.

»Du siehst, jemand muss ein waches Auge darauf haben, dass dein Zeitplan nicht wieder aus den Fugen gerät«, neckt sie.

»Und wie ist das mit dir?«

Sie erinnert sich so gut wie ich daran, wie wir beide nach einer 30 000 Kilometer langen Afrikadurchquerung bei Freunden in Südafrika saßen und uns bei einem Schoppen südafrikanischem »Nederburg« auf die nächste Etappe, eine Schiffspassage nach Australien, vorbereiteten.

Weit nach Mitternacht – Juliana schlief schon längst in unserem VW-Bulli – stand mein Entschluss fest.

»Wir könnten durch Afrika hoch zum Mittelmeer und von dort über den Vorderen Orient weiter durch Südostasien nach Australien … so kommen wir auch nach Down Under …«, sprudelte es aus mir hervor.

Juliana rieb sich die Augen, dachte einen Moment nach und sagte nur: »Ja, ja, mach man!« Ich nahm sie beim Wort. Als wir mit einjähriger Verspätung in Australien ankamen, lag ein Umweg von 60 000 Kilometern hinter uns.

»Lass uns zügig nach Norden fahren, damit der Reiseplan nicht wieder aus den Nähten platzt«, beharrte Juliana jetzt.

Also stiegen wir auf die Harley und rollten los.

Grudziąz, das frühere Graudenz, liegt eine knappe halbe Fahrstunde nördlich von Kulm am rechten Weichselufer. Vom Rand der Kopfstein gepflasterten Altstadt blickt man über eine halbhohe

Juliana und die Harley – Pause vor der Stadtmauer von Grudziąz (Graudenz).

Backsteinmauer auf die weit unterhalb fließende Weichsel. Ich schätzte ihre Breite auf 200 Meter. Nur wenige Einheimische bummelten unterhalb der Stadt am Fluss, Kinder balgten sich. Von der Brücke drang dumpfer Beatsound aus einem leeren Bierzelt.

Ein Mann lehnte 20 Meter von uns entfernt an einem Verkehrsschild neben einem Torbogen und beobachtete uns ungeniert. Irgendwann kam er auf uns zu, vielleicht weil Fremde hier selten sind. Er war 60, trug eine zerbeulte Hose und ein zerschlissenes Hemd und wirkte mit seinem hageren Gesicht wie ein ehemaliger Trinker.

Der Mann lehnte sich an die Backsteinmauer und taxierte mich. Unvermittelt fragte er in flüssigem Deutsch: »Wo kommen Sie her?« Ich antwortete. Was uns nach Grudziąz geführt habe, wollte er wissen. »Neugier!«, sagte ich. Er dachte nach. Ich war mir nicht sicher, ob er verstand, was ich meinte.

Ob wir Verwandte oder Vorfahren von hier hätten. Unser Nein beruhigte ihn, und er wurde gesprächiger.

»Während des Zweiten Weltkriegs wurde die Stadt zu 50 Prozent zerstört«, plauderte er drauflos. Und seine Landsleute, die Polen, hätten aus Grudziąz das gemacht, was wir heute sähen. Ob wir schon die Festung Graudenz besichtigt hätten? Hatten wir nicht. Ich wusste darüber nur, was in unserem alten Brockhaus von 1924 stand: »Bis Ende 1919 Kreisstadt im preußischen Regierungsbezirk Marienwerder. Zwei Kilometer nördlich Zitadelle (jetzt Kaserne und Festungsgefängnis), von Friedrich II. 1772–1776 angelegt.«

Unser neuer Bekannter stand jetzt zwischen Juliana und Harley, und ich fand, die drei gäben ein gutes Foto ab.

»No photo! No photo!« Er war plötzlich ganz aufgeregt, verabschiedete sich abrupt und ging.

Von der Weichsel aus wirkt die Graudenzer Altstadt mit ihren bis zu neun Stockwerken hohen, nahtlos aneinander gereihten Speichern wie ein monumentales Backsteinbollwerk. Ähnliches kannte ich nur von den indischen Maharadscha-Forts im Wüstenstaat Rajasthan. Aber anders als dort war der Himmel hier verhangen. Wie würde diese 750 Meter lange rote Backsteinfront erst bei Sonnenschein leuchten …? Bestimmt ein fantastischer, geradezu unwirklicher Anblick.

Nur ein Sprung ist es von Graudenz nach Kwidzyn, dem ehemaligen Marienwerder, das bis 1919 Hauptstadt des gleichnamigen Regierungsbezirks war. Nach der Teilung Westpreußens, infolge derer Graudenz und Kulm 1920 an Polen fielen, blieb Marienwerder als südwestlichster Zipfel bei der Provinz Ostpreußen. 90 Prozent der Einwohner hatten für die Zugehörigkeit zum Deutschen Reich gestimmt.

Die Anfahrt durch die grauen Vororte der gesichtslosen Industrie- und Handelsstadt ernüchterte. Ich wusste nicht, was ich suchte, aber ich ahnte: Wenn es noch Spuren der 700-jährigen Geschichte gäbe, ich könnte sie nur an der Weichsel finden. Dort erlebte ich die nächste Überraschung des Tages: eine riesige quadratische, von mächtigen Ecktürmen eingefasste Backsteinfestung mit einer im 13. Jahrhundert gebauten wehrhaften Kathedrale.

Auf alten Bildern schmiegen sich einfache Häuser wie Schutz suchend an die mächtige Burgmauer. Diese Katen gibt es nicht mehr. Wohl aber den länglichen Danzker, einen schmalen, monumentalen Vorbau, der den Altvorderen in luftiger Höhe als Plumpsklo diente.

Ich parkte die Maschine zwischen Burg und Weichsel. Vier 14-jährige Burschen und ein gleichaltriges Mädchen, die eben noch auf einem Sportplatz gebolzt hatten, kamen interessiert näher.

Ja, sie seien hier in Kwidzyn geboren, bestätigten sie, so wie die Eltern und die Großeltern. Sie kicherten verlegen, gruppierten sich dann aber vergnügt um die Harley und streckten in Siegerpose die Daumen hoch. Vermutlich kannten sie das aus einem amerikanischen *movie*. Einer der Burschen bat mutig um ein Foto.

Dieser Tag war eine Zeitreise in die Vergangenheit, deren unterschiedliche und gegensätzliche Einflüsse die Realität der Gegenwart gezeichnet hatten. Und genau hier lachten mich fünf polnische Jugendliche vor dem Hintergrund einer in monumentale Backsteingotik gegossenen deutschen Vergangenheit an. Unbeeindruckt von alledem floss hinter uns der »polnischste aller polnischen Flüsse«, die Weichsel. Die fünf lärmten jetzt noch ausgelassener.

Hier vereinten sich alle Gegensätze, die den Reiz unserer Fat-Boy-Tour durchs neue Europa ausmachten. »Bitte mach ein Foto«, bat ich Juliana. Ich drückte ihr die Leica in die Hand und stellte mich neben die Jugendlichen. Wegen solcher Momente treibt mich die Neugier um die Welt.

13 Im Rücken der Geschichte – 3000 Seen und eine Wolfsschanze

»Hamilkar Schaß, mein Großvater, ein Herrchen von, sagen wir mal, einundsiebzig Jahren, hatte sich gerade das Leben beigebracht, als die Sache losging. Die Sache: darunter ist zu verstehen ein Überfall des Generals Wawrila, der unter Sengen, Plündern und ähnlichen Dreibastigkeiten aus den Rokitno-Sümpfen aufbrach und nach Masuren, genauer nach Suleyken, seine Hand ausstreckte.« Mit diesen Worten beginnt Siegfried Lenz seine Erzählung »So zärtlich war Suleyken«.

Man muss nicht viel über Masuren wissen, um nach der Lektüre neugierig zu sein auf ein Land, das Menschen wie Hamilkar Schaß hervorbrachte, Menschen, die im »Rücken der Geschichte« lebten, wie Lenz es nennt, mit einer »unterschwelligen Intelligenz«, die Außenstehenden rätselhaft erscheinen muss.

Zwischen Marienburg (Malbork) und Frauenburg (Frombork) verließ ich die Weichsel und lenkte die Harley nach rechts, Richtung Masuren.

Schattige Alleen nahmen uns wie schützende Tunnel auf. Die übrige Welt war ausgeblendet. Gelegentlich blitzte die Sonne durch die Zweige, ich hörte Frösche quaken, Störche schritten gravitätisch über grüne Wiesen, an deren Rändern armselige Bauernhöfe standen.

Ich ahnte eine Art Seelenverwandtschaft zwischen den Masuren und dem mir bestens vertrauten Kanada, dessen Zentralprovinzen Ontario, Manitoba und Saskatchewan als »Land der Millionen Seen« gelten. Auch die mehr als 3000 Masurischen Seen waren

Balsam für die Seele des Naturfreundes. Masuren ist ein Land zum Durchatmen, ein Land der großen Wälder, Moore, der verträumten Flüsse. Und das Land mit der »Wolfsschanze«, von der aus ein Größenwahnsinniger Europa anzündete.

Als Jugendlicher bekam ich von einer Tante eine große Landkarte. Sie war bunt und mit ihren vielen fremden Symbolen geheimnisvoll. Ich liebte die Wappen: das von Pillau mit dem Fisch, der genau wie im Märchen eine Krone trägt; oder das mit dem Bären, der den Bischofsstab von Rössel erklimmt. Ich sah den schwarzen Bären von Insterburg, die bedrohlich gekreuzten Äxte über dem Namen »Heiligenbeil«, den munteren Elch von Allenburg und den Löwen von Preußisch Eylau. Ich las Nikolaiken, Mohrungen, Rastenburg; und das Wappen von Labiau zeigte einen Arm, der aus den Wolken ein Füllhorn über das Land ausgießt. Genau von dort stamme sie, sagte die Tante. Und ich begann Namen wie Mehlsack, Schippenbeil und Liebemühl zu buchstabieren. Lustige Namen, wie ich fand. Das musste ein freundliches Land sein. Und oben am Kartenrand, neben der schwarzen Elchschaufel, stand: Ostpreußen.

Marion Gräfin Dönhoff, die *grande dame* der *ZEIT*, nennt die Erinnerungen an ihre Jugend in Ostpreußen und den Verlust der Heimat *Namen, die keiner mehr nennt*. Als das Buch 1964 erschien, ahnte niemand, dass die Namen heute sehr wohl wieder auf Landkarten stehen und viele Besucher in polnischen Städten jahrhundertealte deutsche Wurzeln suchen würden.

Ich war neugierig auf diesen Teil »Ostpreußens«. Und ich war neugierig auf die Menschen.

Masuren, im südöstlichen Ostpreußen, war mit seinen weit verstreuten Siedlungen eine der am dünnsten besiedelten Regionen im

Deutschen Reich. Vielleicht erklärt das kauzige Gewohnheiten wie jene, den eigenen Sarg bereits zu Lebzeiten zu kaufen und ihn bis zum Tag seiner Bestimmung als Vorratsschrank zu nutzen. Ich fand, das mussten vernünftige Menschen sein.

»Und sie besaßen eine Seele, zu deren Eigenarten blitzhafte Schläue gehörte und schwerfällige Tücke, tapsige Zärtlichkeit und eine rührende Geduld«, charakterisiert der im ostmasurischen Lyck (Ełk) geborene Siegfried Lenz die Masuren.

Sie waren arm. Und die Armut stieg, als 1807 der preußische Minister Freiherr vom Stein das Edikt zur Bauernbefreiung erließ. Es hob die Gutsuntertänigkeit der Bauern zwar auf, doch jetzt ächzten die masurischen Bauern unter ungewohnten steuerlichen Lasten. Als gegen Ende des 19. Jahrhunderts die Wirtschaft im nordrheinwestfälischen Ruhrpott boomte, wanderten rund 200 000 Menschen aus Masuren dorthin aus.

Auf der Straße 505 hatten wir Pasłek, das ehemalige Preußisch Holland, erreicht. In dieser Stadt entdeckte ich kaum sichtbare Spuren der holländischen Siedler, die vor 500 Jahren ihr Wissen über die Entwässerung von Sumpflandschaften hier eingebracht hatten. 1945 versank Preußisch Holland, eine der schönsten ostpreußischen Städte, in Schutt und Asche.

Wir folgten der Straße Richtung Mohrungen (Morąg), an der alte Leute vor kleinen Häusern saßen; bunte Wäsche flatterte im Wind. Ich stutzte, nahm die Hand vom Gas, die Harley röhrte. »Was ist?«, fragte Juliana.

»Wir haben gerade Quittainen durchfahren«, antwortete ich. »Eines der ehemals Dönhoff'schen Güter.«

Hier reihte sich die 35-jährige Marion Gräfin Dönhoff im Januar 1945 in einen bis an den Horizont reichenden Flüchtlingstreck ein und ließ 700 Jahre ostpreußische Familiengeschichte hinter sich.

Die Dönhoff erinnert sich:

»Wir aßen noch rasch zusammen: Wer weiß, wann man wieder etwas bekommen würde … Dann standen wir auf, ließen Speisen und Silber auf dem Tisch zurück und gingen zum letzten Mal durch die Haustür, ohne sie zu verschließen. Es war Mitternacht … Draußen hatte sich inzwischen der Treck formiert. Ich lief in den Stall, machte mein Reitpferd fertig … Bis Pr. Holland waren es von Quittainen nur 11 km. Eine gute Stunde Fahrzeit, so rechneten wir normalerweise. An diesem Tag brauchten wir sechs Stunden. Die Straßen glichen spiegelblankem Eis, die Pferde rutschten, das Coupé, in das wir zwei Kranke verladen hatten, stand dauernd quer zur Fahrtrichtung. Aus allen Nebenstraßen kamen sie gequollen und verstopften die Kreuzungen, und einen Kilometer vor der Stadt kam alles endgültig zum Stillstand.«

60 Jahre später schien eine freundliche Sommersonne aus dem blauen Himmel über Ermland und Masuren. Ich fuhr langsam, war nachdenklich. Die Bilder vom Januar 1945 sah ich deutlich vor mir.

Ermland und Masuren mit der Hauptstadt Allenstein ist etwas größer als Hessen und damit die viertgrößte und gleichzeitig am dünnsten besiedelte Wojewodschaft in Polen. Rund ein Drittel der Region ist von Wald bedeckt.

Landwirtschaft und Holzverarbeitung sind wichtig, und der Tourismus boomt. Man kommt des Zaubers der Landschaft wegen und hofft, dass er noch lange erhalten bleibt.

Südöstlich von Preußisch Holland stupste Juliana mich an und sagte: »Hier müsste es eigentlich sein.« Ich bog in einen dunklen Wald ein und erreichte eine Lichtung, die von zwei Tourbussen fast ausgefüllt wurde. Krzysztof, mit dem wir uns hier verabredet hatten, wartete bereits.

Er ist Anfang 20 und stammt aus der Gegend von Mohrungen. In Thorn studiert er Bauwesen und verdient sich im Sommer seinen Unterhalt, indem er Touristen durch eine der großen Ingenieurleistungen des 19. Jahrhunderts führt.

Etwa 30 Besucher warteten am Ufer eines schmalen Kanals. »Das ist der Oberländer Kanal«, erläuterte Krzysztof flüssig in Englisch. Wir folgten der schmalen Wasserstraße zu Fuß bis zu ihrem Ende. »Hier werden die Schiffe auf Wagen geladen und über Schienen den Hügel hinabgelassen. Auf dem nächsten Kanalabschnitt geht die Fahrt dann weiter.«

Krzysztof berichtete von einem Ingenieur namens Georg Steenke, der sich 1848 der Herausforderung stellte, auf einer Strecke von zehn Kilometern einen Höhenunterschied von 100 Metern zu überwinden.

»Steenke löste das Problem mit geneigten Ebenen«, erklärte uns Krzysztof und wies auf den Schienenstrang, der zu einem weit unterhalb liegenden anderen Kanalabschnitt führte.

In die Touristengruppe am Ufer war Bewegung gekommen. Ein 25 Meter langes Boot hatte angelegt und wurde auf einen Wagen gezogen. Die Touristen stiegen zu, während jetzt am unteren Ende des Schienenstrangs eine Jacht auf den dortigen Leiterwagen verfrachtet wurde und die beiden Wagen sich zeitgleich in Bewegung setzten und einander passierten. Eine Viertelstunde später fuhren die Boote weiter.

Doch bei aller Technikbegeisterung gab auch Krzysztof zu, dass die Eisenbahn bereits zum Ende des 19. Jahrhunderts Steenkes ehrgeiziges Projekt überholt hatte. So schippern seit 100 Jahren hauptsächlich Touristen über den Oberländer Kanal. »Heute – wie da-mals – vor allem Deutsche«, sagte Krzysztof lächelnd.

Er wohne in Morąg, sagte er, in zwei Stunden habe er Feierabend, und wenn wir Lust hätten, würde er uns gern die Stadt zeigen.

Wir ließen uns treiben. Unsere polnisch-deutsche Detailkarte verzeichnete auch kleinste Dörfer wie Wackelsdorf (Wakarewo) und Großwilmsdorf (Wilamowo), manchmal folgten wir unscheinbaren Nebenstraßen und waren plötzlich im ländlichen Idyll. Mohrungen allerdings ist eine richtige Stadt.

Johann Gottfried Herder wurde hier 1744 in der vom Markt zur Kirche führenden Straße geboren. Ganz in der Nähe trafen wir Krzysztof.

Wie tief seine eigenen Wurzeln hier reichten, fragte ich ihn.

»Meine Großeltern wurden 1945 aus Grodno in Ostpolen nach hier vertrieben«, sagt er. »Nein, die Großeltern hatten hier nie das Gefühl von Heimat.«

Im Haus der früheren ostpreußischen Besitzer sei bei ihrem Einzug der Ofen noch warm gewesen, habe der Großvater immer gesagt. In einem Zimmer fand er 1945 ein Kruzifix. Das habe ihm, dem gläubigen ostpolnischen Katholiken, die vertriebenen ostpreußischen Katholiken nahe gebracht.

»›Einen alten Baum verpflanzt man nicht‹, sagte Großvater immer und hat nie richtig Fuß gefasst. Und die Sorge, dass die Vorbesitzer eines Tages zurückkommen würden, ist auch nie ganz verschwunden.«

»Uns Polen sagt man eine starke Bindung zum Land nach, und das stimmt. Aber zu diesem Land fehlte meinen Großeltern der Bezug.« Diese innere Distanz übertrug sich auf den Sohn, der der Landwirtschaft den Rücken kehrte und in die Holzindustrie ging. »Vater hat sein Zuhause in Europa gefunden«, sagt Krzysztof. »Regelmäßig pendelt er geschäftlich zwischen Polen und Deutschland.« Für ihn, Krzysztof, sei das alles keine Frage, er stehe mit beiden Beinen fest auf dem Boden Europas. Schließlich setzten Warschau und Berlin gleichermaßen das um, was in Brüssel vorgegeben werde.

In Guttstadt (Dobre Miasto) teilte sich die Straße; wir parkten die Harley an einem kleinen Park, holten die Karte raus und beratschlagten. Sommerlich gekleidete junge Mädchen spazierten Arm in Arm entlang hübsch renovierter Häuser aus der wilhelminischen Zeit. Das neue schmiedeeiserne Gitter des Backsteinzauns roch nach frischer Farbe. Vier junge Glatzköpfe droschen auf einer Parkbank Karten, die Bierflaschen in Griffweite. In der Parkmitte befand sich ein Springbrunnen mit einer großen schmiedeeisernen Weltkugel – auf dem Nordpol stand ein kleiner VW-Käfer.

Die Straße in Richtung Masurische Seen ist so schmal, dass einander entgegenkommende Autofahrer um ihre Außenspiegel bangen müssen.

Hohes Gras drängte sich bis an die Fahrbahn, über der sich die Kronen ausladender Linden wie Baldachine wölbten. Als die Wand der Baumstämme für einen Moment aufbrach, sah ich einen Bauern gemächlich hinter seinem Ackergaul über das Feld schreiten.

Der Verkehr war gleich null, Ortschaften gab es kaum noch, ich fühlte mich so unbeschwert wie seit langem nicht mehr. »Wie Wyatt und Billy in *Easy Rider*«, rief ich ausgelassen ins Mikrofon, »die beiden hatten es im Vergleich zu uns allerdings noch unbeschwerter. Nur alle 500 Kilometer eine Stadt, nur alle 50 Kilometer ein Dorf…«, träumte ich.

»Wir dagegen entdecken alle zehn Kilometer Neues«, konterte Juliana. »Und während Wyatt und Billy zusammengeschlagen wurden, weil ihre Landsleute mit ihrer freien Lebenseinstellung nicht klarkamen, werden wir, wenn auch nicht überschwänglich, überall willkommen geheißen.«

In der Ferne entdeckte ich ein mittelalterliches Stadtpanorama, das über goldenen Stoppelfeldern zu schweben schien wie auf einem

Kupferstich des alten Merian, der Berge und Täler oft seinen mittelalterlichen Stadtansichten unterordnete. Das konnte nur Rössel (Reszel) sein.

Fast alle Läden in Rössel hatten geschlossen. Ein paar Sonnenstrahlen zwängten sich durch die vorbeihuschenden Wolken und brachten die mächtige Bischofsburg zum Leuchten. Ich fragte mich, was für Menschen wohl in dem verwahrlosten, alten Herrenhaus mit geschwungenem, holländisch anmutendem Giebel gelebt hatten. Das Dach war schadhaft, Türen und Fenster hatte man sorgfältig mit übereinander gestapelten Backsteinen verschlossen. Es sah aus, als wäre eine baldige Restaurierung geplant. In der Wandmitte entdeckten wir ein Wappen. Ansonsten war die Innenstadt ansprechend restauriert.

»Rössel«, wusste Juliana, »war im protestantischen Preußen eine katholische Hochburg.« Die übrige Geschichte gleicht der anderer ostpreußischer Städte. Die »Kulmer Handfeste« verlieh Rössel 1337 Stadtrechte. Goldschmiede und Kunsthandwerker machten es reich, außerdem profitierte es von den Pilgern, die von hier aus zum Wallfahrtsort Heiligelinde (Święta Lipka) zogen.

»Wann genau es war, wissen auch die Alten nicht mehr. Aber die Geschichte von Heiligelinde wurde von Generation zu Generation so weitergegeben.« Die alte Frau hinter den Büchern, Reiseführern und Postkarten am Eingang der berühmten Barockkirche räusperte sich und erzählte in erstaunlich flüssigem Deutsch die Legende, die sich um diesen Wallfahrtsort rankt:

»Einst saß im Gefängnis zu Rastenburg ein zum Tode Verurteilter. Als ihm Maria erschien, gelobte er, ein Heiligenbild zu schnitzen. Es wurde ein Meisterwerk. Man begnadigte den Mann, der das Bild an eine große Linde hängte. Bald hörte man von Wundern; Krankheiten heilten an jener Linde, und Blinde konnten wieder sehen. Heiligelinde wurde zur Pilgerstätte, man baute eine Kirche. Dass 1687 ein Tiroler Kirchenbaumeister den Auftrag zu einem neuen Kirchenbau erhielt, erklärt die für Ostpreußen einmalige barocke Pracht.«

Als wir durch das filigrane Kirchenportal wieder nach draußen traten, jubilierten drinnen die fast 4000 Pfeifen der von einem Königsberger Meister gebauten Orgel. Weiches Licht lag über Heiligelinde, deren Spitze die letzten Sonnenstrahlen reflektierte. Da bemerkte ich einen etwa 14-jährigen Jungen, der auf seinem Fahrrad schnurstracks auf uns zukam.

»Camping?«, fragte er. Wir überlegten. Es war Zeit fürs Nachtlager.

»Okay«, ich nickte. Er schien sich auszukennen, und wir folgten ihm.

Was der Bursche sich bei dem Angebot gedacht haben mochte, weiß ich bis heute nicht. Er stoppte erst mal bei einem Bauernhof. »Nein!«, sagte ich. *»Campground!«*

»Camping!! Please!«, wiederholte er. Es war klar, dass sein gesamter englischer Wortschatz damit ausgeschöpft war. Aber sein Gesicht verriet mir auch, dass er die Sache ungemein ernst nahm. Er trat in die Pedale seines Fahrrades, stoppte irgendwann an einem Jugendcamp. Fehlanzeige auch hier. Weiter zu einem im Wald gelegenen Militärcamp. Ein Wachsoldat sprach zum Glück Englisch und riet, ins nahe Rastenburg (Kętrzyn) zu fahren. Dort sei ein Campingplatz.

Ich entlohnte unseren kleinen Lance Armstrong mit ein paar Münzen für seine guten Absichten. Er strahlte, und wir fuhren nach Rastenburg. Es war fast dunkel, als Juliana das »Camping«-Schild entdeckte.

»Eigentümlich«, hörte ich sie im Kopfhörer, »dieselbe Richtung wie zur Wolfsschanze.«

Beide Schilder wiesen nach links. Unvermittelt standen wir vor einem Schlagbaum. Es war der Eingang zur Wolfsschanze. Durch ein Fenster sah ich einen Wachmann, der sich in der Bereitschaftsstube vom Fernseher erhob und zu uns kam.

»Wir haben uns verfahren und suchen den Campingplatz.«

»Nicht doch«, entgegnete er auf Englisch. Wir seien hier goldrichtig, und die Parkgebühr berechtige sogar zum einmaligen Campen. Eine Dusche gebe es da unten, in der ehemaligen Unterkunft der Offiziere des SS-Begleitkommandos.

Es ist finster. Doch die Stechmücken finden mein Blut auch ohne Licht. Ich klatsche mit der Hand auf die Wange. »Autsch!« Der Lampenschein unserer Harley trifft auf gewaltige Betonklötze, wirr, wie von Riesen durch die Luft gewirbelt.

»Wolfsschanze …«, sage ich. Ein polnischer Tourbus parkt vor dem SS-Gästehaus, aus dem Speisesaal dringen polnische Stimmen. Lachen.

»Auf der Grasfläche gegenüber könnt ihr campen«, hatte der Wachmann gesagt. Im Schein eines Lagerfeuers singen und tanzen dort drei Männer und drei Frauen, alle über 60. Würste brutzeln auf einem Grill. Verbreiten leckere Düfte. Aus einem Kofferradio dudelt Polka.

Möglichst weit entfernt bauen wir unser Zelt auf.

»Nach dem Lageplan sind wir hier nur 200 Meter von der Pyramide des Teufels entfernt«, sage ich zu Juliana.

»Was meinst du?«

»Die Bezeichnung ›Pyramide‹ stammt von Rüstungsminister Albert Speer, er meinte damit den Führerbunker.« Womit sich die Sache mit dem Teufel von selbst erklärt. Ich klatsche auf meinen Nacken, die Handfläche ist blutig. Diese verflixten Mücken!

Gegen 23 Uhr besteigen die Tänzer ihr Auto und fahren fort. Der Schein ihres immer noch flackernden Feuers huscht über Büsche.

Es ist jetzt still, bis auf einen gelegentlichen Lacher der im ehemaligen SS-Restaurant feiernden Polen.

Ich schlafe schlecht. 100 Meter weiter befindet sich die Lagebesprechungsbaracke, in der am 20. Juli 1944 Stauffenbergs Attentat auf Hitler fehlschlug. Ich schrecke auf. Mücken heulen auch im Zelt. Die Sumpflandschaft rund um den Rastenburger Stadtwald war mit Bedacht gewählt worden, da käme kein Feind durch. Außerdem lag die Masurische Seenplatte als Barriere zwischen Führerhauptquartier und dem Gegner im Osten.

In meinem Albtraum bewegen sich 2100 Offiziere, Mannschaftssoldaten und Zivilpersonal durch die bestgesicherte Militäranlage des »Dritten Reiches«. Hitler erscheint hier im Juli 1941. Hier befehligt er den Russlandfeldzug, hier trifft er Heinrich Himmler, hier besucht ihn Mussolini, und hier wird er der Welt am 21. Juli 1944 um ein Uhr morgens über Radio mitteilen: »Eine ganz kleine Clique ehrgeiziger, gewissenloser und zugleich verbrecherischer, dummer Offiziere hat ein Komplott geschmiedet, um mich zu beseitigen und zugleich mit mir praktisch den Stab der deutschen Wehrmachtsführung auszurotten. Die Bombe, die von dem Oberst Graf von Stauffenberg gelegt wurde, krepierte zwei Meter an meiner rechten Seite.«

Etwa um diese Zeit werden Oberst Graf von Stauffenberg und drei weitere Offiziere standrechtlich erschossen.

Wir wachen später als gewöhnlich auf. Ich bin gerädert. Platzregen trommelt aufs Zelt. Aber ein freundlicher Tag hätte meinen Empfindungen widersprochen. Noch bevor wir aus dem Zelt kriechen, ist der erste Tourbus da. Rund 400 000 Menschen, die Hälfte Deutsche, besuchen die Wolfsschanze, von wo aus Hitler Millionen Menschen in den Tod trieb. »Das Betreten dieses Geländes ist gefährlich. Bleiben Sie daher bitte auf den markierten Wegen!«, warnt ein gelbes Schild auf Deutsch.

»Das bestbewachte Sperrgebiet der Welt«, nennt unser *guide* Jan Zduniak die Wolfsschanze. »Hitler hatte sein Führerhauptquartier mit 54 000 Minen gesichert. Die wurden nach dem Krieg durch polnische Pioniere beseitigt.«

Seit Ende der Siebzigerjahre führt Zduniak, Lehrer aus Rastenburg, Besucher durch die Wolfsschanze.

»Hitler bezeichnete sich selber gerne als Wolf«, erklärt er den Namen dieser Stätte. »Während der Bauarbeiten 1940 trug die Anlage allerdings den Tarnnamen ›Chemische Werke Arkania‹.«

Es ist unheimlich, wie im sagenhaften Wald der Zyklopen. Aus sechs Meter dickem, geborstenem Beton kriecht sattgrünes Moos. In zerschmetterten Wänden haben Farne und Gräser Halt gefunden. Buchen stehen brusthoch. Wie Schlangen ragen gefährlich spitze Stahlträger aus gebrochenen Platten.

Ein Denkmal in Form eines aufgeschlagenen, zerrissenen Buches – an der Stelle, wo am 20. Juli 1944 Stauffenbergs Attentat misslang.

Unverändert grauer Himmel. Regen fällt. Besucher haben bunte Schirme aufgespannt. Mit ihnen drängen wir uns durch dichtes Grün in graue Ruinen.

Die Zahl 13 steht schwarz auf quadratischem gelben Feld am »Führerbunker«. Die Anordnungen daneben sind in Polnisch, Russisch, Englisch und Deutsch: »Achtung. Eintritt zu Ruinen streng verboten. Lebensgefährlich.« Die Besucher ziehen ihre Köpfe ein und gehen dennoch rein. Tonnenschwere Betonbrocken hängen wie Guillotinen an Eisenstangen, die wie Lianen aus dickem Beton kriechen. Das Monster schützte sein eigenes Leben mit acht Meter dickem Beton.

Der Regen hatte aufgehört. Wassertropfen perlten von Farnen, Buchen, wilden Brombeeren, Brennnesseln und Holundersträuchern.

Am Nachmittag klarte der Himmel auf, und wir verließen Rastenburg und die Wolfsschanze. Von Schornsteinen und Straßenlaternen schauten Störche aus runden Nestern und klapperten laut, als sie den Harley-Sound vernahmen. Das Land öffnete sich, und je näher wir der Masurischen Seenplatte kamen, umso freier atmete ich.

»Moment mal«, sagte Juliana. Auf einem Findling unweit von Sensburg (Mrągowo) stand der Hinweis: »Camping Masur-Natur«.

Ich fuhr am schmalen Juno-See entlang, auf dem ein Angler in einem Ruderboot saß und gemächlich seine Angel auswarf. Wo der Haken aufs Wasser klatschte, spritzte es, bildeten sich Kreise, in denen sich die Sonnenstrahlen brachen.

Der zwischen grüne Wiesen gebettete Juno-See ist kaum breiter als die Weichsel bei Graudenz, für masurische Verhältnisse ein kleines Gewässer. Oberhalb des Sees, auf einer grünen Wiese, von der aus der Blick weit über Wasser und Hügel schweift, liegt der Campingplatz.

Wir schlugen das Zelt auf und trafen uns mit Campinhaber Günter Brand und ein paar anderen Campern am Lagerfeuer; da war zum Beispiel Karl aus Graz, eigentlich Honda-Goldwing-Fahrer, dessen Frau »Motorradhasserin« sei, wie er bedauerte. Also reisten die beiden im plüschigen Wohnmobil durchs neue Europa. Klaus, dem Lehrer aus Bremen, bereitete der Vergaser seines stotternden VW-Bulli Sorgen. Morgen würde ein polnischer Mechaniker auf den Platz kommen, um das Problem anzupacken.

Nach einer kühlen Nacht rissen uns morgens um sechs die Hähne eines nahe gelegenen Hofes laut krähend aus dem Schlaf.

»Sieh dir das an!«, rief Juliana, die als Erste aus dem Zelt gekrochen war. Tau glänzte in tausend diamantklaren Perlen auf dem schwarzen Lack der Harley, Grashalme bogen sich unter den milliardenfachen Tröpfchen des über Masuren tanzenden Nebels. Die in feuchte Watte gehüllte Welt war lautlos, bis auf die Hähne. Plötzlich brach die Sonne durch den Hochnebel und brannte mir ins Gesicht.

»Schön …«, sagte Juliana.

»Schön«, sagte auch ich und war mir sicher, dass wir beide dasselbe meinten, denn die Wolfsschanze lag als dumpfe Erinnerung weit zurück. Und vor uns erstreckten sich die Masurischen Seen.

14
Christina und die Seele Masurens

Wenn es Christina nicht schon gäbe, hätte Siegfried Lenz sie gewiss erfunden. Sein Suleyken könnte an dem masurischen Flüsschen Kruttinna gelegen haben. Hier lebt Christina.

Reiseführer und Bildbände überbieten sich bei der Beschreibung der Kruttinna in Superlativen: Der kleine Fluss, der auf Polnisch Krutynia heißt, beginnt seine Masurenreise nordwestlich des Dorfes Kruttinnen am großen Weißsteinsee. Schon nach kurzem Lauf verliert es sich in dem masurischen Seen-Dorado bei Nikolaiken (Mikołajki).

In Sensburg fragten wir einen Taxifahrer auf Englisch nach dem genauen Weg dorthin. Die Antwort kam prompt auf Deutsch. Als er unsere verblüfften Gesichter sah, lachte er. Gut 1500 Deutschstämmige würden hier leben, alles ehemalige Ostpreußen und deren Kinder. Wenn wir die treffen wollten, sollten wir in die Vereinigung »Bärentatze« gehen.

Das malerisch zwischen Juno-See und Schlosssee gelegene Sensburg gilt wegen seiner Sommerveranstaltungen als Masurens Festivalstadt. Wir stoppten beim alten Rathaus, an dessen steinernem Geländer mir das alte Stadtwappen mit der abgeschlagenen Bärentatze und der Jahreszahl 1348 auffiel. Einst machte ein gefährlicher Bär die Wälder zwischen Sensburg und Rastenburg unsicher, erzählte man uns. Die Rastenburger riefen ihre Nachbarn zu Hilfe, erlegten beherzt den Bären und zogen ihm das Fell über die Ohren. Seit damals zieht ein munterer Schwarzpelz zwischen grünen Tannen durch das Rastenburger Stadtwappen, die Sensburger begnügten sich mit der Bärentatze.

Je weiter wir nach Süden kamen, umso dichter wurden die Wälder. Wir hatten die Ausläufer der Johannisburger Heide erreicht, das mit gut 1000 Quadratkilometern größte Waldgebiet Masurens. Genau hier, im kleinen Dorf Kruttinnen, soll die Seele Masurens zu finden sein.

Ich stoppte, schaltete den Motor aus, stieg ab und sah mich um. Überall wurden Kanus und Kajaks vermietet. Auf einem ungelenk gemalten Schild stand »Kajakėw-Canoe«, das zweite warb für »Kajaki Padelbote«. Eine graue Katze duckte sich ins Gras und beobachtete mit großen grünen Augen, für welches der beiden Schilder wir uns wohl entscheiden würden.

Wir ließen uns Zeit.

»Lasst euch von Christina staken«, klangen mir Günter Brands Worte im Ohr. Was immer er unter »staken« verstehen mochte ...

Was hier die gängigen Routen seien, fragten wir einen Bootsverleiher.

Von einstündigen Touren bis hin zum 100-Kilometer-Trip sei alles machbar, entgegnete er in flüssigem Englisch. Viele Besucher paddelten vom Lampasch-See bis zum Ort Ukta, je nachdem, wie sportlich man das Ganze angehe, dauere der Trip drei oder vier Tage. Doppelt so lange sei man bis zum Niedersee unterwegs.

»Campingplätze gibt es auf der gesamten Strecke«, versicherte er uns.

Ob er wisse, wo Christina wohne, fragte ich den Bootsverleiher. Er beschrieb uns den Weg.

Vor ihrem Haus saß ein älterer Mann. »Christina ist nicht da«, sagte er, »sie ist auf dem Fluss.« In einer Stunde sei sie zurück.

Wir nutzten die Zeit für einen Ausflug zum »Kloster der Altgläubigen«.

Das Kloster ist ein gelblich gestrichener Holzbau, auf dessen unscheinbarem Turm ein orthodoxes Kreuz mit drei Querbalken steht.

Ein mächtiger Baum spendete einer jungen Frau Schatten. Sie begleitete uns ins Kircheninnere.

Kirchenreformen führten im 17. Jahrhundert in Russland zu einer Spaltung der russisch-orthodoxen Kirche, in deren Folge die Altgläubigen, die Philipponen, im liberalen Preußen Aufnahme fanden. Dieses sei ihr Kloster, sagte die Frau. Nur fehle heute leider der Nachwuchs.

Als ich aus dem Dämmerlicht der Kirche nach draußen trat, blendete mich das Tageslicht. Margeriten, Lupinen und roter Klatschmohn blühten in verschwenderischer Farbenpracht und Fülle. Dahinter befand sich ein alter Friedhof mit einem frischen Grab. Zwei Hunde dösten. Eine Gruppe Deutsch sprechender Radfahrer kam auf das Kloster zugeradelt, zwei junge Burschen schoben ihr Kanu über die Uferböschung in den nahe gelegenen Dus-See. Es duftete betörend nach frischem Heu, und wo nicht gemäht worden war, grasten braune Kühe.

Ja, jetzt sei Christina da, sagte der alte Mann nach unserer Rückkehr und bat uns mit einem Nicken herein.

Die Tür steht offen. Drinnen fröhliches Lachen. Deutsche Sprachfetzen. Ich klopfe, und dann steht sie vor uns. Mitte 60, schlank, drahtig, schmales, faltiges Gesicht, lebhafte, flinke blaue Augen, aus denen Vitalität und Schalk sprechen. Auf dem Kopf eine Seemannsmütze mit goldener Kordel und aufgenähtem Anker. Und dann höre ich das erste Mal in Masuren den ostpreußischen Dialekt.

»Nu herrje!«, sagt Christina und lacht, die Augen blitzen. Sie habe gerade Besuch. Ob sie den wohl ausladen könne? Und gibt sich gleich die Antwort: »Bestimmt!« Als hätte sie nur auf einen Grund gewartet, endlich wieder auf ihren Fluss zu können.

»Kommt erst mal rein!«

Drinnen vier Gäste aus Iserlohn und ein polnisches Ehepaar.

»Kinder …«, sagt Christina zu ihren Gästen und erklärt, dass sie Juliana und mich gleich auf der Kruttinna »staken« würde. Dabei hatten wir ihr kaum mehr als guten Tag gesagt …

In diesem Moment hält vor der Tür ein Auto: »Ach herrje …, der Horst Kruska«, ruft sie, »der Horst betreibt am Beldahnsee einen Campingplatz.«

Horst Kruska, 70 Jahre, sportlich und unternehmungslustig wie ein Junger, fragt uns mit dem rollenden R der alten Ostpreußen, ob wir Lust hätten, morgen mit ihm eine Bootstour zur Kormoraninsel zu unternehmen. Zwei Plätze seien noch frei.

Prima! Wir verabreden uns.

Wie trunken hängen Bäume über das zehn Meter breite Bett der Kruttinna. Stämme, deren Wurzeln dem Gewicht nicht mehr standhielten, liegen im Wasser. Kaum ein Sonnenstrahl durchdringt das dichte Blattwerk. Grüne, braune und rote Holzboote dümpeln im Wasser. Schwäne treiben geräuschlos vorbei. Amseln singen. Ein Fisch taucht auf und hinterlässt einen Ring an der Oberfläche.

»Ich bin die einzige hier im Ort geborene echte Masurin!«, unterbricht Christina die Stille und stützt sich auf den mehr als drei Meter langen Stab, mit dem sie unser Boot durchs flache Wasser manövriert. Das also ist »staken«.

»Mein Opa und meine Oma unterhielten sich noch im masurischen Dialekt, ich selbst habe ihn nie wirklich erlernt«, fügt sie hinzu.

Ob sie jemals in Deutschland gewesen sei, möchte Juliana wissen. O ja, zwei Jahre habe sie im Restaurant »Fröhlicher Weinberg« in Hannover gearbeitet. »So habe ich mir mein kleines Häuschen hier in Kruttinnen verdient.«

Kann sie sich vorstellen, für immer in Deutschland zu bleiben?

»Nein! Nein!«, sagt sie. »Euer Leben ist mir zu stressig! Außerdem würde mir mein Fluss fehlen.«

Mit flinken Händen schiebt Christina den langen Stab in den Grund, still treiben wir unter der grünen Baumkuppel dahin.

»Endlich ist der Sommer so, wie er zu sein hat«, schwärmt sie. Früher, ja da habe es noch die 30 Grad heißen Sommer gegeben. Aber, sagt sie in einem leichten Anflug von Melancholie, das Wetter habe sich verändert, wie auch vieles andere hier.

Was sie damit meine?

»Nu, ja …« Früher habe sie als Weberin in einer der Tuchfabriken Gardinen und Tischdecken gefertigt, doch nach und nach hätten alle Unternehmen dichtgemacht. »Nu, ja, so stake ich eben.«

Christinas vier Kinder sind längst erwachsen. Nur der Sohn blieb in Masuren, die drei Töchter zog es nach Deutschland.

Wieso ihre Eltern 1945 mit ihr und den Geschwistern nicht vor der Roten Armee geflüchtet seien, so wie die meisten anderen Ostpreußen, interessiert uns.

»An uns zog der Krieg vorbei«, erinnert sie sich. »Der Russe war schon nach wenigen Tagen durch.« Die Menschen seien nach und nach aus den Verstecken gekommen. Sie habe nur verschwommene Erinnerungen daran, die Erinnerung eines sechsjährigen Kindes eben.

»Nach 1945 besuchte ich eine polnische Schule und heiratete später einen Polen«, wechselt Christina das Thema. Ihr Mann starb vor 15 Jahren.

Ich sehe die stolze Schwanenmutter, um die sich die grauen Küken im schützenden Schilf scharen, bemerke schnäbelnde Stockenten. Ich beobachte zwei Kajaks mit polnischen Jugendlichen, die an uns vorbeitreiben.

Christina hat sich auf die hintere Bootsspitze gesetzt. Durch das Objektiv meiner Kamera sehe ich, wie sie einen Beutel nimmt, ihn hochhält und eine gefüllte Flasche herauszieht. »Bärenfang. Selbst gemacht!« Jetzt strahlt sie wieder.

»Noch nie probiert«, sagt Juliana.

»Waaas?!« Christina kann das nicht glauben. »Ist doch das ostpreußische Nationalgetränk!« Sie greift erneut in den Beutel, zaubert ein Glas hervor. »Köstlich!«, sagt Juliana, deren Rezeptsammlung seither um ein Blatt erweitert ist: »Eine Dreiviertelliterflasche halb mit reinem Alkohol (aus der Apotheke) füllen. Den Rest etwa zu gleichen Teilen mit abgekochtem, kaltem Wasser und Honig auffüllen. Oben drauf kommt ein Esslöffel frisch gepresster Zitronensaft.«

Ich beobachte, wie Christina sich nach dem zweiten Schnäpschen feierlich erhebt.

»›Meschkinnes‹ nennt sich dieser Trank, auf Deutsch, da heißt er Bärenfang«, sagt sie mit verschmitztem Lächeln. »Von diesem ein, zwei Schnäpse kleine, sind gut für Kopf und Bauch und Beine. Doch trinkst du viel von dem Meschkinnes, wirst du gänzlich andren Sinnes. Zuerst versagt das Gleichgewicht, die Beine, die gehorchen nicht. Dann schwindet die Gedächtniskraft, das Denken wird sehr mangelhaft. Am längsten hält sich noch die Sprache, doch was man spricht, ist solch 'ne Sache.«

Lautlos glitt das Holzboot über das Wasser, wir beobachteten Haubentaucher, Störche und Schwäne, während wir unter einer über das Wasser hängenden Birke hindurchtrieben.

Es war ein romantisches Gemälde und wir mittendrin. Keine Welle störte die Oberfläche. Nur wo der Bug unseres Bootes die Kruttinna zerteilte, formten sich Wasserrippel, die v-förmig ans Ufer liefen, wo sie mit einem leichten Platsch zerflossen. Barsche und Äschen huschten über den steinigen Grund. Die Sonne stand tief, und je nachdem, welche Richtung wir einschlugen, fiel weiches Licht mal auf Julianas, dann auf Christinas Gesicht.

Ich verstand, warum Christina das Staken auf diesem Fluss dem Kellnerinnenjob in einem Restaurant vorzog. Sie erriet wohl meine

Gedanken, denn sie sagte: »Eine Fahrt auf der Kruttinna ist eine Reise durch die Seele Masurens.«

Übergroß, mit scharfem Rand und gelb glühend, ging die Sonne unter. »Im Winter waren Minustemperaturen von 20 Grad keine Seltenheit«, erinnere ich mich an die Worte unserer verstorbenen Tante, wenn sie von »ihrem« Ostpreußen sprach. »Dann fuhren wir meistens mit dem Pferdeschlitten, und im Sommer leuchtete der blaue Himmel über den Getreidefeldern wolkenlos und klar.« Sie sprach immer vom »Ostpreußensommer«. Jetzt hatte ich eine Vorstellung davon, was sie meinte.

Nach Kruttinnen zurückgekehrt, setzten wir uns auf die Harley, ich drückte auf den Anlasser, der V-Motor sang sein Lied, und entlang der Johannisburger Heide fuhren wir zu Horst Kruska.

»Keine Ahnung, wo meine Familie ursprünglich herkam«, sagte Horst Kruska. Soweit er wisse, habe sie schon immer in Masuren gelebt.

Wir hatten den Beldahnsee hinter uns gelassen und über eine Schleuse den Niedersee erreicht. Irgendwo an diesem schmalen, in Nord-Süd-Richtung verlaufenden See sollte die Kormorankolonie liegen.

Horst Kruska saß am Steuer, neben ihm Christel und Reinhold Deising aus Nordrhein-Westfalen sowie Marion und Volker aus Bühl, die sich eine Auszeit genommen hatten, um mit ihrem zünftigen Unimog-Wohnmobil ins Baltikum zu fahren. Das war eine Gesellschaft nach unserem Geschmack.

»Mich haben die Polen damals nicht aus dem Land gelassen«, nimmt Horst Kruska den Faden wieder auf. »Vielleicht, weil wir ein gut gehendes Malergeschäft hatten und viele Lehrlinge ausbildeten. Später sattelte ich aus gesundheitlichen Gründen um und fasste im Tourismus Fuß.«

Das war, als Polen und Deutschland sich im Zuge von Willy Brandts Ostpolitik wieder annäherten. »In Spitzenzeiten kamen damals täglich bis zu 250 Gäste auf meinen Campingplatz. Ehemalige Ostpreußen, aber auch West- und Ostdeutsche, die sich wegen der DDR-Politik anderenorts nicht treffen konnten.«

Warum seine Familie nach 1945 überhaupt hier geblieben sei, interessiert mich. »Wir waren sieben Kinder, deswegen wurde unser Vater auch kein Soldat«, erinnert sich Kruska. Zum Ausgleich sei der, obwohl Malermeister im Hauptberuf, zum Hilfspolizisten gemacht worden. An Flucht in den Westen sei daher bis zum Schluss nicht zu denken gewesen. Als er endlich die Uniform habe wegwerfen können, sei auch schon der Russe dagestanden. Irgendjemand verpfiff ihn als ehemaligen Uniformträger, woraufhin er für zwei Jahre in den Ural verschleppt wurde.

»Für uns Kinder begann eine schwere Zeit; Mutter war sterbenskrank, unser Jüngster knapp ein Jahr alt und der Älteste 13. Wir sammelten Ähren und backten daraus Brot. Wir überlebten nur Dank der Suppe, die uns die Nonnen des Philipponen-Klosters brachten.«

Wir näherten uns dem Ausläufer des Naturschutzgebietes. Horst Kruska lenkte das Boot ans Ufer, in das wir mit dem Motorboot nicht hineindurften. Überall entdeckte ich Biberbisse.

Wir stiegen aus. Trockene Zweige knackten unter unseren Schuhen, doch die Geräusche wurden durch den Lärm der Kormorane und Graureiher übertönt. Deutlich erkannte ich in zehn bis 15 Meter Höhe Nester, aus denen Jungkormorane ihre schlanken Hälse reckten. Altvögel schwebten mit ausgebreiteten Flügeln über Baumwipfel. Vogelkot bedeckte als weißer Spray den Waldboden, dazwischen, wie ein abstraktes Kunstwerk, ein toter Graureiher mit bizarr verbogenem Hals.

Hier im Nordosten Polens befinden sich einige der letzten Wildnisse Europas. Weißrussland ist nicht weit, nordöstlich trifft Masuren auf Litauen, und im Norden trennt eine am Konferenztisch gezogene Linie nicht nur das ehemalige Ostpreußen, sondern auch Polen von Russland. Doch die Elche und Wölfe der großen Nationalparks kümmern sich nicht um solche Grenzen. Europas letzte frei lebende Wisentherde im Białowieźa, und in den Biebrza-Sümpfen fühlen sich Hunderte Elche und noch viel mehr Biber zu Hause.

Lautes Hupen übertönte das Kreischen der Kormorane und Reiher. Horst Kruska gab das Signal zur Rückfahrt.

Bei der Marienburg an der Nogat, dem östlichen Mündungsarm der Weichsel, schloss sich der Kreis unserer Reise durch Masuren. Ich parkte die Harley am Westufer des Flusses, in wenigen Minuten würden die roten Backsteinmauern der Burg im Abendlicht liegen. Langsam sank die Sonne, unmerklich veränderten die mächtigen Mauern des Hochschlosses ihre Farbe von Rot über Rotbraun zu dunklem Braun. Die Marienburg – das mächtigste gotische Backsteinbauwerk der Welt – sah sie alle: deutsche Ordensritter, polnische Edelleute, preußische Junker und die Soldaten des Zweiten Weltkriegs. Und heute staunen hier Besucher aus aller Welt. So wie wir. Ein letzter Lichtstrahl blitzte aus einem Burgfenster. Dann wurde es Nacht über der Marienburg.

15
Danziger Bilderbogen

Ich schmeckte den würzigen Geschmack der Ostsee. Um uns herum stand hohes Gras. Es duftete nach Sommer, Hummeln nippten am Löwenzahn. Das Summen der Insekten war das einzige Geräusch hier am Rand der Elbinger Höhen nahe der alten Straße Brügge–Nowgorod. Danzigs Großstadtlärm lag hinter uns. Wir setzten uns neben die Maschine ins Gras, und ich nahm mein Tagebuch, um die letzten Reisetage zwischen Marienburg und Danzig aufzuarbeiten.

»Was hat dich in Danzig am meisten beeindruckt?«, fragte ich Juliana.

Sie überlegte. Ich drängte nicht. Auch bei mir hatte die Danziger Altstadt ein ganzes Feuerwerk unterschiedlichster Bilder hinterlassen.

»Danzig bei Nacht«, sagte sie schließlich.

Wir standen auf der Danzig gegenüberliegenden Flussseite. Die Mottlau, die nordöstlich in die Danziger Bucht mündet, schimmerte wie ein goldener Teppich, gewebt aus den 1000 Lichtreflexen der Stadt. Der beleuchtete Turm des Rechtstädter Rathauses erhob sich über den mittelalterlichen Fassaden. Wie eine Trutzburg ragte der fast 80 Meter hohe Turm der Marienkirche über das nächtliche Danzig. Vor uns dümpelte eine Segeljacht.

Gewöhnlich habe ich auf Reisen neben Notizblock und Bleistift auch ein kleines Diktiergerät dabei, um Bilder, Stimmungen und Empfindungen einzufangen. Aber das Tempo der Großstadt hatte mich daran gehindert. Also schrieb ich jetzt in meine Kladde:

»Von der Marienburg bis Danzig war es kaum mehr als eine Stunde Fahrzeit. Ein letzter Blick auf die jetzt mächtige Weichsel, die wir von Wisła bis hier begleitet hatten, nicht ohne Wehmut nach der langen gemeinsamen Reise. Die Weichselschiffer des Mittelalters empfanden ebenso: Das Etappenziel war erreicht, jetzt ging die Reise weiter nach Riga und Nowgorod.

Wie bei uns.

Starker Gewitterregen war über Danzig niedergegangen. Die Stadt schien nach dem Unwetter menschenleer. Abendstunden sind ideal für die erste Begegnung mit einer fremden Stadt. Doch die Straßen sind regennass und glatt. Über Kopfsteinpflaster fahre ich nur mit gespreizten Beinen. Flecken in Regenbogenfarben auf glänzendem Asphalt warnen: Öl! Straßennamen wie ›Przed Miejskie‹ und ›Wały Jagiellońskie‹ verwirren mich, aber die rechtwinklig verlaufenden Straßen erleichtern die Orientierung.

›Rechts halten!‹, ruft Juliana, und schon sind wir zwischen Nikolaus- und Marienkirche im Herzen der Altstadt.«

Ich hatte ein paar Eckdaten über Danzig im Kopf parat. Zum Beispiel, dass Arbeiterführer Lech Wałęsa mit seiner Gewerkschaft Solidarność 1980 die historische Wende und damit den Anfang vom Ende des Kommunismus in Europa eingeläutet hatte. Aber in der Schule hatte ich nichts über Danzig gelernt.

Julianas Mutter hatte ein paar Semester in Danzig studiert. Das war ein Dreivierteljahrhundert her, und sie hatte kaum darüber gesprochen. Dass auch Julianas Großvater in den Dreißigerjahren Ostpreußen und Danzig besucht hatte, wissen wir aus seinem Nachlass. Als Direktor eines schleswig-holsteinischen Gymnasiums war er 1938 hier auf Klassenfahrt. Sein alter Jugendherbergsführer – ein DJH-Wanderführer, Band 2, von 1936 – ist heute in unserem Besitz. Auf Seite 5, gleich neben einem Schwarz-Weiß-Bild des ehemaligen Tannenbergdenkmals, springt mir die Überschrift »Nach Ostland geht unser Ritt…« ins Auge. Ein gewisser Oberbannführer Glashagen vermerkt: »Danzig ist die ehemalige Regierungshauptstadt der preußischen Provinz Westpreußen, die 1920 gegen den Willen ihrer Bevölkerung ›freie Stadt‹ wurde und es bedauerlicherweise heute noch ist. Während das Hinterland Westpreußen an Polen abgetreten wurde, machte man Danzig mit seinen 400 000 Einwohnern zu einem selbstständigen Staat. So bitter es fällt, dieses auszusprechen, der junge Wandernde, der heute zu uns kommt, muss sich darüber klar sein, dass er ins Ausland kommt.«

Um das zu verstehen, blätterte ich im Geschichtsbuch: Seit dem Versailler Vertrag von 1919 war Danzig als Freistaat unter dem Protektorat des Völkerbundes. Diese Eigenständigkeit Danzigs sowie der »Polnische Korridor, ein Landstreifen, der Polen bei Gdingen einen eigenen Hafen zubilligte (gleichzeitig aber Danzig und Ostpreußen vom Deutschen Reich abschnitt), ist für die Nazis ein Anlass für die Schüsse auf das polnische Militärdepot Westerplatte bei Danzig. Am Morgen des 1. September 1939 verkündet Hitler über Rundfunk: »Seit 5.45 Uhr wird jetzt zurückgeschossen.« Es ist die düstere Morgendämmerung des Grauens.

Was wusste ich sonst noch über die Stadt?

Dass Oskar Matzerath mit seiner Blechtrommel hier durch spitze Schreie Glas zum Zerspringen brachte und Oskars geistiger Vater, der Nobelpreisträger Günter Grass, gebürtiger Danziger ist. So wie der polnische Gewerkschaftsführer Lech Wałęsa, der Physiker Fahrenheit, der Philosoph Schopenhauer und der Schauspieler Klaus Kinski (der im nahen Sopot als Nikolaus Günther Nakszynski das Licht der Welt erblickte).

Ich ging unbefangen an die Stadt heran, war neugierig, wollte mit eigenen Augen das »Wunder von Danzig« sehen, das die neuen polnischen Bewohner nach 1945 vollbrachten, als sie die fast komplett zerstörte Altstadt so originalgetreu wieder aufbauten, dass selbst alte Danziger voll Anerkennung sagen, sie sei fast schöner als zuvor.

Auf dem Campingplatz von Sopot ist es bei unserer Ankunft bereits dunkel. Ja, sagt man uns an der Rezeption, der Platz sei sicher, Wachpersonal kontrolliere in regelmäßigen Abständen. Und die zentrale Lage habe ihr Gutes: Gleich auf der gegenüberliegenden Straßenseite führe alle paar Minuten eine Bahn in die Innenstadt.

»Nein«, sagt John aus Sheffield, »so spät wie ihr würde ich nie auf Campingplätzen ankommen! Das würde mich viel zu sehr stressen. Ich hab's gerne ruhiger.«
Unser englischer Campnachbar sitzt lässig auf einem Klapp-Campingstuhl, Beine übergeschlagen, Hände im Nacken verschränkt, neben sich ein silbergraues, beeindruckendes Bike, über dem ein paar Socken, eine Unterhose und zwei Hemden zum Trocknen hängen. Die Suzuki 1500 LC Intruder erkenne ich trotz dieser Dekoration. Ich verkneife mir eine Bemerkung, denn das japanische Prachtstück hat frappierende Ähnlichkeit mit unserer Fat Boy.

Ist John ein Lebenskünstler oder ein verschrobener Eigenbrötler? Egal. Erst mal gibt er zwei Stout Beer aus. Eiskalt und ohne Schaum! Nein, sagt John, er reise prinzipiell nicht mit anderen. Selbst zwei seien eine Gruppe, da sei immer einer zu viel. Während wir auf unserer Harley einen kleinen Hausstand mitschleppen, kommt John ohne Kochgeschirr, Kaffee, Bücher oder Kamera aus. Ein Zelt, Schlafsack, zwei Hemden, zwei Paar Socken, Reserveunterwäsche, na bitte, das ist schon alles. Aber ohne die Kühlbox fürs abendliche Stout und den Klappstuhl geht nichts.

Ich zucke zusammen. Eine Wespe hat sich beim Schreiben auf meine Hand gesetzt. Ich puste vorsichtig, sie fliegt davon. »Zeit aufzubrechen!«, sagt Juliana mit Blick auf die Uhr.

»Lass mich nur noch die Notizen über den Danziger Stadtbummel beenden«, bitte ich und schreibe: »Danzig ist so schön, dass vor den nach alten Fotos rekonstruierten roten und braunen Renaissance- und Barockfassaden Thomas Manns Roman *Die Buddenbrooks* verfilmt wurde. Vor Danzigs Wahrzeichen, dem Neptunbrunnen, versammeln sich Reisegruppen, Rikschafahrer brausen so halsbrecherisch zwischen den Touristen umher, dass einem der Atem stockt. Ein Pirat mit Säbel posiert für Fotos – so lässt sich die Geldschatulle schneller füllen als beim Kapern von Schiffen. Am Rand der Langgasse (Uliça Długa) duftet es köstlich nach frischen Waffeln, die hier schneller weggehen als warme Semmeln. Maler porträtieren Passanten, Straßenmusiker spielen Ständchen. In der Langgasse schlägt das Herz Danzigs.

Oder sollte ich sagen das Herz von Gdansk? Dass Danzigs Vergangenheit durch Polen beim Wiederaufbau akzeptiert und mit viel Detailliebe meisterhaft interpretiert wurde, macht den Charme dieser alten Hansestadt aus.«

Ich klappte mein Tagebuch zu. Es war an der Zeit weiterzufahren. Als wir Frauenburg erreichten, waren es nur noch 15 Kilometer bis zur russischen Grenze.

16
Im Abseits der Geschichte – »Nord-Ostpreußen«

Eine polnische Großfamilie, die gestern lange und fröhlich zu den lauten Klängen von Popmusik gegrillt hatte, war zuerst auf den Beinen. Nach und nach kamen die deutschen Ehepaare aus Essen und Berlin aus ihren Wohnmobilen. Ansonsten war wenig los auf dem Campingplatz von Frauenburg. Das Frische Haff sei nur ein paar hundert Meter von uns entfernt, schwärmten unsere Berliner Nachbarn. Sie waren schon einmal hier gewesen und hatten diesmal ihre Fahrräder mitgebracht. Es war ein guter Morgen zum Radeln, und stille Wege gab es genug. Auch auf der nahen Straße herrschte wenig Verkehr. Für Reisende liegt Frauenburg heute am Ende der Welt. Das war nicht immer so.

Ab 1934 reihte sich das Städtchen mit anderen leuchtenden Perlen wie Magdeburg und Küstrin in eine lange Kette entlang der »Reichsstraße 1« ein. Frauenburg lag an der längsten Straße Deutschlands, die von Aachen über Königsberg nach Eydtkuhnen im östlichsten Zipfel Ostpreußens führte. Etwa dort, wo jetzt die Einfahrt zu unserem Campingplatz war, stand vor gut einem Menschenalter das Verkehrsschild »Königsberg – 66 km«. Nirgendwo sonst kam der Reisende auf der »Reichsstraße 1« so dicht ans Meer wie hier in Frauenburg. »Und nirgendwo sonst hat man eine bessere Sicht über das Frische Haff als vom Turm des Doms«, verriet uns der Verwalter unseres Campingplatzes.

Kein Geringerer als Nikolaus Kopernikus war der Domherr zu Frauenburg. Hier studierte er den Lauf der Sonne und Gestirne über Haff und Nehrung, hier verfasste er sein epochales Werk *Über die Umläufe der Himmelskörper*, hier stellte er das mittelalterliche Weltbild auf den Kopf. Später wurde er unter dem Kirchenschiff beigesetzt, doch angeblich raubten die Schweden seine Grabplatte, und so kennt niemand den genauen Ort seiner letzten Ruhestätte.

Unterhalb des Kathedralhügels parkten wir die Harley auf einem bewachten Parkplatz, auf dem bereits zwei Mercedes-Luxuslimousinen und ein brandneuer VW-Bus mit russischen Kennzeichen standen. Wir drückten einer alten Frau mit Schürze und Kopftuch die Parkgebühr in die Hand und hatten das gute Gefühl, dass neben solchen Nobelkarossen auch unsere Maschine sicher stand. Schritt für Schritt stiegen wir den Domhügel hoch und kamen Schritt für Schritt wieder der Geschichte des Ordensstaates näher, die hier 1270 mit dem Bau einer Befestigung begann. Nachdem die Prussen unterworfen und der Bischofssitz hierher verlegt worden war, wurde der Dom zu Frauenburg bald einer der bedeutendsten Sakralbauten im deutschen Osten. Wir kletterten noch höher, bis wir auf dem Glockenturm standen. Ein atemberaubendes Panorama: unter uns die Backstein-Ornamentik der Domspitzgiebel, die von vier schlanken Türmen gerahmt werden.

Zum Schutz gegen die Sonne legte ich die Hand über die Augen. In dieser Blickrichtung musste das einstige Königsberg liegen. Die Sicht war trotz der Hitze noch immer erstaunlich klar. Ich schaute nach links in Richtung Kurisches Haff, doch die über Jahrhunderte gewachsenen Bauten zwischen Dom und Meer gab es nicht mehr. Anfang Februar 1945 legte russische Infanterie das kleine Städtchen in Schutt und Asche. Im Inferno des lodernden Turms, auf dessen oberster Plattform wir jetzt standen, zerschmolz die Glocke, die 255 Jahre lang Menschen zum Gebet gerufen hatte. Das weitere Schicksal Frauenburgs – Verwüstungen, Plünderungen, Vergewaltigungen – gleicht dem vieler anderer ostpreußischer Städte.

Früher war ich nie unbefangen, wenn es um Reisen in die Sowjetunion ging. Ich weiß nicht mal, warum; denn ich mag die »russische Seele«, die ich meinte schon in meiner Jugend in den Werken Dostojewskis, Tolstois und Gontscharows gefunden zu haben. Ich liebe russisches Ballett und wenn die Don-Kosaken in Hannover gastierten, war ich dabei. Aber wo es keine Freiheit gibt, fühle ich mich nicht eingeladen und bleibe weg.

Aber das ist ja Geschichte – auch wenn Individualreisen im ehemaligen Königsberger Gebiet immer noch selten sind.

Die Beschaffung unserer Visa für zwei Einreisen – zunächst für Kaliningradskaja Oblast und dann für Nowgorod und St. Petersburg – war ein kleiner Hürdenlauf gewesen. Eine Spezialagentur hatte die höchsten Hürdensprünge schnell und zuverlässig für uns erledigt. Jetzt standen wir vor der Grenze, und ich spürte wieder die vertrauten Hummeln im Bauch ... Wir kontrollierten noch einmal unsere Dokumente. »Viel Glück!«, sagten wir uns, und ich gab Gas.

Zwei grüne Pfeile über zwei nebeneinander liegenden Fahrspuren ordnen acht Kilometer nordöstlich von Braunsberg die Ausreise aus Polen: »EU-Bürger und Schweizer« steht auf dem linken Schild, rechts »Andere Nationalitäten«. Zwei polnische Grenzbeamte fertigen uns schnell und unbürokratisch ab, während in die 16 wartenden Fahrzeuge auf der Nebenfahrbahn noch immer keine Bewegung kommt. Plötzlich sehe ich im Niemandsland zwischen der polnischen und russischen Grenzstation, im Sichtschutz eines Baumes, sechs junge Männer nervös Zigarettenkartons aufreißen und sich hektisch mit Klebeband Zigarettenpackungen an die nackten Waden kleben, Hosenbeine eilig runterziehen und mit unschuldigem Gesichtsausdruck schnurstracks zur polnischen Grenze gehen.

Wir erreichen den russischen Grenzposten.

Eine russische Begrüßung fällt mir nicht ein, und so sage ich schlicht »Hallo«, was ja bekanntlich so international ist wie McDonald's oder Coca Cola. *»Alló«*, entgegnet der freundliche Russe und drückt mir gleich zwei in Englisch abgefasste Einreiseformulare in die Hand. Brav füllen wir die Papiere aus, der Grenzer prüft und schickt uns zum nächsten Schalter.

Zwei Fenster weiter: Der Blick fällt erst auf uns, dann auf die Papiere, der Offizielle setzt sein Namenszeichen und deutet in Fahrtrichtung: Am Fenster mit dem Hinweis »Zoll« erwarte man uns bereits.

Ein 40-Jähriger mit grauen Augen, in grüner Uniform mit zwei Sternen auf den Schulterklappen, hebt den Deckel eines Stehpultes und befördert zwei weitere Formulare hervor. »Alles angeben, wonach gefragt ist«, erklärt er auf Deutsch. Bei der Frage nach Waffen kreuzen wir *»no«* an. Für Aspirin in der Reiseapotheke gibt es unter »Medikamente« ein ehrliches *»yes«*. Genau das aber bereitet dem Zöllner Kopfschmerzen. Stirnrunzelnd geht er zum Stehpult zurück. Hier seien zwei neue Vordrucke. »Und bitte diesmal *no* bei Medikamenten.« Danach ist die Welt für ihn in Ordnung. »Und jetzt dorthin.« Am nächsten Fenster verkaufen zwei Blondinen Kfz-Versicherungen. Die dralle Mittvierzigerin neben ihnen mimt den Boss. »Eine Versicherung für einen Monat«, bestelle ich und schiebe den Kfz-Schein über den Tresen. Wie die Hyänen fallen sie darüber her.

»29 Euro«, kommandiert die Ältere. Nachdem ich gezahlt habe, donnert sie: »Zurück zum Zöllner«. Der Deutsch Sprechende bittet uns sanft und freundlich: »Als Nächstes eine Fotokopie, bitte!«

Die junge Frau hinter einem zehn Meter entfernten Fenster, Mitte 20, schlank und schick, freut sich über die Abwechslung. Ihr winziges Kabuff ist mit Fax, Fotokopiergerät und zwei Telefonen voll gestopft. Sie stört die Enge nicht. »Den Pass und den Versicherungsschein, bitte«, gurrt sie und fotokopiert beides. »Ein Euro«, sie lächelt und streicht die Münze ein. Und jetzt zur Kasse, da drüben, im gegenüberliegenden Gebäude...

Da keine der Türen einen Hinweis trägt, entscheide ich mich für die erstbeste und stolpere in einen halbdunklen Saal mit Gepäckkontrollgeräten, wie auf dem Flughafen. Niemand hier. Rechts in der Ecke entdecke ich in letzter Sekunde ein dachlukengroßes Fenster mit dem englischen Schild *»cash«*. Erleichtert bücke ich mich, um hineinzuschauen – keiner da, der bunte Vorhang zugezogen. Also warten. Ein älterer Pole in Begleitung eines blonden Russen, beide besser informiert als ich, steuern zielstrebig und gut gelaunt auf die Luke zu. Ja, so etwas komme hier schon mal vor, sagen sie. Das Warten, ach das sei doch ganz normal, das müsse man gelassen sehen. Ob die Harley da draußen unsere sei, fragt der junge Russe mit glänzenden Augen. »Ja«, sage ich. So kommen wir ins Gespräch. Eine Viertelstunde später erscheint eine Uniformierte, zieht den Vorhang der Luke auf und verkündet, ich müsse die draußen gemachte Fotokopie jetzt nur noch unterschreiben, womit ich für die Ausfuhr der Harley aus Russland mit meinem Kopf bürgte.

Anderthalb Stunden sind vergangen – ich unterschreibe alles. Flink überträgt sie ein Dutzend Daten in ihren Computer, der Drucker speit ein giftgrünes Formular aus, die Beamtin stempelt es ab und überreicht es mir.

Die Aufschrift *»cash«* wird mir immer ein Rätsel bleiben, denn zahlen musste ich an diesem Fenster nichts. Der Zöllner mit den Sternen überprüft noch einmal alles, sagt auf Deutsch: »Danke, das war's« und fügt ein freundliches *»Schtschiszliwawa Puti!«* (Gute Reise) hinzu.

Das Abenteuer Russland hat begonnen.

Auf der Fahrt sahen wir zunächst wenig Ansprechendes. Und ohne dass wir eine Stadt wahrnahmen, waren wir auch schon durch das ehemalige Heiligenbeil (Mamonovo) durch. Bereits während des Hindernislaufs bei den Zollformalitäten hatte sich ein Wetterumschwung angebahnt. Tristesse lag über dem Land, hässliches Grau überzog den Himmel. Noch immer war es tropisch schwül, aber ich roch den aufziehenden Regen.

Wir folgten der alten »Reichsstraße 1«, die heute zwischen Heiligenbeil und Ludwigsort (Laduškin) A 194 heißt.

Ich wusste, dass in Kaliningradskaja Oblast kaum etwas so ist wie anderswo auf Erden. Dafür ist 1945 zu nah. Noch bis vor anderthalb Jahrzehnten galt das Königsberger Gebiet als größter Flugzeugträger der Welt, von dem die atomare Bedrohung bis auf die andere Seite unseres Globus ausstrahlte.

»Moment mal.« Links der Straße war eine 100 Meter breite Gedenkstätte für gefallene russische Soldaten. Hier kam es während der letzten Kriegsmonate zu einem grausigen Höhepunkt des Hitler'schen Wahns.

Ich stoppte die Maschine an diesem monumentalen Ehrenmal mit der Jahreszahl 1945 und der russischen Inschrift »Ewiger Ruhm den Helden«. In unserer Kartentasche hatten wir Infomaterial. Wir steckten die Köpfe zusammen und lasen. Über eine Viertelstunde sagte keiner von uns ein Wort.

Leichter Nieselregen fiel. Endlich sah ich auf. Im einstigen Ludwigsort, das jetzt den Namen des gefallenen russischen Leutnants Laduškin trägt, steht eine fast 900-jährige Eiche, die, von Granateinschlägen abgesehen, den Wahnsinn des Krieges überstanden hatte. In den Städten, durch die wir bereits gefahren waren, befand sich hingegen kein alter Stein mehr auf dem anderen. Diesen Landstrich zwischen Heiligenbeil und Balga nennt man das »Stalingrad Ostpreußens«.

Während die Rote Armee ab Februar 1945 fast schon ungehindert auf Königsberg zurollte, leistete die 4. Deutsche Armee im »Heiligenbeiler Kessel« den letzten erbitterten Widerstand, um Zehntausenden Kindern, Frauen und Alten die Flucht über das zugefrorene Haff auf die Kurische Nehrung und damit zu den letzten Schiffen nach Westen zu ermöglichen. 40 000 Soldaten fanden hier den Tod. Rückblickend wundere ich mich, dass ich den Namen Balga (Veseloe) nicht kannte.

Balga musste in der Nähe sein. Aber wo? Es dauerte, bis ich den Namen auf unserer Detailkarte fand, ein unscheinbarer Punkt am Rande einer als Kahlholzer Haken in das Frische Haff hineinreichenden Landnase, gerade mal 20 Kilometer von uns entfernt. Ich weiß bis heute nicht, was mich trieb, Juliana zu überreden, bei dem immer mieser werdenden Wetter 14 Kilometer dieselbe Strecke, die wir gekommen waren, zurückzufahren und dann irgendeinem Feldweg nach Norden zu folgen, um einen Ort zu suchen, den es nicht mehr gab.

Aber Juliana willigte ein.

Der Regen legte sich wie Nebel über uns, nässte mit millionenfachen Spraytropfen die Maschine und unsere Motorradbrillen. Gut, dass es auf der unebenen, rutschigen Fahrbahn keinen Verkehr gab. Wer fährt hier schon? Heiligenbeil und Balga liegen im Abseits der Geschichte. Wir entzifferten das kleine Schild mit den kyrillischen Buchstaben als »Balga«, folgten mutig dem schmalen Asphaltweg voller Schlaglöcher, der in seiner 1000-jährigen Geschichte von unzähligen Tierhufen und Menschenfüßen getreten wurde. Dann gruben Wagenräder, Panzerketten und Hunderttausende Soldatenstiefel ihn zu einem Hohlweg. Asphalt wurde zu tückisch glitschigem Kopfsteinpflaster, dann löste sich die Straße nach Balga in eine grob aufgeschüttete Erdpiste auf. Schneller als fünf bis zehn Stundenkilometer zu fahren, wäre Selbstmord gewesen. Juliana drückte ihren Körper fest an mich, um die Maschine zu stabilisieren. Ich hielt die Füße dicht über der Straße, falls die Harley mit ihrem Gewicht von einer halben Tonne ins Rutschen geraten sollte. Baumkronen senkten ihre regenschweren Zweige über die Piste. Ein schwermütiges, trauriges Bild. Gestrüpp, Bäume, urwaldhaftes Grün, Stille, Verlassenheit, Tod.

Balga existiert nicht mehr. Hinter einem umgestürzten Baumstamm die Mauern einer Kirche. Auf dem Weg dorthin ein aus Findlingen errichteter Sockel mit einem geborstenen Kreuz. *»Requiescatis in pace«*, ruhet in Frieden, lese ich auf einer Gedenktafel. Vor dem Denkmal die nach dem Inferno geborgenen Grabsteine von Menschen. »Hier ruht in Frieden C. L. Reimann geboren am 08. September 1809, gestorben am 11. Februar 1870«. Daneben der Stein von Albert Rosensky, gestorben am 18. November 1892. 53 Jahre nach seinem Begräbnis waren Häuser und Gräber verschwunden. Wie in Luft aufgelöst die Jugendherberge; die Schule aus dem 14. Jahrhundert dem Erdboden gleichgemacht. Zerstört die älteste Kirche Nord-Ostpreußens. Nur noch Mauerstümpfe des Portals und Teile der Seitenflügel ragten aus dem Boden.

Der Nieselregen ließ nach. Gierige Stechmücken fielen über uns her. Kein Laut außer ihrem Heulen, nicht mal das Rauschen der Brandung des Frischen Haffs. Wir gingen weiter und standen unvermittelt vor den Ruinen der Burg Balga.

1239 errichteten Ordensritter auf den Resten eines prussischen Lagers die erste Burg Nord-Ostpreußens. Hier in Balga zerbrach der letzte erbitterte Widerstand gegen die Winteroffensive der Roten Armee, die anderthalb Millionen Rotarmisten allein nach Ostpreußen gebracht hatte.

Nachdem die Naziführung unter Gauleiter Erich Koch bislang durch bewusste Fehlinformation jegliche Fluchtvorbereitung vereitelt hatte, sind jetzt Hunderttausende mit Pferdewagen, Handkarren oder zu Fuß auf der Flucht. Die Landwege sind von Russen versperrt, also bleibt nur der Weg über die Ostsee. Anfang März '45 warten zweieinhalb Millionen Verzweifelte in Pommern, Danzig und Ostpreußen auf die Rettung über den Wasserweg. Nach der Einnahme durch die Rote Armee fallen Ende März Danzig und Gotenhafen (Gdynia/Gdingen) als Häfen aus, am 25. April auch der Hauptfluchthafen Pillau (Baltijsk). Die Halbinsel Hela ist das letzte Sprungbrett in die Freiheit. Am 4. Mai 1945 warten gut eine Viertelmillion Menschen, Ostpreußen wie Wehrmachtssoldaten, auf die Schiffspassage von Hela nach Westen. Stalinorgeln heulen. Russische Flugzeuge bombardieren. Die Rote Armee kommt näher. Die letzten Stunden der größten Rettungsaktion in der Geschichte der Seefahrt beginnen.

Wir bahnten uns durch schulterhohe Brennnesseln unseren Weg zur Ruine der Ordensburg Balga – Relikte gotisch aufstrebender Fenster, Einschusslöcher in den Wänden, aus denen heute drei Meter lange Baumstämme wachsen. Über 700 Jahre nachdem die Geschichte des Ordensstaates in Nord-Ostpreußen an dieser Stelle begann, zerbrach Ostpreußen. Genau hier!

50 Meter weiter erreichten wir die Steilküste und blickten in Richtung der ehemaligen Siedlung Kahlholz. Dahinter das Frische Haff. Wellen schlugen gegen menschenleere Ufer. Ansonsten geisterhafte Stille. Kein Vogel sang.

»Die Zurücknahme der Division auf eine Stellung hinter die vor der Halbinsel Balga liegenden Sümpfe wurde angeordnet. Ein furchtbarer Anblick bot der Strand des Haffs in seiner ganzen Ausdehnung zwischen Kahlholz und Rosenberg. Neben- und hintereinander standen Tausende von Fahrzeuge am Ufer. Ununterbrochen fuhren Bomben und Granaten in die Ansammlungen hinein. Hier ging eine Armee unter«, steht in der *Geschichte der 170. Infanteriedivision*.

Der alte Stadtkern von Hirschberg (Jelenia Góra) erstrahlt seit einigen Jahren in neuem Glanz.

Das ehemalige Konzentrationslager Auschwitz – schreckliches Symbol für Vernichtung und Tod

Die Weichsel schlängelt sich weitgehend unreguliert über 1000 Kilometer durch Polen.

Musikanten auf dem Rynek Gówny von Krakau (Kraków).

Unsere Harley macht Furore – auch in Marienwerder (Kwidzyn)

In Masuren unterwegs – auf Alleen (o), per Boot und notfalls »huckepack« (u).

Adolf Hitler baute seine »Pyramide des Teufels« in der Wolfsschanze.

Der verträumte Fluss Kruttina zieht Paddler aus ganz Europa an.

Die masurischen Seen sind gleichermaßen ein Paradies für Wassersportfreunde wie für Störche.

Die Marienburg gilt als weltweit imposantestes Backsteinbauwerk.

Juliana, begeistert von Frauenburg (Fromberg).

Die romantische Altstadt von Danzig (Gdánsk) bei Nacht

Burgruine Balga – einst bedeutende Ordensburg in Ostpreußen, heute ein Trümmerhaufen im Abseits der Geschichte

Die Neugier treibt uns weiter gen Königsberg (Kaliningrad).

Der Dom zu Königsberg – traditionsreiche und zugleich junge Stadt im Aufbruch.

Jewgenij (Eugen), Ludmilla und ihre Söhne bringen uns Geschichte und Gegenwart der Region nahe.

Hanse-Kaufleute gingen hier ein und aus. Auch Juliana und ich erkundeten die Gassen und Türme der Jugendstilstadt Riga.

Camping in Riga unter Julianas Regiment

Nowgorod: Blick über den Wolchow auf den Kreml.

Sankt Petersburg – ein Rausch der Farben

Navigatorin Juliana im Einsatz

Vor der Erlöserkirche posieren traditionell Hochzeitspaare.

Auf dem Newskij-Prospekt pulsiert rund um die Uhr das Leben.

In Litauen – der Biker ist von Schloss Ruhental (o) ebenso fasziniert wie vom Berg der Kreuze in Schaulen (Šiaulai) (u).

Geheimnisvolle Höhlen im slowenischen Karst

Die Fat Boy posiert am Tartini-Platz in Piran

Piran an der slowenischen Adria hat beinahe den Flair Venedigs – und lädt zum Träumen von weiteren Biker-Abenteuern ein.

Außer ein paar Betonstümpfen, auf denen Flugabwehrkanonen ohrenbetäubend wummerten, erinnert nur wenig an den Untergang von Balga am 28. März 1945. Wir gingen weiter, folgten einem fast zugewachsenen Pfad auf einen Hügel mit dem Grab eines am 19. Februar 1945 gefallenen russischen Soldaten. Auf dem schlichten Holzkreuz mit russischer und deutscher Inschrift lesen wir: »Dieses Kreuz ist ein Erinnerungsmal für die Kriegsopfer des deutschen und russischen Volkes und gleichzeitig ein Symbol für die deutsch-russische Versöhnung und Freundschaft. Stellvertretend für die beiden Völker: die Schülerinnen und Schüler sowie Lehrer des Pascal-Gymnasiums in Grevenbroich/Deutschland und Schülerinnen und Schüler sowie Lehrer der Schule Nummer 31 in Kaliningrad/Russland«.

Eine großartige Geste der Versöhnung. Wir setzten uns zwischen hohe Brennnesseln auf den Boden und blickten über Balga. Selten zuvor war ich innerlich berührter als hier. Balga ist ein bewegendes Mahnmal wider den Wahnsinn des »1000-jährigen Reiches«.

Wenige Monate nach unserer Rückkehr entdecke ich zusammen mit meiner Mutter im Nachlass meines Vaters, dass er in der Nacht vom 28. auf den 29. März 1945 in Balga dabei war, und zwar in jener 4. Armee, über die ich in der *Geschichte der 170. Infanteriedivision* bei der Recherche zu diesem Buch gelesen hatte: »In tiefem Schweigen standen viele Tausende von Soldaten am Wasser und harrten der Ankunft der Schiffe. Inzwischen war es vier Uhr 30 geworden. Im Nordosten färbte sich der Himmel, die Dunkelheit der Nacht wich der Morgendämmerung. Dunkel hob sich die Silhouette der alten Ordensburg von Balga gegen den heller werdenden Horizont ab.

In aller Ruhe, geordnet wie bei einer Verladeübung, zogen die Reste der Regimenter, Abteilungen und Bataillone über die Landungsstege an Bord der Schiffe. Mit zunehmender Helligkeit kam dichter Nebel auf, der das Übersetzen auch vor der Luftwaffe des Gegners verbarg. Um sechs Uhr war die Verladung beendet.

Spähtrupps suchten die Ufer nach Versprengten ab, holten noch einige in den Löchern eingeschlafene Soldaten an Bord, und um sechs Uhr 30 legte das letzte Fahrzeug vom Steg ab. Balga wurde dem Gegner überlassen.«

Die eher sporadischen handschriftlichen Notizen meines Vaters in seinem kleinen blauen Taschenkalender mit der Jahreszahl 1945 besagen, dass er an jenem Morgen um vier Uhr 41 ablegte, um sieben Uhr 30 am Frischen Haff ankam und sofort den Befehl zur letzten Schlacht um Pillau erhielt.

Er kam durch. Am 7. Mai bestieg er mit den Überlebenden seiner Division und zivilen Flüchtlingen in Hela das allerletzte Kriegsschiff nach Kiel. Wer dieses Schiff nicht erreichte, kam in russische Gefangenschaft. Am 8. Mai erlebte mein Vater auf der Ostsee die Kapitulation. Dazu heißt es im Divisionsbericht:

»Auf den Decks versammelten sich die letzten Männer der Division ... Generalleutnant Hass gedachte in einer kurzen Ansprache der Opfer, die sechs Jahre Krieg gefordert hatten. Langsam ging die Reichskriegsflagge nieder.«

Mein damals 22-jähriger Vater gehörte zu denen, die Hitlers Verbrechen und den Wahnsinn des Krieges im »Heiligenbeiler Kessel«, in Balga und Pillau überlebt hatten. Vor dem Antritt unserer Reise ahnte ich nicht, dass dies auch eine sehr persönliche Entdeckungsreise werden würde.

In unseren Unterlagen befand sich die Adresse von einem gewissen Jewgenij Snegowskij in Palmnicken (Jantarnyj), die uns ein Landsmann nach einem Besuch der Bernsteinküste mit bester Empfehlung übergeben hatte. Jewgenij, ein Deutsch sprechender Russe, sei mit dem Königsberger Gebiet und der ostpreußischen Vergangenheit besser vertraut als irgendeiner sonst.

Unser Bekannter nannte Jewgenij »Eugen«. Das überraschte mich. Wir hatten uns telefonisch mit Jewgenij verabredet, und er hatte uns eine handschriftliche Anfahrtsbeschreibung zugefaxt, die in unserem Tankrucksack steckte.

Das war gut zu wissen, denn es wurde dunkel, und der Regen fiel heftiger. Nur einmal stoppte ich neben der Durchgangsstraße, und zwar in Bladiau, wo ich einen drei Meter hohen Findling neben der Straße sah, in den unter einem schwarzen Kreuz die deutschen Worte »Die Heimat den Helden 1914–1918« in Granit gemeißelt waren. Eine der ältesten und wuchtigsten Wehrkirchen Ostpreußens hingegen war bis auf die Grundmauern verschwunden.

In diesem Moment bemerkte ich, wie ein mit zwei Männern besetztes Motorrad quer über die Hauptstraße auf uns zuknatterte. Der Fahrer stoppte seine Seitenwagenmaschine, zwei Mittzwanziger stiegen ab, grüßten und erstarren in Ehrfurcht vor der Harley. Keiner von uns beherrschte die Sprache des anderen, aber wir konnten uns trotzdem verständigen. Technische Daten wurden ausgetauscht; ich schrieb mit dem Zeigefinger die Zahl 1338 in die Regentropfen auf meinem Tank und sagte: »Kubik!« Sie verstanden, kritzelten 375 auf den feuchten Erdboden. Multipliziert mit zwei Zylindern, ergäbe das 750 Kubik, so viel wie die alte Wehrmachts-BMW, die später als »Ural« in der Sowjetunion nachgebaut wurde.

Wir folgten Jewgenijs präziser Beschreibung durch das ehemalige Königsberg: »Von der Grenze immer geradeaus bis zum alten Brandenburger Stadttor.« Jewgenij hatte ein mittelalterliches Tor mit zwei Durchlässen skizziert. Juliana hielt den Zettel in der Hand, Regen matschte ihn fast zu Papiermaché. Meine volle Konzentration galt dem buckligen, extrem glitschigen Kopfsteinpflaster.

»Jetzt nach links«, hörte ich ihre Stimme über Kopfhörer. Das Pflaster wurde noch unebener, mit tiefen Löchern voller Wasser, und über tückisch hochstehende Straßenbahnschienen lenkte ich die Harley nach links in Richtung Innenstadt.

Die Straße wurde breiter, gleichwohl fuhren die Busse kaum schneller als 20 Stundenkilometer. Grauschwarze Dieselwolken umnebelten uns, und doch hielt ich mich im Schatten dieser gemächlich durch die Stadt kriechenden Stinker. Das erlaubte mir einen ersten, vorsichtigen Blick auf das einstige Königsberg, doch ich sah nur eine riesige elektronische Leinwand, über die Werbefilme flimmerten. Auf der Gegenfahrbahn rollte eine Autolawine heran: alles ältere Mercedes-Diesel der Achtzigerjahre, viele ohne Nummernschilder, manche mit blauen Scheinwerfern, einige Lichter waren gelb. Wer Abwechslung liebt, steckt in den einen Scheinwerfer eine gelbe Birne, eine blaue in den anderen. Aber schwarze Dieselwolken pafften sie alle.

Die Straße wurde besser, wir hatten die Innenstadt erreicht. Zwischen gesichtslosen Wohn- und Geschäftshäusern plötzlich der im Dämmerlicht nur schemenhaft erkennbare Dom zu Königsberg, dann die Wasserarme des Pregel.

»Von der Innenstadt immer geradeaus bis zum Schild nach Rauschen: ›Svetlogorsk‹ hatte Jewgenij gefaxt. »Ganz in der Nähe ist euer Ziel, Jantarnyj, das einstige Palmnicken.«

Palmnicken, damals wie heute die Metropole der legendären Bernsteinküste, ernüchtert auf den ersten Blick. Hässliche Plattenbauten, ausgefahrene Wege. Doch als wir das eiserne Gartentor mit dem freundlich wirkenden Einfamilienhaus dahinter sahen, war uns klar, dass wir angekommen waren. Licht brannte. Durch das offene Fenster sah ich einen Mann am Wohnzimmertisch sitzen. Er las. Ich klopfte an die Haustür. Da fiel mein Blick auf ein kleines Schild neben dem Eingang, und ich musste lächeln: »Fünf sind geladen, zehn sind gekommen. Gieß Wasser auf die Suppe und heiß sie willkommen!«

17 Kaliningrad – mit der Harley durch ein (un)bekanntes Land

»Willkommen, ich bin Eugen«, sagt Jewgenij auf Deutsch und bittet uns ins Wohnzimmer. Drinnen ist es so gemütlich wie in Omas guter Stube der Siebzigerjahre: geblümte Tapete, Rüschengardine, eine schwarz-rot-goldene Fahne mit dem Aufdruck »Deutscher Basketball-Bund«. Familienfotos, in der Ecke eine Gitarre, daneben das prall mit deutscher Literatur gefüllte Bücherbord. »Hauptsächlich über Ostpreußen«, betont Jewgenij stolz und zeigt dann lächelnd auf eine Frau mit Bubikopf, die aus der Küche auf uns zukommt: »Das ist meine Frau Ludmilla.« Beim Abendessen steht nicht etwa das russische Nationalgericht Borschtsch auf dem Tisch, sondern Königsberger Klopse. Und während wir schmausen, lernen wir zwei Menschen kennen, die uns am Ende dieses aufwühlenden Tages das Gefühl vermitteln, zu Hause zu sein.

»Unser Wohnhaus war eines der typischen ostpreußischen Häuser für Arbeiter im Bernsteinabbau«, erzählt Jewgenij. Als er es das erste Mal sah, waren die Wände schwarz und untapeziert. Das Haus war damals im Grunde unbewohnbar – niemand hatte seit 1945 auch nur einen Rubel hineingesteckt. Doch da der Preis stimmte, kauften und renovierten Ludmilla und Jewgenij es.

»Ich bin nun mal kein Stadtmensch«, bekennt Jewgenij. Ich frage, ob er vom Land komme. »Nein!«, lacht er. »1959 stand meine Wiege mitten in Moskau.«

Wie er denn nun richtig heiße, Eugen oder Jewgenij? Wieder dieses fröhliche Jungenlachen: »Laut Pass Jewgenij, aber da ich Deutsch spreche, lese und sogar auf Deutsch träume, nennen mich meine Freunde auch Eugen, was dem russischen Jewgenij entspricht.«

Während seines Militärdienstes lernte er Ludmilla kennen, später ließen die beiden sich in Palmnicken nieder. Drei eigene Kinder wurden geboren, vier weitere adoptiert.

»Soja, unsere Älteste, ist in Weißrussland verheiratet, der 27-jährige Soltan wohnt hier bei uns, und die 16-jährige Jewgenija lebt zurzeit in München«, gestattet uns unser Gastgeber einen kleinen Einblick in seine Großfamilie.

Seit 1991 ist Jewgenij als Reiseleiter für deutsche Reiseunternehmen tätig, doch da diese Tätigkeit sich hauptsächlich auf die Sommermonate beschränkt, paukt er im Winter Deutsch und Englisch in die Köpfe einiger interessierter Schüler hier. Trotzdem bleibt noch Zeit für Hobbys: den Kirchenchor, das Heimatmuseum und die Palmnicker Kirche.

»Schade«, sagt er, »ich habe gerade einen Auftrag bekommen, morgen eine Reisegruppe durch Pillau zu führen. Das wäre auch etwas für euch gewesen.« Doch um für uns noch eine Spezialgenehmigung zu organisieren, reiche die Zeit nicht mehr. »Pillau ist als Standort des Oberkommandos der Baltischen Flotte noch immer eine der wichtigsten Marinebasen Russlands. Da geht leider kein noch so informeller Besuch ohne Bürokratie ab.«

Ich erinnere mich: Anfang 1945 war Pillau der größte Fluchthafen der Weltgeschichte, 625 000 Menschen flüchteten von hier aus in den Westen.

»Viele der Gäste in meinen Reisegruppen waren damals dabei«, berichtet Jewgenij. »Wieder hier zu sein, wühlt bei ihnen vieles auf, obwohl im heutigen Baltijsk das alte Pillau kaum wiederzuerkennen ist. Nachdem die Stadt von der Roten Armee eingenommen worden war, blieb kaum mehr als der rotweiße Leuchtturm stehen.«

Ob es sich nicht für ihn rechnen würde, selbst ins Touristikgeschäft einzusteigen, frage ich. Schließlich bringe er doch beste sprachliche Qualifikationen mit.

Klar, sagt er. Das Kaliningrader Hinterland sei ein Paradies zum Paddeln und die weiten Wälder und Strände ein Outdoor-Refugium.

»Aber wir hatten einen Bekannten, der eine Pferdepension und einen Reiterhof betrieb. Es heißt, die Mafia habe sich sehr dafür interessiert. Erst starben seine Pferde«, sagt Ludmilla nachdenklich, »dann unser Bekannter. Das kann natürliche Gründe haben ... muss aber nicht.«

Außerdem erfordere ein eigenes Unternehmen viel Startkapital. Wie solle man das bei den rasant steigenden Kosten hinkriegen? Viele im Lande könnten jetzt schon nicht mehr mithalten. »Ein Junglehrer verdient 1000 Rubel im Monat, also etwa 34 Euro; ein älterer Lehrer das Dreifache. Aber auch das sind gerade mal 100 Euro. Und die Supermarktpreise entsprechen denen in Westeuropa«, gibt Ludmilla zu bedenken. Früher sei es für junge Leute gang und gäbe gewesen, eine Wohnung anzumieten, wenn sie einen Hausstand gründen wollten; heute sei das durch die Situation auf dem Wohnungsmarkt praktisch unmöglich geworden. Man müsste Eigentum erwerben, aber dafür fehle das Geld.

Ludmilla tippt auf die Immobilienseite der Tageszeitung, in der zu meiner Verblüffung alle Wohnungspreise in Euro angegeben sind.

»Hier: eine 2-Zimmer-Eigentumswohnung in Kaliningrad für 40 000 Euro, und die 4-Zimmer-Wohnung mit 95 Quadratmetern liegt bei 78 000 Euro.« Da Einkommen und Kosten hier immer weiter auseinander drifteten, versuchten viele junge Leute im Westen ihr Glück. In den beliebten Seebädern Cranz (Selenogradsk) und Rauschen hätten sich Investoren aus Moskau und St. Petersburg eingekauft und die Preise in schwindelerregende Höhen getrieben. Auch in Kaliningrad gehöre heute jede vierte Wohnung einem fernen Moskauer Investor.

Jewgenij griff nach der Flasche mit dem russischen Nationalgetränk, schraubte den Verschluss auf und goss Wodka ein. »Aber wir lassen uns die Stimmung nicht vermiesen! Zum Wohl!«, sagte er und hob das Glas. »*Na sdarówje!*«, sagten wir.

Wir bezogen das abseits vom Haupthaus gelegene Gästehaus, einen umfunktionierten Schuppen. Nebenan, in Jewgenijs Garage, parkte unsere Harley. Noch lange vernahmen wir die Stimmen junger Leute, die auf dem Waldweg zwischen Haus und Ostsee bummelten. Dann wurde es still. Nicht mal das Rauschen der Brandung war zu hören. Ich war noch zu bewegt, um schlafen zu können, und dachte über unser neu aufgeschlagenes Reisekapitel nach.

Mit knapp 14 000 Quadratkilometern ist Kaliningradskaja Oblast etwas kleiner als Schleswig-Holstein und umfasst das ehemalige nördliche Ostpreußen ohne das einstige Memelland. Im Norden und Osten stößt es an Litauen, im Süden an das polnische Ermland und Masuren. Die Ostsee mit Kurischem und Frischem Haff begrenzt es im Westen.

»Die EU hat uns heute buchstäblich umzingelt«, klangen mir Jewgenijs Worte im Ohr. »Das russische Kernland erreichst du nur nach langer Reise über Litauen und Lettland beziehungsweise Litauen und Weißrussland. Und seit unsere Nachbarn zur EU gehören, brauchen wir sogar für eine Reise nach Moskau ein Visum.«

Die Sonne brannte. Ich lag vor unserem Gästehäuschen im Gras und studierte die große Straßenkarte. Während auf vergleichbarer Größe in Schleswig-Holstein knapp drei Millionen Menschen leben, sind es hier weniger als eine Million, und von denen ist knapp die Hälfte in Kaliningrad zu Hause. Die übrigen »großen« Städte – Tilsit (Sovjetsk), Insterburg (Tschernjachovsk) und Gumbinnen (Gusev) – sind vergleichsweise klein. Mit den russischen Namen tat ich mich noch sehr schwer. Selbst Jewgenij ging es so. »Dazu gibt es keine historische Beziehung«, sagte er. »Tilsit trug 500 Jahre diesen Namen und hat erst seit 60 Jahren den russischen Namen ›Sovjetsk‹.«

»Einsame Motorradrouten gibt es bei uns genug!«, hatte Jewgenij geschwärmt. Wir wollten ihn beim Wort nehmen. Aber Juliana suchte etwas ganz Bestimmtes auf der Karte. »Wo ist Labiau?« Wir steckten die Köpfe zusammen und fanden den Ort mit dem heutigen Namen Polessk halbwegs zwischen hier und Tilsit. »Lass uns dort hinfahren«, sagte Juliana.

1918 wurde unsere Tante in dem kleinen Dorf Pogarben bei Labiau unweit der Straße Königsberg–Tilsit geboren. Später zog sie nach Königsberg, von wo sie am 24. Februar 1945 mit ihrer Mutter flüchtete. Ihr Herz aber hing Zeit ihres Lebens an Ostpreußen, und Zeit ihres Lebens hegte sie eine tiefe Abscheu gegen diejenigen, die ihr junges Familienleben zerstört und sie von hier vertrieben hatten. Ihren Mann hatten die Nazis umgebracht, ebenso ihren Vater. Ihr Kind starb während der Kriegswirren. Dann stand sie in Königsberg im Feuer britischer Brandbomben und bald darauf im Zentrum russischer Angriffe. Als sie nach wirrer Odyssee von Pillau über Gotenhafen und Dänemark im April 1945 mit dem Flüchtlingsschiff *Pelikan* im schleswig-holsteinischen Eckernförde ankam, war sie todkrank. Ihre Mutter starb. Nach alledem hätte ich eine tiefe Verbitterung erwartet, aber wie Millionen anderer gelang es ihr, die Schrecken der Vergangenheit äußerlich zu verdrängen und das neue Leben zu bejahen. Sie bewahrte sich ihren hintergründigen Humor und liebte ostpreußische »Schnacks«, Geschichtchen und Anekdoten aus der Heimat. Sie sprach immer von »Dittchen«, dem Zehnpfennigstück – weil die Fähre im Königsberger Hafen einen Zehner kostete, hieß sie nur »Dittchen-Fähre«. Juliana war für sie das »Marjellche«, das Mädchen. Wir liebten ihren ostpreußischen Akzent.

Wie gerne hätte ich unserer Tante geschrieben – von hier, jenem ihr bekannten und doch so unbekannten Land …

Liebe Tante,
es war Mittag, unsere Mägen knurrten, als wir, von Palmnicken kommend, Rauschen erreichten. An einem Flachbau mit großen Fenstern stoppte ich, drinnen war ein Lebensmittelladen. Ungewohnt, jede Verkäuferin verkaufte ihre Ware auf eigene Rechnung. Ich zahlte für Milch und Joghurt bei der einen, für das Gebäck bei der Zweiten und bei der Dritten das Täfelchen Schokolade für den Nachtisch. Zur Harley zurückgekehrt, verriet mir Juliana, dass es spannend gewesen sei zu beobachten, wie geschickt die Autofahrer das riesige Schlagloch in der Straßenmitte umkurvten. Es klappte auch deshalb so gut, weil ein freundlicher Zeitgenosse einen langen grünen Zweig als Warnung hineingesteckt hatte.
Der Liter Milch für umgerechnet 1,50 Euro und der Joghurt für 30 Cent erschienen uns vergleichsweise teuer. Vielleicht sparen die Menschen deshalb an den Auspuffen ihrer Autos. Qualm verpestete die Luft. Ein Greis schlurfte in ausgelatschten Schuhen vorüber, eine Babuschka, ein altes Mütterchen mit geblümtem Kopftuch, einfachem Kleid und einer groben Strickjacke, ging gebückt am Stock zum Bus-Wartehäuschen, wo sie sich schwer atmend ausruhte. Die Alten wirkten ärmlich. Gerade hier im Seebad Rauschen war das eine zum Himmel schreiende Diskrepanz zu den aufgemotzten Geländewagen mit schwarz getönten Scheiben, mit denen sich der neue russische Geldadel schmückt.
Auch anderes ist ungewohnt: Zum Beispiel, dass es an Tankstellen Vorkasse gibt. Aber offenbar sahen wir vertrauenswürdig aus, denn die Kassiererin gab mir durch Handzeichen zu verstehen, dass sie die 98-Oktan-Säule vorab freischalten würde.
Liebe Tante, ich weiß, dass du beim Wochenendausflug ans Meer gern im Samland-Dorf Pobethen auf eine Tasse Kaffee

und ein Stück Kuchen angehalten hast. Pobethen heißt heute Romanovo. Vor dem zehn Meter breiten russischen Ehrenmal für gefallene Soldaten liegen acht Kränze mit bunten Papierblumen. Ein zweijähriger Knirps rattert mit seinem Plastikdreirad über Pflastersteine, zwischen denen Gras sprießt.
Über dem Portal der ältesten ermländischen Kirche stehen nur noch kümmerliche Dachreste. Allein der Storch besucht regelmäßig die Kirche, um zu seinem Nest auf dem einzigen noch erhaltenen Schornstein zurückzukehren.
Der Außenputz der Kirche, in der ein Pastor namens Abel Will den Katechismus in die altpreußische Sprache übersetzte, ist abgebröckelt. In der 60 Meter langen Ruine sieht man noch die Feld- und Klinkersteine, aus denen die Kirche einst bestand. Wir bahnen uns unseren Weg über zerbrochene Ziegel und durch wucherndes Gras. Im Portal, wo der Kirchendiener von den Gemeindemitgliedern die Kollekte einsammelte, ein rotbrauner Hahn. Seine fünf Hennen fest im Blick, beäugt er uns misstrauisch. Aber schon sind wir drinnen und hoffen, dass der Dachfirst nicht gerade jetzt einstürzt.
Die Dielen verschwunden, der Erdboden mit Flaschen, Chipstüten und Exkrementen übersät. Brennnesseln wuchern im Kircheninneren. Es stinkt. Holunder macht sich breit, eine Birke klettert sechs Meter hoch. Neben einem Kirchenfenster Fragmente von Bibelszenen in Rot, Gelb, Ocker und Grün. Maria und andere mit Heiligenschein. Aber all das half nichts …
Das Herz Pobethens schlägt nicht mehr.
Vielleicht kennst du das Haus mit dem hübschen Balkon. War es dein Restaurant? Das Gebäude mit dem holzverzierten Giebel lässt einen gewissen Wohlstand ahnen. An einem anderen Haus mache ich das verblichene deutsche Wort »Fleischwaren« aus. Das Haus des Dorfmetzgers! Wie alle anderen vor

1939 erbauten Häuser ist es unbewohnt, Gras zwängt sich aus den Ritzen der Eingangstreppen, auf die kein Fuß mehr tritt. In Romanovo stoppt man nicht mehr.

Wir flogen über die gut ausgebaute Straße nach Osten Richtung Labiau und genossen das Knattern des erfrischenden Windes. Das Kurische Haff lag kaum mehr als einen Steinwurf entfernt im Norden.

Das ist deine Straße, auf der du nach Königsberg fuhrst. Und so vertraut wie das Bild, das du uns maltest, war das Bild durch das wir fuhren: ein endloses Getreidemeer, auf dem ein Mähdrescher mit der Aufschrift »Erntemeister« das Korn schnitt, presste und in Ballen ausspie. Hinter ihm pickten 17 hungrige Störche!

Am einstigen Groß Legitten fuhren wir vorbei, obwohl hier Napoleons Nichte und eine Freundin Goethes begraben liegen. So wie die alte Kirche zerfiel, verschwanden auch ihre Gräber.

Die Fundamente der 700-jährigen Pfarrkirche, in der du konfirmiert wurdest, tragen heute eine erbärmliche Mietskaserne. Gleich hinter »deinem« Labiau parkte ich die Harley an der Deime-Brücke. Hier könntest du Szenen wie damals sehen: Eltern, die mit Kindern am Ufer spielen, Seerosen, die als weiße Tupfer auf der Oberfläche des im Nachmittagslicht stahlblauen Flusses schwimmen. Im leichten Wind tuschelte und tanzte das Schilf. Und wo die Deime in das Kurische Haff mündet, bedeckte eine riesige weißgraue Wolke den Himmel. Auf unserer Karte steht dein Geburtsort Pogarben in Klammern. Pogarben existiert nicht mehr.

Wir folgten lauschigen Feld- und Waldwegen. Und wir meinten dich zu sehen, wie du vor langer, langer Zeit mit deinem Lieblingspferd Liese über diese Wege trabtest. Nicht weit von

uns standen Gehöfte. War vielleicht dieses oder jenes dein Elternhaus?
Während der Rückfahrt ging die Sonne unter. Die im Westen stehenden Lindenbäume huschten wie leichtfüßige Gnome vor dem blutroten Abendhimmel entlang. Die Störche von vorhin saßen längst satt und zufrieden in ihren Nestern. Außer uns war kein Reisender auf der Straße durch dein so unbekanntes Land.

Dein Marjellche, dein Dieter.

18
Königsberg – Stadtbummel zwischen gestern und heute

»Ein paar Dutzend Fotos mit Braut und Bräutigam an markanten Punkten gehören am Hochzeitstag einfach dazu!« Jewgenij lenkte seinen betagten rotbraunen Mercedes-Diesel auf den Parkplatz neben dem grünen Panzer mit der Nummer 504 und dem roten Sowjetstern. Blumensträuße lagen auf dem kalten Metall.

»Von einem deutschen Landser am 7. April 1945 mit einer Haftmine geknackt, vier Soldaten starben, aber für die heutige Generation ist dieser T34 ein begehrtes Fotomotiv«, erläuterte Jewgenij. An Wochenenden gebe es bei den Hochzeitsgesellschaften schon mal Warteschlagen. »Wer an der Reihe ist, köpft ein paar Flaschen Krimsekt, fotografiert sich und steckt auch schon mal einen Blumenstrauß in das Kanonenrohr.«

Bei Regen und Dämmerlicht erlebte ich am Abend unserer Ankunft eine graue und triste Stadt. Bei Sonne lächelt auch Kaliningrad. Doch das alte Königsberg finde ich nicht mehr.

Auf dem Sowjet-Prospekt fuhren wir Richtung Innenstadt. Früher hieß diese Straße Fuchsberger Allee, dann trug sie den Namen des Reichskanzlers Stresemann, unter den Nazis den der NS-Größe General Litzmann.

»Systematisch tilgten die Sowjets in den Sechzigerjahren jede Erinnerung an das Preußentum, hinter dem sie den Aggressor des Zweiten Weltkriegs sahen. Preußen stand für den deutschen ›Drang nach Osten‹«, erzählt Jewgenij. Auch das Königsberger Schloss war ein Symbol für Preußen und musste deshalb weichen. »Obwohl viele Bewohner damals die Hände in den Taschen zu Fäusten ballten, sprengte man es 1969 auf höchsten Moskauer Befehl – ein Wahnsinn, denn hier lebten die Hochmeister des Deutschen Ordens, hier krönten sich 1701 Friedrich I. und 160 Jahre später Wilhelm I. zu preußischen Königen. Hier war Zar Peter I. zu Gast.« Jewgenij schmunzelte. »Es gibt übrigens nicht wenige Russen, die einen Wiederaufbau des Königsberger Schlosses befürworten.« Die eigentümliche Ambivalenz bei der Bewertung der Vergangenheit war uns bereits aufgefallen. Man warb zwar überall auf Werbetafeln für 750 Jahre »Kaliningrad«, doch darunter prangten tolle historische Originalfotos der 1945 untergegangenen Stadt »Königsberg«.

»Für die heutigen Bewohner ist natürlich Kaliningrad Heimat und Zuhause«, sagte Jewgenij ernst. »Aber 690 Jahre lang hieß die Stadt Königsberg und hat – ob meine Landsleute es mögen oder nicht – als solche eine bedeutende Vergangenheit. Viele wissen gar nicht, dass Michail Iwanowitsch Kalinin, nach dem die Stadt heute benannt ist, für das Massaker von Katyn verantwortlich zeichnete, bei dem 1940 Tausende polnische Offiziere von Russen ermordet wurden.«

Jewgenij parkte seinen alten Wagen auf dem Parkplatz eines hypermodernen Shopping-Komplexes gegenüber dem mächtigen Dom.

Wir überquerten die ehemalige Lindenstraße, dann einen Pregelarm und waren plötzlich in der von allen vier Seiten von Wasser umschlossenen Altstadt Kneiphof, in der einst das Königsberger Leben pulsierte. Aber keines der alten Häuser stand mehr.

»Die 750-Jahr-Feier brachte Kaliningrad gewaltige Impulse. Straßen wurden ausgebessert, Häuser neu gestrichen, und selbst das Haus der Räte, ein Betonklotz, der seit 30 Jahren als ungenutzte Bauruine die Innenstadt verschandelt, bekam plötzlich etwas ›Schminke‹. Warum? Weil Moskau für Kaliningrad ein Facelifting anordnete. Schließlich wollte Präsident Putin seinem Freund Gerhard Schröder sowie Staatspräsident Chirac mit Kaliningrad ein modernes, nach Westen gerichtetes Fenster zeigen. Selbst Lenin räumte dafür seinen Sockel am Platz des Sieges.«

Wir waren jetzt auf der Rückseite des Doms.

Das Herz Königsbergs, mit den früher selbständigen Städten Altstadt, Löbenicht und Kneiphof, wurde 1944 durch britische Brandbomben in Schutt und Asche gelegt. Die Erstürmung durch die 3. russische Armee und die anschließende Siegesorgie erledigten den Rest.

»All dies war mal eng besiedelt«, Jewgenij machte eine ausladende Handbewegung, »an verschwundenen Straßen mit Namen wie Dom-, Fleischbänken-, Brodbänken-, Magister- und Pregelstraße lebten die Königsberger. Alles weg …

Das historische Königsberg.

Nach der Zerstörung planierte man die Reste der Innenstadt und überbaute sie. Was noch stand, riss man in den nachfolgenden Jahrzehnten ab.« In vielen Kellern seien gewiss noch Zeugnisse der Königsberger Vergangenheit. Jewgenij zuckte die Schultern. »Vielleicht liegt in einem der Schlosskeller noch das von den Nazis in St. Petersburg geraubte Bernsteinzimmer ...«

»Wie hast du dich gefühlt, als du den Dom das erste Mal sahst?«, fragte ich Jewgenij.

»Ich war tief bewegt. Es war 1982, und ich trat meinen Dienst als Offizier der Baltischen Marine an. Ich sah eine mächtige ausgebrannte Ruine, die Mauern schwarz, tote Fensterhöhlen, es gab weder ein Dach noch die heutige Uhr und auch keinen Helm auf dem Turm. Ein trauriges Bild. Gras wuchs im Inneren. Überall verstreute Grabplatten, die Räuber auf der Suche nach vermeintlichen Schätzen herausgerissen hatten. Dazwischen menschliche Gebeine ... vielleicht waren es die sterblichen Überreste preußischer Könige!«

Der Wiederaufbau des Domes begann 1995. Ein ehemaliger russischer Oberst der Bautruppen namens Igor Odinzow habe die Bauarbeiten geleitet, berichtete Jewgenij, doch ohne das viele Spendengeld aus Deutschland wäre der Wiederaufbau nie möglich gewesen.

»Die Kaliningrader Gesellschaft ist bei solchen internationalen Aktivitäten gespalten. Viele befürworten eine stärkere Orientierung nach Westen – oder sogar einen Sonderstatus innerhalb der EU. Aber dann gibt es die Betonköpfe, die Ostpreußen nach wie vor als das größte Beutestück des ›Großen Vaterländischen Krieges‹ sehen und das Gespenst einer neuen ›Germanisierung‹ an die Wand malen. Bei noch größerer Anlehnung an den Westen wittern die Separatismus.«

Vor dem kunstvollen schmiedeeisernen Tor, hinter dem sich das Grab mit der Aufschrift »Immanuel Kant, 1724–1804« befindet, blieben wir neben anderen Besuchern stehen. Eine frische rote Rose steckte zwischen den geschlossenen Torflügeln. Hatte sie ein Russe, ein Deutscher oder ein Besucher anderer Nationalität dorthin gesteckt? Egal, Kants Erkenntnisse gehören der ganzen Welt. Während der 750-Jahr-Feier von Königsberg/Kaliningrad enthüllten Präsident Putin und Ex-Kanzler Schröder eine Gedenktafel für diesen berühmten Königsberger, nach dem die Kaliningrader Hochschule benannt ist.

»Kant formulierte mit seinem ›Kategorischen Imperativ‹ die höchste Norm der Ethik: ›Handle so, dass die Maxime deines Willens jederzeit zugleich als Prinzip einer allgemeinen Gesetzgebung gelten könnte‹«, erinnerte Jewgenij. »Kant ist für mich der größte Sohn Ostpreußens. Und nur vor dem Hintergrund der preußischen Tugenden ist seine zeitlose Wertvorstellung zu verstehen. Diese Werte verkörperten auch Stauffenberg und die Männer des 20. Juli 1944.«

Das sagt ein Russe, der zur Zeit des Kalten Krieges als Offizier der Sowjetarmee im Geist des Marxismus-Leninismus groß wurde. Ich hätte Jewgenij gerne genauer zu seinem Leben befragt, aber er war schon mittendrin im nächsten Thema:

»In jener Nacht vom 28. auf den 29. August 1944, als britische Flieger Phosphorbomben regnen ließen, geschah ein Wunder. Während ringsherum alles in Schutt und Asche versank und der Dom brannte, blieb Kants Grab nahezu unversehrt. Fast hätte man es später geschliffen. Aber es gab einige, die sich unverdrossen für den Erhalt der Reste des alten Königsberg einsetzten, auch wenn es beim Schloss nicht geklappt hatte. Ihr Argument, der Philosoph Kant sei schließlich ein Wegbereiter des wissenschaftlichen Marxismus-Leninismus gewesen, zog.«

Das Angebot in dem Shopping-Center auf der Rückseite des Doms unterscheidet sich nicht von dem seiner westlichen Pendants. Natürlich machte es Spaß, hier zu bummeln und zu schauen. Wir kauften ein paar Dinge für die Weiterreise und zahlten Preise ähnlich denen daheim. Es gebe hier genug Leute, die genügend Geld dafür hätten, sagte Jewgenij.

Aber wie ist das bei einem durchschnittlichen Monatseinkommen von umgerechnet 180 Euro möglich? Jewgenijs Antwort: »Schwarzarbeit. Mehr als die Hälfte unserer Bevölkerung kriegt ihren Lohn inoffiziell.«

Zum Auto zurückgekehrt, beschlossen wir, den Weg nach Palmnicken mit einem kleinen Stadtbummel zu verbinden. Zunächst befuhren wir den breiten Moskau-Prospekt. »Moskau liegt nur 1200 Kilometer entfernt«, erklärte Jewgenij den Straßennamen. Im Übrigen sei Kaliningrads Stadtbild der Architektur Stalingrads nachempfunden. Dort wie hier schob man die Kriegstrümmer zur Seite und baute gerade, breite Straßen, so wie in Moskau.

Wir waren kaum gestartet, als Jewgenij an die Fensterscheibe tippte und nach oben zeigte: »Seit man feststellte, dass mit der Statik einiges nicht stimmt, ist diese Brücke eine Bauruine. Man hatte den sumpfigen Grund nicht berücksichtigt. Zurück blieb eine ›Unvollendete‹.«

Ganz anders das Sackheimer Tor, durch das die »Reichsstraße 1« nach Osten führte und das wie die meisten alten Königsberger Stadttore den Krieg wundersamerweise überstand. Hier drängten sich nach der Kapitulation Königsbergs 42 000 deutsche Kriegsgefangene und warteten auf den Marsch in eine finstere Zukunft.

»Wir sind jetzt in der Litauer Wallstraße und erreichen gleich das Königstor, durch das die Straße nach Tilsit führte«, unterbrach Jewgenij meine Gedanken.

Es gibt ein Bild von General Otto Lasch, dem »Festungskommandanten« von Königsberg, wie er hier mit seinen Offizieren am 10. April 1945 in russische Gefangenschaft geht. Entgegen ausdrücklichem Befehl Hitlers hatte Lasch am Tag zuvor kapituliert, um in auswegloser Lage nicht sinnlos weitere Menschen in den Tod zu treiben. Denn 35 000 Soldaten standen 250 000 angreifende Rotarmisten gegenüber. Hitler tobte und ließ im deutschen Wehrmachtsbericht vom 12. April 1945 verkünden: »General der Infanterie Lasch wurde wegen feiger Übergabe an den Feind durch das Kriegsgericht zum Tode durch den Strang verurteilt. Seine Sippe wird haftbar gemacht.«

General Lasch standen stattdessen zehn Jahre russische Kriegsgefangenschaft bevor.

Wir stiegen aus, um das zur 750-Jahr-Feier aufwändig restaurierte Königstor zu bestaunen. »Den Skulpturen von Ottokar von Böhmen, Herzog Albrecht und König Friedrich I. waren im Siegestaumel die Köpfe weggeschossen worden«, wusste Jewgenij. »Doch dank des frischen politischen Windes aus Moskau erhielten sie in diesem Jahr ihr altes Aussehen zurück.«

Trotz solch hübscher Mosaiksteine und einiger schöner Villen im ehemaligen Vorort Amalienau sucht man das alte Königsberg vergebens. Auf seinen Trümmern steht eine neue Stadt, in der eine neue Generation lebt, die mit den Gräueltaten beider Seiten nichts zu tun hat. »Kaliningrad verbindet Ost und West«, sagte Jewgenij. »Darauf bauen viele Menschen hier.«

In einer Stadt mit der Geschichte Kaliningrads muss der »Platz des Sieges« eine bombastische Angelegenheit sein, stellte ich mir vor. Wie froh war ich, dass das protzige Stalin-Denkmal hier schon vor Jahren durch »Mütterchen Russland« ersetzt worden war. Und ohne Lenin war der Platz auch viel schöner. Besonders gut gefielen mir die jungen Menschen. Heute ist der Platz des Sieges ein denkbar ungeeigneter Platz für Aufmärsche und Paraden. Dafür er er denkbar geeignet zum Inlineskaten, Flanieren, Flirten und zum Schauen.

Vor allem die Jugend hatte sich an diesem Spätnachmittag eingefunden. Auf der steinernen Sitzbank am großen runden Springbrunnen saßen zwei Mädchen in westlichen Klamotten und schleckten Eis. Eltern ließen ihren Sprössling auf dem Beckenrand balancieren, dass der Kleine vor Vergnügen quietschte. In einer Ecke des Platzes trafen sich Mountainbiker. Und über allem glänzten die fünf goldenen Kuppeln der noch im Bau befindlichen Erlöserkathedrale.

»Früher war dies der Hansa-Platz«, berichtet uns Jewgenij. »Alte Königsberger kommen gern hierher, weil sie hier noch ein paar Orientierungspunkte finden: den früheren Nordbahnhof, das Stadthaus, und nicht weit von hier steht die Gewerbeschule für Mädchen, die der Volksmund nach dem Nationalgericht ›Klopsakademie‹ nannte.«

»Wie reagieren alte Königsberger, wenn sie in ihre alte Heimatstadt zurückkehren?«

»Sehr emotional. Fast alle weinen beim ersten Besuch. Viele suchen die Stellen, an denen ihre Häuser einst standen, und finden sie nicht mehr. Sie verschwanden so wie Hunderte von Dörfern in Nordostpreußen, die man als Steinbrüche für den Wiederaufbau der Städte in Litauen benutzte. Aber fast alle sagen, der Besuch sei für sie wichtig, um innere Ruhe zu finden. Für einige ist das Kapitel ihrer Flucht oder Vertreibung danach endgültig abgeschlossen, und sie kommen nie wieder. Andere fühlen sich auch in dem veränderten Land zu Hause. Sie kehren zurück, weil sie die Menschen hier kennen und lieben gelernt haben.«

Von unserer Bank am Springbrunnen aus beobachteten wir das Treiben auf dem Platz des Sieges. Das Düstere, das ich mit dem Namen »Kaliningrad« verbunden hatte, wischten die heiteren Jugendlichen fort. Diese junge Generation stand genauso auf Diesel-Shirts, Britney Spears und Markenjeans wie unsere Teenager daheim.

19
Jewgenij – tote Hose in Palmnicken

»Wie kommt ein Stadtmensch wie du dazu, aus Moskau in ein unscheinbares Dorf wie Kaliningradskaja Oblast zu ziehen?«, fragte ich Jewgenij.

»Im Grunde hat alles in der Schule im Deutschunterricht angefangen. Das Talent für Sprachen habe ich von Vater, der fließend Französisch spricht. Als Journalist, Übersetzer und Dolmetscher führte er in Kamerun, Gabun und Guinea ein bewegtes Leben. Das wäre auch was für dich, träumte ich und wollte in die Welt hinaus. Leider hatte ich nicht das Glück, einen Studienplatz an einer Fremdsprachenuniversität zu bekommen, denn meine Eltern bestachen niemanden, was sonst gang und gäbe war. Also bewarb ich mich an einer Militärhochschule, bestand die Aufnahmeprüfung mit Bravour und studierte Deutsch und Englisch. Nach fünf Jahren schloss ich das Studium ab und wurde Offizier. Dann der Schock: Man versetzte mich nach Kaliningrad und später nach Palmnicken. Für einen jungen Moskowiter war das Sibirien! Ich war frustriert und versuchte, meine Militärlaufbahn abzubrechen. Unmöglich. Ich hatte mich auf 25 Jahre verpflichtet, und schon der Versuch des Ausstiegs wäre Hochverrat gewesen. In Palmnicken war ›tote Hose‹! Es gab bei uns zwar militärische Horchanlagen, doch die waren so primitiv, dass ein Spezialist wie ich überflüssig war. Und Dolmetscher brauchten sie erst recht nicht. Einem meiner Offizierskollegen erging es so wie mir. Er simulierte Geistesschwäche und kam raus. Ich tat es ihm nach, aber im Militärhospital von Pillau sagten sie: ›Zwei verrückte Dolmetscher im selben Regiment kann es nicht geben!‹, und ich musste bleiben. Dass ich letztlich doch frei kam, verdanke ich Gorbatschows Perestroika. Russland war pleite, auch wegen der horrenden Militärausgaben. Als man die Streitkräfte reduzierte, ließ ich mich entlassen und fand in Moskau Anstellung in einer Bibliothek für fremdsprachige Literatur.

Ja ... und da passierte etwas Merkwürdiges. Nach vier Jahren am Meer, in frischer Luft, mit viel Freiheit und solch wundervollen Menschen wie hier fühlte ich mich in Moskau plötzlich unwohl. Meine Gedanken kreisten ständig um Palmnicken, auch weil ich Ludmilla hier kennen gelernt hatte: Eine Frau wie sie findest du nie wieder, sagte ich mir, du bist bald 30, Zeit, eine Familie zu gründen.

Also kehrte ich nach Palmnicken zurück. Bald danach öffnete sich die Grenze, und ich begann ehemalige Ostpreußen durchs Land zu führen. Ich darf ihnen diese wunderbare Gegend zeigen! Ich finde, dass ich in meinem Leben das große Los gezogen habe.«

20
Edith – die letzte Ostpreußin

Jewgenij brachte seinen alten Benz in Palmnicken nahe dem Meer vor einem Plattenbau zum Stehen. An einem Tisch am Rand einer Grasfläche saßen vier Frauen, die sich auf Russisch unterhielten. Eines dieser alten Mütterchen musste die gebürtige Ostpreußin Edith sein. »Unserer Freundin gelingt die Meisterleistung, sich in zwei Leben zu arrangieren«, hatte Jewgenij gesagt.

Edith Makina ist Mitte 70, eins fünfundsechzig groß, rundlich, mit freundlichem, faltenlosem Gesicht. Wir folgen ihr ins Haus: unverputzte, unverkleidete Betontreppe. Eine Batterie schief angebrachter, offen stehender Briefkästen. Es stinkt nach Katzendreck. Wir stoppen an einer Tür, über der kyrillische Buchstaben stehen. »So werden die Wohnungen russischer Kriegsveteranen kenntlich gemacht«, sagt Jewgenij. »Aber kaufen kannst du dir dafür rein gar nichts!«

Die Wohnungstür ist von außen mit Dämmmaterial gepolstert, um die Geräusche des Hausflurs auszusperren. Die Wohnung ist recht groß, gemütlich und liebevoll mit tausenderlei Dingen aus einem langen, bewegten Leben vollgestopft: Fotos vom Sohn, den Enkeln und dem Urenkel. Ziergläser, eine Puppe in Form eines Schornsteinfegers. Aus Deutschland sei die. Ein großer Gobelin über dem Sofa mit Schondecke. Deckchen auch auf den Sesseln. In dieser Wohnung hätten sie früher zu sechst gelebt – mit ihrem verstorbenen Mann, Igor, seiner Frau und den beiden Söhnen.

Während Edith Tee zubereitet, begleite ich Jewgenij auf den Balkon; großartige Sicht auf die 200 Meter entfernte Ostsee, doch zwischen Haus und Meer eine Müllhalde, auf der eine alte Frau im

Jewgenij, Edith und Juliana plaudern beim Tee über Unterschiede und Gemeinsamkeiten.

Kittel Plastikmüll aussortiert. Der Kunststoff wandert in einen Ofen mit Schornstein und wird an Ort und Stelle verbrannt. Es stinkt zum Himmel.

Jewgenij schließt die Balkontür, und wir treten zurück in Ediths Leben. Edith Makina, geborene Gutzeit, hat den Tee auf den Tisch gestellt. Ich frage sie, von wo im Kaliningrader Gebiet sie herkomme.

Sie nennt einen mir unbekannten russischen Ortsnamen: »Da liegt doch mein Opa tot im Schützengraben, und meine Mutti ist da beerdigt. Zwischen Tapiau (Gvardejsk) und Königsberg.«

»Wie alt waren Sie, als Ihr ›erstes Leben‹ zu Ende ging?« Ich gebrauchte den Begriff, den Jewgenij verwandt hatte.

»Ich war nich mal 15, als die Russen uns nahmen, die haben uns im Januar jenommen. Im Sommer '45 wurde ich 15.«

»Erinnern Sie sich noch an die Zeit?«

»Aber ja! Das verjisst man nie! Und meine Schwester war neun.« Edith schweift in Gedanken ab. »Die andere Schwester ... die älteste hat in Hamburg studiert ... Internistin.«

Ich hake nach.

»Die Schwester war bei einem Gutsbesitzer. Und als die merkten, dass die Russen kommen, sind sie abjehauen und haben meine Schwester mitjenommen. Meine große Schwester hat nich so viel durchjemacht wie wir! Die Panzer waren überall und die Soldaten! Wir konnten nich vor und nich zurück. Mutter und wir beiden Kinder sind jar nich bis Königsberg jekommen. Dabei sind es nur 40 Kilometer. Da der Russe, da die Deutschen. Und die Mutti wurde anjeschossen, durch die Hand, und meine kleine Schwester auch. Eine Kugel erwischte beide ...«

»Was geschah mit Ihren Eltern?«

»Meine Mutter ist jestorben, als ich ins Gefängnis einjesperrt wurde. Und mein Vater ist im Krieg verloren jegangen.«

»Sie waren im Gefängnis?«

»1947, ich hatte ein Lied jesungen, dass den Russen nich jefiel, ein deutsches Lied. Wir arbeiteten damals auf der Kolchose und sangen bei der Arbeit. Zwei Tage später kam ein Auto mit Männern, die haben bei mir zu Hause alles durchwühlt. Als sie nichts fanden, nahmen sie mich mit. Ich wurde in Königsberg zu fünf Jahren Jefängnis in Palmnicken verurteilt. Auch Polen und Russen saßen ein und natürlich Deutsche. Von denen habe ich jelernt, Ohrringe und Zigarettenspitzen aus Bernstein zu machen.«

»Nach Ihrer Freilassung aus der Gefangenschaft hätten Sie ja ab 1953 versuchen können, nach Deutschland auszureisen ...«

»Joa ... ich hatte schon damit begonnen. Nur ... da war meine erste Liebe. Mein Mann war auch im Jefängnis jewesen. Und der hat mich immer versorgt, sonst würde ich heute nich mehr leben. Er hat am Tage jearbeitet, nachts ist er in die Großküche jegangen, hat da auch wieder jearbeitet und für mich jebracht zu essen. Wie ein Kind war ich bei ihm am Anfang, und nachher haben wir uns so jewöhnt miteinander.«

»Welche Nationalität hatte Ihr Mann?«

»Er war Russe und ging nach dem Jefängnis zurück nach Nishnij Nowgorod. Aber er sagt: ›Wenn ich dich nich mehr sehen kann, will ich auch nich mehr leben.‹ Und dann kam er zurück nach Palmnicken, und wir haben jeheiratet. Drei Leute musste ich haben, die für mich bürjen, und dann musste ich die russische Staatsangehörigkeit annehmen.«

Edith in Gedanken: »Nu, ich sage, die Martha hat mir immer jesagt, du, Edith, wenn ich einen Mann jehabt hätte wie du, ich wäre selig jewesen. Ein juter Mann. 41 Jahr haben wir jemeinsam jelebt, dann ist er jestorben.«

»Leben Sie heute von der Rente Ihres Mannes?«

»Nein, nein, meine eigene Rente. Wenn der Mann tot ist, dann ist er tot. Kriege nur die eigene Rente, wo ich verdient habe.«

»Wann waren Sie das letzte Mal in Deutschland?«

»1990. Wir kamen zurück nach Hause, und wir waren alle so glücklich. Für jeden hatten wir Jeschenke und alles. Und drei Tage später, da verunglückt mein Sohn. Da sind meine Flügelchen abjefallen. Der Igor war 29 Jahre alt, und zwei Kinder hat er zurückjelassen.

Wir wollten damals für immer nach Deutschland ziehen, hatten schon die Papiere besorgt. Aber als mein Sohn verunglückte, hab ich jesagt, ich geh nich weg von hier, wo meine Gräber sind. Fünf Jahre später starb mein Mann.«

»Kommen Sie denn heute mit Ihrer Rente einigermaßen über die Runden?«

»Im Sommer ja, aber im Winter kaum. Heizung ist sehr teuer! Ich bekomme Invalidenrente, etwas höher als die normale. Das sind jetzt 3900 Rubel (ca. 130 Euro). Und dann sind da die hohen Krankenkosten.«

Wir möchten wissen, mit wem sie heute noch Deutsch spricht.

»Mit keinem. Nur mit meine Bücher.«

»Dann würden wir ihr gern welche schicken«, sagt Juliana.

»Aber nich vom Krieg! Vom Krieg will ich keine Bücher. Nur solche Bücher vom Leben, von der Liebe. Aber nich Krieg! Ich hatte jenug davon, als ich Kind war.«

Wir tranken unseren Tee und knabberten Kekse. Dann bat ich Juliana und Edith Makina, für ein Foto ein wenig zusammenzurücken. Sie sollten die Brillen abnehmen, scherzte ich, dann sähen sie noch viel hübscher aus. Edith lachte wie ein Teenager, setzte das altmodische Brillengestell ab, nahm Juliana in den Arm und sagte: »Du könntest meine Tochter sein.«

Manchmal war sie heiter, fast ausgelassen. Nur wenn sie vom Krieg und vom Tod ihres Sohnes sprach, wurde sie fahrig, dann verloren sich ihre Gedanken so wie ihre Worte.

»Ich bin die einzige Ostpreußin hier«, sagt Edith Makina. »Da war noch der Schlösser ... aber der Schlösser is nu auch schon lang jestorben.«

Nach einer herzlichen Verabschiedung traten wir in das düstere Treppenhaus zurück. Draußen war es dunkel, ein Meter neben mir glühte eine Zigarette auf. Ein Mann im Unterhemd, an die graue Wand gelehnt, rauchte. Da war wieder der Gestank vom brennenden Plastikmüll. In der Ferne rauschte die Brandung.

21
Von der Bernsteinküste nach Trakehnen

Alexej Oglesnew stellte sich als neuer Herr der Insterburg vor. Während unseres Gesprächs lehnte ich mich gegen eine Mülltonne im Burghof, auf der eingestanzt steht: »Insterburg 1938«.

Ansonsten hatte ich einen Sprung in die Siebzigerjahre gemacht. Ein langhaariger Bursche rauchte und spielte mit verklärtem Blick Gitarre. Es roch verteufelt nach Hanf. In einem dunklen Burggelass meditierte ein schwarz gekleidetes, blass geschminktes Mädchen zu den Klängen von *»The House of the Rising Sun«* von den Animals. Dann und wann überprüfte sie ihr Make-up in einem alten verschnörkelten Handspiegel. Auf seinem Rand las ich: »Alles zergeht, nur die Liebe besteht«.

Bilder wie in *Easy Rider*, dachte ich. Billy und Wyatt, die Helden des Roadmovies, landen eines Tages mit ihren Harleys in einer Hippie-Kommune, in der sich ein paar Traumtänzer abquälen, alternativ zu leben und dabei noch die Welt zu verbessern. Während sie im Film per Hand die Wüste beackern, mühen sich die Flower-Power-Jünger von Insterburg ab, die Ordensritter von 1336 und den Geist des Burgbaumeisters Dietrich von Altenburg wieder zum Leben zu erwecken.

»1995 trafen sich in diesen Burgruinen vier Leute. Ich war einer von ihnen«, erzählte uns Burgherr Alexej. »Wir planten ein historisches Museum, denn wir fanden heraus, dass dieses vor einem Brand im Jahr 1948 eine wunderbare Burg gewesen war. Und so beschlossen wir, das 14. Jahrhundert wieder zum Leben zu erwecken.«

Während unseres Gesprächs liefen die Vorbereitungen für Ritterwettkämpfe, für die Knappen große Zelte aufbauten. Ein 20-jähriger Ordensritter legte eine schwere Eisenrüstung an. Ein pickelgesichtiger Knappe prüfte sein Schwert, und aus großen Lautsprechern dröhnte Musik, in der ich deutsche Wörter hörte. »Was ist das für Musik?«, fragte ich. Alexej lachte: »Nina Hagen!« In diesem Moment huschte ein Burgfräulein wie ein Schatten an uns vorbei.

Dies sei nur ein kleines Turnier; zu den großen Ritterspielen im August kämen mindestens 300 Ritter aus Litauen, Polen und dem übrigen Russland.

Allerdings gebe es auch einige Leute, die ihm und seinen Freunden die ritterliche Freiheit neideten. Kürzlich sei ein Brandanschlag auf die Burg verübt worden. »Wir hatten die Sache aber schnell unter Kontrolle«, beruhigte Alexej.

Nach dem Gespräch schlenderten wir zur Harley zurück, die ich neben einem großen Schild mit den kyrillischen Buchstaben »Insterburg« geparkt hatte.

Zu dieser Reise durch die Mitte »Nord-Ostpreußens« waren wir früh am Morgen aufgebrochen. Unsere Fahrt sollte uns von der Bernsteinküste über Insterburg und Gumbinnen bis Trakehnen (Jasnaja Poljana) führen. Da unsere Harley nun mal keinen Seitenwagen für eine dritte Person hat, begleitete Jewgenij uns im Auto.

Im Morgengrauen waren wir im Nebel von Palmnicken nach Norden gefahren, wo uns schon bald Verbotsschilder stoppten. Hier begann das Bernsteinabbaugebiet. Ich parkte die Maschine. Es war ein verwunschenes Bild, in das die Morgensonne rotgoldene Streifen malte.

Wo die Küstennebel übers Meer trieben, hatten vor 70 Millionen Jahren mächtige Kiefern gestanden, aus deren Stämmen Harz herabtropfte. Das Küstenklima veränderte sich, 30 Millionen Jahre später versanken die Wälder in Sümpfen, das Meer überspülte sie und schwemmte das uralte Harz in eine große Bucht, in der es die Sedimente nachfolgender Jahrmillionen zu Bernstein veredelten.

»Hier bei Palmnicken befinden sich die weltweit größten Bernsteinlagerstätten.« Jewgenij war sichtlich stolz. Schon zu ostpreußischer Zeit gab es Minen mit solch klingenden Namen wie »Henrietta« und »Anna«. 1971 begannen die Sowjets den industriellen Abbau.

Es war Jewgenij gelungen, einen Besuch im schwer bewachten Bernsteingebiet zu organisieren. Gemeinsam mit Wachmann Wladimir bestiegen wir Jewgenijs Mercedes-Oldie und fuhren los. Ich hörte Wladimir und Jewgenij miteinander Russisch sprechen, deutsche Worte fielen, ich war neugierig und fragte, um was es gehe. »Wladi will sich in gotischen Buchstaben ›Gott mit uns‹ auf den Arm tätowieren lassen. Er weiß nur nicht, wie man das schreibt.«

Wir erreichten die Abbruchkante und blickten auf einen gefräßigen Bagger, der sich mit einer riesigen Schaufel in die so genannte ›blaue Erde‹ biss und 40 Millionen Jahre alte Bernsteinschätze ans Tageslicht riss.

»Hier bei Groß Hubnicken beginnt das Bernsteinsperrgebiet«, informierte Jewgenij uns. Ich sah, wie auf einem unebenen erdigen Platz am Rand dieser Ortschaft aus einem frei liegenden Rohr Trinkwasser in zerbeulte Zinkeimer lief. Zwei Männer schlurften damit fort. In diesem trostlosen Ort stand einmal ein schickes Hotel mit Meeresblick, in dessen verspielter Fassade ich noch die Reste der alten Holzfensterrahmen fand. Auf der Rückseite brach der Putz heraus, und es war nur eine Frage der Zeit, bis das Dach einstürzte. An der Frontseite eines Nachbarhauses entzifferte ich das Wort »Gaststätte«.

Wir bestiegen die Harley, doch gleich darauf stoppte Jewgenij erneut. Wir folgten ihm zu einem Steilufer, unten scharte sich ein Dutzend Menschen um einen Reiseleiter.

Die Morgensonne war inzwischen durch die Wolkenschleier gebrochen, ihr Licht war noch diffus und grau. Aber es war schon warm. Ich hängte die schwere Motorradjacke über den Harley-Lenker und ließ den Blick schweifen.

»Schaut nur auf das Meer«, sagte Jewgenij. »An klaren Abenden versinkt der Sonnenball hier wie auf einem Gemälde von Caspar David Friedrich. Unser Bernstein erfreute jahrtausendelang die alten Griechen, dann die Römer, später die Bewohner der Hansestädte und heute alle Völker. Dies ist eine besondere Landschaft... Doch im Januar 1945 durchbrachen die schrillen Kommandos von SS-Schergen die Stille. Sie hatten das KZ Stutthof bei Danzig geräumt und mehr als 11 000 Häftlinge hierher getrieben. Nur 7000 überlebten. Die Nazis wollten sie lebendig in der Grube Anna einmauern, scheiterten aber am Widerstand des Werksdirektors. Daraufhin hämmerten im Morgengrauen ihre Maschinengewehre. Wo die Besuchergruppe steht, erinnert ein Gedenkstein an das Massaker von Palmnicken.«

Mich fröstelte, und ich zog meine Motorradjacke wieder an.

Mir ging das nicht aus dem Kopf. Auch nicht, als wir Kaliningrad umfuhren und dem Pregel-Fluss durch das Herz des ehemaligen Nord-Ostpreußen folgten. Wir bogen auf einen Hohlweg und standen unvermittelt auf dem Gelände von Schloss Friedrichstein. Marion Gräfin Dönhoff zeichnete für die Nachwelt ein zauberhaftes Bild des einst so prunkvollen Anwesens:

»Wenn man die schwere Haustür öffnete, sah man in eine große Halle, über deren drei Türen als Supraporten die von Friedrich dem Großen geschenkten Gemälde seiner Hunde hingen... Wenn hoher

Besuch kam, wurden alle Türen geöffnet: die schwere Hallentür, dann die zum Saal und schließlich die hohe Flügeltür, die vom Saal auf einen säulengefaßten Balkon führte, der den Blick auf einen großen, von Hecken umsäum-ten Rasenplatz freigab. Am Ende des Rasens begannen zwei parallel verlaufende Alleen, die bis in die grüne Unendlichkeit der Pregel-Wiesen reichten. Die Reaktion der Besucher angesichts dieses Anblicks war stets staunende Verblüffung: ›Schöner als Versailles‹, sagte einmal einer.«

Nicht einmal ein Trümmerhaufen blieb übrig, das Schloss ist wie vom Erdboden verschluckt.

Ein Hahn kräht neben dem abseits stehenden Klinkerbau. Ein ehemaliges Gesindehaus, vermute ich. Ein Feldarbeiter beobachtet uns von dort.

In der Ferne tuckert ein Dieselmotor. »Ein Schiff, das den Pregel ausbaggert«, weiß Jewgenij. Ansonsten kein Laut, bis auf das Summen der Insekten.

Ich beobachte Juliana, die über ein Stück gemauerten Fußboden geht. Das war der Kellerboden. Meine Vorstellungskraft erreicht ihre Grenzen. Nichts erinnert mehr an Friedrichstein mit seinen 38 großen Fenstern neben dem mächtigen Säulenportal. Schafgarbe klatscht gegen Hosenbeine, Gräser biegen sich unter Schuhsohlen, ein umgestürzter Baumstamm versperrt den Weg. Eines der architektonischen Juwele Ostpreußens wurde bis auf den letzten Stein als Steinbruch ausgeschlachtet …

Wir setzen uns, und jeder hängt seinen Gedanken nach. Ich sinniere über Ursache und Wirkung, über Täter und Opfer, über Schuld und Sühne. Schloss Friedrichstein stünde noch in Ostpreußen, wären nicht die braunen Demagogen gewesen. Ich denke an die Toten von Palmnicken und an jene Russen, für die Ostpreußen noch immer der größte Happen vom Beutekuchen des Zweiten Weltkriegs ist. Denke an den Tagesbefehl der in vorderster Kampflinie stehenden 3. Weißrussischen Front:

»2000 Kilometer sind wir marschiert und haben die Vernichtung all dessen gesehen, was wir in zwanzig Jahren aufgebaut haben ... Es ist unnötig von Soldaten der Roten Armee zu fordern, dass Gnade geübt wird. Sie lodern vor Hass und Rachsucht. Das Land der Faschisten muss zur Wüste werden, wie auch unser Land, das sie verwüstet haben.« Bei dem Begriff »Verwüstung« hörte ich Marion Gräfin Dönhoff sagen: »Wenn man mir heute sagte, ich würde in drei Tagen tödlich verunglücken, würde ich damit wesentlich leichter fertig werden als mit dem Verlust meiner ostpreußischen Heimat.«

Es sind viele, zu viele, auch schmerzlich gegensätzliche Gedankensplitter, die mir durch den Kopf gehen.

Wir hatten Friedrichstein verlassen und erreichten zwischen Insterburg und Gumbinnen die Abzweigung nach Nemmersdorf. Aber Jewgenij und wir beschlossen einhellig, daran vorbeizufahren.

Für den ehemaligen Sowjetoffizier Jewgenij Snegowskij ist Nemmersdorf ein tiefschwarzer Fleck in der Geschichte der russischen Armee. Ein Fleck so schwarz wie der, den Alexander Solschenizyn in *Ostpreußische Nächte* über das im Plünder- und Vernichtungswahn verglühende Neidenburg in schmerzende Worte fasste.

Hier in Nemmersdorf hatte ein sowjetisches Vorauskommando am 21. Oktober 1944 65 Ostpreußen, überwiegend Frauen und Kinder, vergewaltigt und abgeschlachtet. Auftakt des Grauens, das sich später tausendfach wiederholte. Nach Nemmersdorf eilte der Schreckensruf »Nur weg, bevor die Russen kommen!« erstmals durch Ostpreußen.

Ich dachte an die Millionen russischer Gräber zwischen Heiligenbeil und Stalingrad, ich dachte an unseren Besuch in Auschwitz und den Strand von Palmnicken, an dem es nie wieder so sein würde wie an dem Morgen vor dem Mord an den Siebentausend.

Eine Reise durchs ehemalige Nord-Ostpreußen kann niemals nur eine Reise durch eine schöne Landschaft sein.

Leichter Regen fiel, als wir in einem unscheinbaren Dorf an der ehemaligen »Reichsstraße 1« stoppten. Vor Häusern mit verkrauteten Gärten hockten Menschen mit Körben voller Pfifferlinge und Kartoffeln, die sie zum Verkauf anboten. Vor, neben und über ihnen gab es kein Hausdach und keinen Strommast, auf dem sich nicht mindestens ein Storchennest befand.

Ein Storch erhebt sich, wie um sich zu strecken, und klappert wie ein Angeber. Wie auf Kommando beginnen seine Artgenossen in den Nestern der gegenüberliegenden Straßenseite mit Luftsprüngen, schlagen mit den Flügeln. Einer tanzt, wirft den Kopf in den Nacken und spießt die rote Schnabelspitze in den Himmel. Sein Nachbar klappert, was das Zeug hält. Auch die Störche im fünften und sechsten Nest stimmen ein. Nur der Eigenbrötler hinten tut so, als ginge ihn das alles gar nichts an.

Der Abschied von Alexej, seinen Rittern, Knappen und der alten Insterburg lag schon lange zurück, als Jewgenij uns fragte, ob wir Appetit auf eine Tasse »guten deutschen Kaffee« im »Hotel zum Bären« hätten. Keine Frage!

Wir drei waren die einzigen Gäste – bis auf den Großen Fritz und Fürst Bismarck, die einträchtig nebeneinander an der Wand hingen.

Wir tranken Kaffee, und Jewgenij war gut drauf: »Wisst ihr, was man über die Insterburger sagt?« Ohne auf Antwort zu warten, legte er los: »Bildung dringt überall durch, bloß nicht bis nach Insterburch.« Einer von den Schnacks, die ihm alte Ostpreußen beim Bärenfang beigebracht hatten. Auch über die nächste Stadt wusste er genau Bescheid: »Gumbinnen, da gehen die Leite mit die Fieße nach innen.« Wir brachen auf, denn wir wollten noch Trakehnen besuchen.

Die späte Sonne stand schräg und malte weiches Licht auf eine fünf Kilometer lange schnurgerade Allee, deren knorrige Eichen lange Schatten warfen. Die Namen der Trakehner Landstallmeister, die hier zu einem der bedeutendsten Gestüte der Welt ritten, lesen sich wie das *Who's who* des ostpreußischen Adels: von Brauchitsch, von Burgsdorf, Graf Sponeck und Graf von Lehndorff.

Wir passierten ein »Landgasthaus zur alten Apotheke«, holperten über Kopfsteinpflaster und erreichten ein Portal mit der Jahreszahl 1732. In diesem Jahr gründete König Friedrich Wilhelm I. mit 1100 Pferden Trakehnen als königliches Privatgestüt.

Ein halbes Dutzend rotznäsiger, barfüßiger russischer Kinder umlagerte uns. »Ein Euro, ein Euro!«, bettelten sie auf Deutsch. Wir gingen an dem 1790 erbauten Haus des Landstallmeisters vorbei. Gebäude und Zaun waren weiß gestrichen und in bestem Zustand. Wir schlenderten auf die Rückseite zu einem Sockel ohne Denkmal. Hier stand bis 1945 die Statue von Tempelhüter, dem wohl erfolgreichsten Trakehner Zuchthengst. »Das Denkmal wurde nach Moskau geschafft, wo es heute im Hof der Landwirtschaftlichen Akademie steht«, wusste Jewgenij. Und ich steuerte bei, dass sich ein originalgetreuer Abguss des Tempelhüter-Denkmals seit 1974 in der niedersächsischen Reiterstadt Verden an der Aller befindet.

Kein Mensch ließ sich an diesem klaren sonnigen Abend sehen.

Es gibt keine Betriebsamkeit mehr, keine geschäftig hin und her eilenden Züchter, keine Pferdeknechte. Trakehnen ist tot.

Hans Graf von Lehndorff, dessen Vater hier einst Landstallmeister war, hat ein einfühlsames Buch über Trakehnen geschrieben, in dem er sich auch an seine Ankunft dort erinnert: »Nach einer Weile rasselte der Wagen über das Kopfsteinpflaster des Vorwerks mit dem schönen Namen Bajohrgallen. Links lag ein großer Hof mit Ställen und Scheune, dahinter erstreckte sich zu beiden Seiten der Straße das Dorf, und dann war es nicht mehr weit bis Trakehnen, das sich unter alten Eichen hinzog. Schließlich bogen wir nach rechts ab und standen gleich darauf, nachdem wir ein Tor passiert hatten, vor dem Landstallmeisterhaus, unserem neuen Zuhause.«

Eine unbeschwerte Jugend auf dem Pferderücken folgte. Drei Jahre lang fuhr er täglich von hier zum Gymnasium in Gumbinnen. Als junger Chirurg kehrte er zurück und erlebte 1945 die Verlegung seiner Patienten vom Insterburger Krankenhaus nach Königsberg. Als Zeitzeuge dokumentiert er in seinem *Ostpreußischen Tagebuch* die Gewalt bei der Einnahme und völligen Zerstörung der ostpreußischen Hauptstadt. Erst 1947 gelangte Graf von Lehndorff in den Westen.
Es ging auf 20 Uhr zu. Eine lange Rückfahrt lag vor uns. Die schräg stehende Abendsonne warf einen goldenen Lichtstrahl auf die Elchschaufel, die nach wie vor für die Trakehner Zucht steht. Wir gingen unter ihr hindurch zur Harley und fuhren in die heraufziehende Nacht.

Das Reisen hat mich gelehrt, dass die Schönheit der Natur sich nicht nur an leuchtenden, sonnigen und klaren Bilderbuchtagen erschließt. Einige der schönsten Landschaften der Welt erlebten wir bei Taifunen, Schneestürmen, Sandstürmen und bei köchelnden Dschungeltemperaturen. Das verlieh ihnen oft besonderen Reiz.

Zwischen Gumbinnen und Insterburg ging die Sonne unter. Ich stoppte die Harley. Wir setzten uns ins Gras und staunten mit Jewgenij, wie sich die rote Sonnenglut unter den Horizont ergoss. Ein romantisches Bild wie damals, als ich als junger Bursche die Welt zwischen Nordsee und Alpen mit meiner 250er BMW zu entdecken begann.

Unsere Straße folgte dem Pregel, aus dessen feuchten Niederungen jetzt plötzlich Nebelschwaden über die Straße krochen. Noch verharrte ein Schimmer Rosé über dem Horizont, bis er sich – wenn auch zögerlich – mit dem Nebel vermengte. Vereinzelt staken Telegrafenmasten mit Storchennestern hervor. Dann und wann glommen Jewgenijs Bremslichter im dichten Nebel auf, weiteren Verkehr gab es nicht. Wo der Pregel ins Kaliningrader Gebiet fließt, verließen wir die Flussniederung und fuhren in einem großen Halbkreis um die Stadt herum nach Westen. Schlagartig verschwand der Nebel. Sterne funkelten. Der jetzt wolkenlose Nachthimmel sog die Wärme des Tages auf, und uns wurde bitterkalt.

Kurz nach Mitternacht erreichten wir wieder Palmnicken. Eine verschlafene Ludmilla begrüßte uns, aber dann wurde sie blitzschnell wach: »Kommt rein, das Essen ist fertig!«

Wir tafelten Lachs auf frischem Weißbrot, Pfannkuchen mit leckerer Fleischfüllung und Tomatensalat. Jewgenij sprudelte auch um zwei Uhr morgens noch vor Anekdoten. Wir tranken Kaliningrader Bier: »Ostmark« und »Königsberg«. Gegen drei Uhr morgens zauberte Ludmilla Wodka hervor, füllte vier Schnapsgläser, und wir stießen auf ein Wiedersehen an. »*Na sdarówje*«, sagten wir. Jewgenij lachte.

»Gieß noch einmal ein, Ludmilla«, bat er. Er hob sein Glas und brachte einen ostpreußischen Toast auf Palmnicken aus: »Es frisst der Mensch, es säuft das Pferd, in Palmnicken ist es umgekehrt.«

22
Durch die Sahara des Nordens – Kurische Nehrung

»740 Rubel!«, verlangte die adrette Frau hinter dem Schalterfenster in Cranz und zupfte am Quittungsblock. Ich überflog die Summe: 740 Rubel sind unverschämte 25 Euro für lächerliche 53 Kilometer Straße! Am meisten wurmte mich, dass Russen nur ein Fünftel dieses Preises zahlen. Zum Glück hatte Jewgenij mich vorgewarnt.

Ich knurrte nur, berappte, gab Gas und fuhr los, pfiff darauf, dass es eigentlich günstiger gewesen wäre, gleich nach Nordosten Richtung Tilsit und Wilna (Vilnius) in Litauen zu fahren. Immerhin hatten wir jetzt das Privileg, den Landfinger namens Kurische Nehrung befahren zu dürfen, und freie Sicht aufs Meer würde uns für alles entschädigen. Dachte ich ...

Die schnurgerade Straße führte durch einen geheimnisvollen, düsteren Wald, die Vormittagssonne leuchtete bernsteinfarben durch die Zweige der Kiefern. Bernsteinfarben schimmerten auch die Butterpilze am Waldrand. Silberne Spinnweben tanzten, wo der Luftsog der Harley die hohen Gräser durcheinander wirbelte. Der würzige Duft von Fichten, Pilzen, Farnen und Gräsern lag über der Kurischen Nehrung. Zwei Möwen vor uns drehten nach Osten ab, wo sich die Süßwasserlagune von der dreifachen Größe des Bodensees bis an das russische und später das litauische Festland erstreckt.

Ich lehnte mich beim Fahren zurück und deutete Julianas Klaps auf die Schulter als Zeichen, dass auch sie die Motorradreise genoss. »Die 25 Euro haben sich doch gelohnt!«, sagte ich. »Aber von Ostsee oder Kurischem Haff noch immer keine Spur«, hörte ich. Nach wie vor begrenzten dichte Wälder die Straße.

Die Kurische Nehrung gilt als längster Strand Europas, doch auf 97 Straßenkilometern sieht man weder das Kurische Haff noch die Ostsee. Königin Luise von Preußen mochte das recht gewesen sein, als sie 1807 im Schutz der Wälder vor Napoleon von Königsberg nach Memel (Klaipėda) floh, wohin Friedrich Wilhelm III. seinen Sitz zwangsweise verlegt hatte. Das 5000-Einwohner-Städtchen wurde kurz zur Metropole Preußens.

Mir gefiel der eingeengte Blick nicht, und ich parkte die Harley.

Wir folgten einem sandigen Pfad gen Westen und standen 50 Meter weiter vor einem Dünenhang. Mutig stapften wir in Motorradstiefeln hoch. Unvergesslich der Blick von oben: Zwischen uns und der Ostsee erstreckte sich ein 30 Meter breiter und kilometerlanger Goldstrand. Allenfalls zwei Dutzend Sommerfrischler vergnügten sich unter seinem azurblauen Himmel. Im Windschatten eines Dünenvorsprungs grillte ein Russe riesige Steaks und verschaffte sich mit einem Bier Abkühlung.

Noch im ersten Drittel des 20. Jahrhunderts schwärmte man von der Nehrung als der »Riviera des Nordens«, und die Riesendünen von Nidden (Nida) ließen die Kurische Nehrung gar zur »Sahara des Nordens« avancieren. Die Nachfrage veränderte das einfache erd- und wasserverbundene Leben.

Den ersten Tourismus gab es Mitte des 18. Jahrhunderts, als die Straßenachse Paris–Berlin–Königsberg–Riga–St. Petersburg über die Kurische Nehrung führte. Flugs entstanden Poststellen, wo Pferde gewechselt wurden und Gäste rasten konnten: Sarkau, Rossitten, Nidden und Schwarzort. Die Reise auf dem Postweg entlang dem Ostseerand war beschwerlich. Doch davon ließen sich weder Zar Peter der Große noch die preußischen Könige abhalten. Wilhelm von Humboldt schwärmte 1809: »Die Kurische Nehrung ist so merkwürdig, dass man sie eigentlich ebenso gut wie Spanien und Italien gesehen haben muss, wenn einem nicht ein wundervolles

Bild in der Seele fehlen soll.« Eine Untertreibung, denn anders als in Spanien und Italien gab es hier noch jede Menge Elche dazu.

Kurz hinter einer früher als »Grabscher Haken« bezeichneten Landnase überfahren wir die russisch-litauische Grenze, wo uns ein großes Schild mit Europa-Emblem zur Rückkehr begrüßt.

Für Nidden sollte man viel Zeit mitbringen, so wie Thomas Mann, der 1929 sein Nobelpreisgeld auf dem Schwiegermutterberg für ein Haus mit Reetdach anlegte. In Sichtweite der Hohen Düne und dem Tal des Schweigens ließ er sich zu dem biblischen Romanzyklus *Joseph und seine Brüder* inspirieren.

»Man wohnte damals im Hotel ›Königin Luise‹«, verriet uns ein Deutsch sprechender Fremdenführer in Nidden und zeigte uns alte Broschüren: Hotelbesitzer Gustav Blode warb in den Dreißigerjahren mit »Modern eingerichteten Zimmern mit fließendem Warm- und Kaltwasser und erfolgreichen Fahrten ins Elchrevier«. Anmelden konnte man sich bei ihm unter der Telefonnummer 4.

Diese Zeiten mögen heute beschaulich erscheinen, doch Thomas Mann, der sich schon mal mit flotter Kapitänsmütze vor seinem großen Haus mit dem berühmten »Italienblick« sehen ließ, ärgerte es, dass Nidden zusehends Künstlerkolonie wurde. Neben den Malern Lovis Corinth und Max Pechstein schöpften auch die Dichterin Agnes Miegel sowie Sigmund Freud hier Kraft.

Was wusste ich über das Baltikum und die Balten? Wenig. Und schon die Frage ist problematisch, denn eine »baltische Identität« gibt es nicht. Die Menschen verstehen sich als Litauer, Letten oder Esten. Es gibt keine verbindende Sprache, eine Kulturgemeinschaft schon eher. Einzig die Geografie und der Name der Bernsteininsel Baltia, von dem sich auch die Bezeichnung Mare Balticum für diesen Ostseeteil ableitet, verbindet alle. Die »gemeinsame Vergangenheit« unter sowjetischer Diktatur zum verbindenden Element zu deklarieren, hieße, in das größtmögliche Fettnäpfchen zu treten.

An diesem Samstagabend waren die Straßen Klaipėdas, das früher Memel hieß, leer. Am Rande eines weitläufigen Wohnkomplexes folgten wir der Ausschilderung »Supermarket«, neben dessen Eingang wir den dringend benötigten Geldautomaten fanden. Es ist wunderbar, vom Nordkap bis nach Lissabon, von Athen bis Warschau oder St. Petersburg nur mit einer kleinen EC-Plastikkarte in der Tasche reisen zu können. Wir waren hungrig, und vor uns lag dieser verlockende Konsumtempel… »Lass mich einkaufen!«, schlug ich vor. Juliana weiß, was das bedeutet, und begann schon mal, auf dem Motorrad Platz zu schaffen.

Der Supermarkt war bestens bestückt. Doch anders als in Kaliningrad, wo nur gut Betuchte im Shopping-Center einkaufen, war das Angebot hier für jedermann. Als ich mit geräuchertem Lachs, Heringssalat, duftendem Brot, Joghurt und Früchten in zwei Einkaufstüten zurückkam, schlug Juliana die Hände über dem Kopf zusammen. Vermutlich war nie zuvor eine Harley-Davidson so malerisch beladen durch Klaipėda gefahren.

Der Campingplatz nördlich der Stadt war ein Rummelplatz mit Hunderten von Zelten und Lautsprechern, über die irgendwelche Ansagen plärrten. Zwischendurch gab es Musik. Aber ein spontaner Reisender kann nicht wählerisch sein. In der Bar, zugleich die Rezeption, bedienten junge Frauen und Männer ein volles Haus mit bestens gelaunten Menschen. Ein internationales Funkamateurtreffen finde gerade statt, deswegen sei es so voll, hörten wir.

»Kein Problem«, sagte ich. Okay war auch der Übernachtungspreis. Der Platz fürs Zelt war bescheiden, umso besser war unser

Abendessen. Und die Bierchen aus der Bar waren süffig und kalt. Nur die Sterne funkelten nicht mehr, stattdessen zogen bedrohliche Wolken auf. Immer wieder knackte und pfiff es, wenn Funkamateure sich mit ihren Partnern in aller Welt unterhielten. Meist aber war die Lautsprechermusik noch lauter. Wir schmetterten mit, als eine litauische Volksmusikgruppe zum Schifferklavier »Ännchen von Tharau« anstimmte.

Anna Beilstein wäre als Pfarrerswitwe gewiss längst vergessen, als Ännchen von Tharau aber wurde sie unsterblich. Eine schöne Geschichte: Südlich von Königsberg wird 1619 im Dörfchen Tharau die Pfarrerstochter Anna Neander geboren. Als die 19-Jährige ihren ersten Mann, den Prediger Johann Portatius, heiratet, blutet ihrem aus Memel stammenden Verehrer, dem Barockdichter Simon Dach, das Herz. Er widmet ihr im Überschwang seiner Gefühle sein im samländischen Platt geschriebenes Hochzeitslied:

»Anke van Tharaw öss, de my geföllt,
Se öss mihn Lewen, mihn Goet on mihn Gölt.«

Der Ostpreuße Johann Gottfried Herder bringt den Text ins Hochdeutsche, und die Melodie des Schwaben Friedrich Silcher macht »Ännchen von Tharau« zum Hit für Generationen von Sangesbrüdern. Auch im fernen Insterburg, wo das Ännchen starb, haben ihre Verehrer eine Pilgerstätte: einen Gedenkstein, der – was zur romantischen Geschichte des Ännchens passt – jahrzehntelang verschwunden war.

Beim Blick auf unsere alte Ostpreußenkarte fällt auf, dass ein schmaler Streifen nördlich der Memel farblich anders markiert ist als das übrige Ostpreußen. Warum? In meinem alten Brockhaus findet sich zum Stichwort »Memelgebiet« der Hinweis: »Nördlich vom Memelstrom gelegener Teil Ostpreußens, … auf den Deutschland nach Artikel 69 des Versailler Vertrags Verzicht leisten musste… Seit 1919 Freistaat unter Aufsicht des Völkerbundes.«

Auch die letzte Geschichte des »Memellandes« und sein Anschluss an das Deutsche Reich sowie der Verlust nach 1945 gleichen etwa dem Schicksal anderer deutscher Ostgebiete. Als am 28. Januar 1945 die Rote Armee in eine fast völlig zerstörte Stadt einmarschiert, scheint unter deren Trümmern auch ein über Jahrhunderte friedliches Miteinander von Litauern und Deutschen begraben. Umso hoffnungsvoller stimmt die EU-Erweiterung vom 1. Mai 2004 auch hier.

Auf dem Campingplatz nördlich von Memel war es still geworden. Nur die Sänger hörte man noch.

Schade, dass sie nicht »Freude schöner Götterfunken« schmetterten, ich hätte bei der Europahymne gern mitgesungen. Stattdessen legten wir uns aufs Ohr.

Das nächtliche Unwetter bemerkte ich erst, als wir morgens beim Packen unter dem Zelt eine große Pfütze entdeckten.

In Klaipėda folgten wir einer baumgesäumten Straße, passierten prächtig herausgeputzte Villen des 19. Jahrhunderts, fuhren an einem aufwändig renovierten, gut 100 Jahre alten Bankgebäude mit den neuen Schriftzeichen »NORD/LB« vorbei und erreichten einen mit Kopfsteinen gepflasterten Platz, an dessen Stirnseite das Theater steht. Marktfrauen und Straßenhändler boten an Verkaufsständen Bernsteinketten, Postkarten, Stadtpläne und bunte russische Matrjoschkas feil. Es gab mehr Verkäufer als Besucher. Unvermittelt frischte eine Windböe auf und pustete ein paar Marktstände um. Ein unfreundlich grauer Himmel drückte auf Klaipėda, die Feuchtigkeit des Meeres lag schwer über der nach 1945 hübsch restaurierten Innenstadt. Auch uns zog es zum Simon-Dach-Brunnen, auf dem seit 1989 die mit deutschen Spendengeldern wiedererstandene Figur des Ännchen von Tharau steht.

Keine Ahnung, warum wir von Klaipėda einmal quer durch Litauen bis Vilnius im Osten fuhren, um dort nach Norden Richtung Riga abzuknicken. Das war ein langer Umweg. Doch die Straßenkarte verhieß auf dieser Strecke autobahnähnliche Highways, und uns war nach *highway feeling* zumute. Endlich wieder einmal über freie Straßen zu fliegen ... Das taten wir jetzt. Der Himmel hatte sich dramatisch zugezogen, war fast schwarz. Wir zählten 30 Störche, manche standen nur wenige Meter neben der Fahrbahn. Trockner Wind rüttelte an der Harley und zog jedes bisschen Feuchtigkeit aus uns raus. Ich spürte, dass Julianas Helm gegen meinen pochte. Sie war eingenickt. Wir stoppten an einer Autobahnraststelle und tranken starken Mokka.

Bei der Ankunft in Kaunas peitschte Regen auf uns ein. Die Lichter der entgegenkommenden Autos spiegelten sich im regennassen Asphalt. Unvermittelt riss der Himmel auf, schwefelgelbes Licht ergoss sich über Himmel und Straße.

Östlich von Kaunas zweigten wir in Richtung der uralten litauischen Hauptstadt Trakai ab und erkannten dort das ganze Ausmaß des Unwetters, das hier mit tornadoartiger Wucht über das Land hereingebrochen war. Abgerissene Zweige und Laubbüschel lagen in Pfützen, wo sie von Autorädern zu grünlichem Brei gemahlen wurden.

Das Schwefelgelb des Himmels wich freundlichem Rotgold. Aus den verbliebenen schwarzen Regenwolken prasselte hier und da noch Wasser, bis plötzlich Abendrot wie glühende Lava über den Horizont floss.

Es war bereits finster, als wir uns der zwischen drei Seen liegenden Trakaier Burg näherten. Außer den beeindruckenden Konturen der roten Backsteinfestung erkannten wir keine Details, bis der Himmel aufriss und ein Moment lang ein Sonnenstrahl, effektvoll wie ein Spotlight, auf die Burg fiel. Ich stoppte, griff nach der Kamera, doch das brennende Rot hatte sich schon mit der aufziehenden Nacht vermischt.

»Toller Platz«, schrieb ich am darauf folgenden Morgen ins Tagebuch. »Die Sonne scheint aus Capri-blauem Himmel, zwei 18-jährige Mädchen schultern ihre Rucksäcke und marschieren vom Platz. Zwischen einem Berliner VW-Bulli und einem zum Wohnmobil umgebauten Krankenwagen sitzen vier Leute und frühstücken. Daneben ein knallgelber Toyota Land Cruiser aus Zürich. Unter einer großen Birke steht regungslos ein sechsjähriges Mädchen und schaut traurig in die Baumkrone. Plötzlich springt das Mädchen zur Seite, ein abgebrochener Zweig segelt herab, auf dem sein kleines Kätzchen sitzt.«

Wilna liegt an einem in Weißrussland entspringenden Fluss namens Neris, der sich hier mit der schmalen Vilnia mischt. Genau an dieser Stelle entwickelte sich ab dem 13. Jahrhundert aus zwei Burgen die Siedlung Vilnius.

Ich wunderte mich über die Weitläufigkeit der Stadt, in der, wo immer ich auch hinschaute, barocke Kirchtürme grüßten. Da wir keinen sicher wirkenden Parkplatz fanden, wechselten wir uns bei der Bewachung der Harley ab. Juliana schlenderte als Erste über den großen Platz mit der Kathedrale St. Stanislaus, deren architektonische Eigenwilligkeit mich zunächst auf einen griechischen Tempel hatte tippen lassen. Eigenwillig auch der weit abseits der Kirche stehende Glockenturm mit seinem Fundament aus dem 14. Jahrhundert.

Ich setzte mich auf den Boden, lehnte mich gegen das Hinterrad des Motorrades und ordnete meine ersten Eindrücke: Bilder einer großflächig angelegten Metropole, einer in Pastelltönen gehaltenen barocken Altstadt, bei der man fast vergisst, wie sehr sie unter dem Zweiten Weltkrieg gelitten hat. Doch der Wiederaufbau gelang und sicherte Wilna mit seinen 40 fast ausschließlich katholischen Kirchen den Status als Weltkulturerbe.

Sonntägliche Stille lag über der Stadt, die für mich »ferner Osten« gewesen war, schließlich liegt das weißrussische Minsk nur zwei Fahrstunden östlich von hier. Aber das Reisen belehrte mich wieder mal. Litauen, dessen Einwohnerzahl nur etwas über der Berlins liegt, hat politisch wie wirtschaftlich die Kurve nach Westen gekriegt. Litauische Firmen sorgen für Wachstum, oft als Zulieferer für große europäische Konzerne. Auch Holz und Pilze kommen von hier, und längst schon haben westliche Filmemacher Wilna als stilvolle Kulisse und preisgünstigen Drehort entdeckt. Doch das »Jerusalem des Ostens«, wie man es wegen seiner mehr als 100 Synagogen und der einst 70 000 Mitglieder zählenden jüdischen Gemeinde nannte, ist die Stadt nicht mehr. Die Nationalsozialisten wüteten auch hier, bis nichts mehr so war wie zuvor.

In der Fußgängerzone boten alte Männer auf großen Tischen sowjetische Militärmützen und Orden feil. Bernsteinverkäufer taten sich weitaus schwerer, Kundschaft zu finden. Müßiggänger beobachteten das Treiben aus Straßencafés. Eine Alte mit tiefliegenden, traurigen Augen und unendlich vielen Falten ging mit geöffneter Hand durch den sonntäglichen Trubel. Eine Münze fiel hinein. Straßenkünstler porträtierten Passanten, andere hofften Ölgemälde und Aquarelle mit dem beliebten Motiv der gotischen St.-Annen-Kirche unter die Leute zu bringen.

Ich betrat einen Laden, um etwas zu essen zu kaufen. Drei in blaue Kittel gekleidete Frauen sahen nicht mal auf. Fossile aus der sowjetischen Zeit, dachte ich und orientierte mich selbst: links

Fleischwaren, die Getränke an der Stirnseite des Ladens, rechts Backwaren. Ich versuchte, die hinter dem Bäckertresen stehende Verkäuferin auf mich aufmerksam zu machen. Was mir nach einiger Zeit auch gelang, denn sie fragte mich, ob meine Teigröllchen in der Mikrowelle erhitzt werden sollten. »Ja«, sagte ich begeistert über so viel Aufmerksamkeit und bestellte noch zwei Getränke. Für Getränke müsse ich rechts von ihr anstehen, aber erst mal solle ich bei ihr bezahlen.

Von Wilna lenkte ich die Harley nach Nordwesten in Richtung Ostsee. Rund 300 Kilometer waren es noch bis zur Rigaer Bucht.

Ortschaften sah ich selten, umso mehr Störche, die auch mal zu dritt oder zu viert neben der Fahrbahn nach Fröschen suchten. Wiesen, große Getreidefelder und Wälder dehnten sich neben uns. Das gute Gefühl von der Freiheit der Straße legte sich schnell hinter der litauisch-lettischen Grenze: Baustelle folgte auf Baustelle. Umleitungsschilder leiteten den jetzt dichten Verkehr von der Europastraße 67 durch kleine Dörfer, über deren Straßen an diesem späten Sonntagabend stockbetrunkene Männer torkelten. Ich beobachtete eine junge, gut gekleidete Frau, die zwei randvoll mit Wodka abgefüllte Männer stützte. Das Trio schoss im Zickzack über die Straße, wobei die Frau die Seitwärtsbewegung der Trunkenbolde ausbalancierte, was ihr einen Rüffel des Älteren einbrachte. Da schnappte sie sich die beiden Säufer umso beherzter, die Gangrichtung stabilisierte sich, und der Verkehr, unsere Harley eingeschlossen, rollte ungehindert weiter in Richtung Riga. Wir konnten es kaum erwarten, die Hochburg des Jugendstils zu erreichen.

23
Jugendstil in Riga, Sauna in Wenden

Als Riga im Mai 2003 den Grand Prix d'Eurovison ausrichtete, stand die lettische Metropole Kopf. Bunt und schmissig präsentierte sich eine Hauptstadt, die stolz darauf war, endlich aus dem Dunkel der Sowjetzeit herauszutreten: als ungekrönte Königin des Baltikums. Eine der bedeutendsten Handelsstädte der Ostsee und eine der mächtigsten Hansestädte war sie ohnehin.

Als wir über die große Düna-Brücke auf die Rigaer Altstadt mit ihrem Ensemble prächtiger Kirchtürme zubummelten, wusste ich, was das Spieglein sagen würde, wenn ich fragte: »Spieglein, Spieglein an der Wand, wer ist die Schönste im Baltenland?«

»Riga«, würde es sagen.

Die Nachmittagssonne verlieh den gegenüberliegenden Jugendstilfassaden reliefhafte Tiefe. Ein Schaufelraddampfer namens *Misisipi* tuckerte die Düna stromaufwärts und entschwand unter den Brückenpfeilern meinem Blick.

Wir stiegen eine Treppe hinab und erreichten die Stadt.

Frischer Wind ließ uns trotz blauem Himmel und Sonnenschein frösteln. Riga liegt etwa auf der Höhe Göteborgs. Im Windschatten auf dem mit Kopfstein gepflasterten Domplatz, wo sich Jung und Alt im Straßencafé auf einen Kaffee oder Stärkeres trifft, war es milder. Ein silbernes Mercedes-Cabriolet stoppte neben den bepflanzten Blumentöpfen, die das Café vom Domplatz abgrenzen. Ein sportlicher Yuppie – dunkler Anzug, weißes Hemd, flotte Krawatte, Typ erfolggeküsster Jungmanager – schwang sich mit Handy am Ohr aus dem Auto und bestellte sich, noch immer telefonierend, einen Cappuccino. Er setzte sich an einen Tisch unterhalb des in dezentem Grau gehaltenen Wandbilds, auf dem – ganz und gar nicht dezent – der Schriftzug »Siemens« prangte. Nur wenige Meter entfernt leuchtete eine der unzähligen Fassaden, die Riga zum Mekka des Jugendstils machten. Einer der kreativsten Architekten war Michail Eisenstein. Der Meister des Rigaer Jugendstils gab seine Kreativität an seinen hier geborenen Sohn Sergeij Eisenstein weiter, der als Regisseur des Films *Panzerkreuzer Potemkin* in den Zwanzigerjahren die Filmsprache revolutionierte. Und ein weiterer gebürtiger Rigaer fiel mir ein: Heinz Ehrhard, der Schelm vom Dienst.

Wir ließen uns von Gasse zu Gasse treiben. Verharrten an den »Drei Brüdern«, spätmittelalterlichen Häusern, die die Jahrhunderte Seite an Seite überdauert hatten. Eine andere hellblau gehaltene Gebäudefront zierte der verschnörkelte Schriftzug »Alpenrose«. Darüber erhob sich der wehrhafte Turm des vor 800 Jahren errichteten Doms, in dem auch Johann Gottlieb Herder predigte. Riga berauscht. Aber als wir den Rathausplatz erreichten, verschlug es uns die Sprache.

Hinter einem Roland-Standbild, ähnlich dem in Bremen, aufwändige Patrizierhäuser, wie ich sie eher bei den reichen Pfeffersäcken in Antwerpen oder Brügge erwartet hätte. Doch da schoss mir als Erklärung die »Brügge-Nowgorod-Connection« durch den Kopf, jene Handelsstraße, an der Riga seit mehr als 800 Jahren liegt.

1282 tritt die deutsche Bischofsstadt Riga der Hanse bei. Knapp 50 Jahre später unterwirft es sich der Herrschaft des Deutschen Ordens, von jetzt an regieren Ritter und Geistlichkeit gemeinsam die Stadt. Neben Lübeck, Rostock, Danzig und Reval entwickelt Riga sich zur bedeutendsten Hansestadt an der Ostsee.

Es ging auf 20 Uhr zu. Warme Abendsonne fiel über die Rigaer Bucht auf den Roland und das in brennend roter Backsteingotik erbaute Schwarzhäupterhaus. Hier wohnten die unverheirateten

Hanse-Kaufleute. Groß stand da in goldenen Lettern auf blauem Grund: »*Wider Gesetz und Gewissen handeln thut Gottes Segen in Fluch verwandeln*«.

Ich vergaß den Rest der Welt und fotografierte. Nachdem die Sonne untergegangen war und ich meine Kamera weggesteckt hatte, nahm ich meine Umwelt wieder wahr: das alte Mütterchen auf der Bank, die Hände über die Augen gelegt, den verbeulten Bettelnapf auf dem Schoß. Eine sternhagelblaue 50-Jährige, mit geöffnetem Kleid, schlaffen Gesichtszügen und entblößter Brust torkelte vorbei. Wenige Schritte weiter nippte man im Straßencafé am Milkshake.

In Riga bogen wir auf die Zielgerade nach Russland. Nur noch 300 Kilometer waren es auf der fast schnurgeraden Straße nach Pskow (Pleskau). Größere Ortschaften oder gar Städte gibt es auf dieser Strecke nicht. Und da rund die Hälfte aller Letten im Großraum Riga lebt, war in dieser Region Motorradfreiheit pur zu erwarten. Dass unser Reiseführer den nördlich der Europastraße 77 gelegenen Ort Cěsis (Wenden) mit zwei Sternen adelt, machte uns natürlich neugierig, und so bogen wir erwartungsvoll dorthin ab.

Am Ortseingang folgten wir dem Schild »Deutscher Soldatenfriedhof« und betraten durch ein Backsteintor einen alten Gottesacker. Wer je über den Pariser Friedhof »Père Lachaise« bummelte und an den Gräbern von Balzac, Chopin, Edith Piaf oder der Callas stand, weiß, welch großartige Geschichten Friedhöfe erzählen.

Könnte diese Stätte doch von den vielen Jahrhunderten erzählen, als sie der Friedhof von Wenden war! Mich interessiert zum Beispiel die Geschichte jenes Mannes, der an diesem Steinsockel begraben ist. Die Figur fehlt, die verrostete Eisenkette drumherum blieb, die Blätter der tief hängenden Zweige der jungen Espe darüber zittern wie Goldlametta. Auf dem Grabsockel entzifferte ich Satzfetzen: »Freunde und Mitbeamte. Dem edlen Menschen ...«.

Farne klatschten gegen meine Beine, Hummeln summten in Lupinenblüten, über uns blinzelten Sonnenstrahlen durch Baumkronen. Unter Lindenzweigen las ich: »Leutnant K. Kraemer – Baltische Landwehr«. Kraemer fiel am 31. Dezember 1918 bei dem von lettischen und deutschen Verbänden unterstützten Kampf gegen die Bolschewisten, der im Mai 1919 zur Befreiung Rigas führte.

Die Sonne zwängte sich durch Eichenblätter und fiel etwas abseits auf fünf jüdische Grabsteine. Drosseln sangen in der nahen Birke. Trockene Ästchen knackten unter unseren Motorradstiefeln. Jenseits einer Lichtung erreichten wir den deutschen Soldatenfriedhof, auf dem 24 schlichte Kreuze aus Granit an 252 deutsche Soldaten des Zweiten Weltkriegs erinnern.

In Riga war meine Erwartungshaltung groß gewesen, bei Cēsis nicht. Umso mehr fasziniert mich die Altstadt. In ihrer Mitte ein mächtiger, schmuck- und schnörkelloser 800-jähriger verwitterter Kirchenbau. Daneben ein Renaissancegebäude, dessen 30 Fenster mit Brettern vernagelt sind.

Ich parkte die Harley am Rand des brüchigen Bürgersteigs, wir hockten uns ins Gras, vertieften uns in die Geschichte und staunten: Wenden war die Hauptstadt Livlands, was zur Zeit des Deutschen Ordens etwa dem Gebiet Lettlands und Estlands entsprach.

1207 errichten die Ordensbrüder hier eine Burg. 40 Ordensmeister regieren von nun an in Wenden.

Als der erst 14-jährige Wolter von Plettenberg 1464 in der elterlichen Burg nahe dem westfälischen Soest den Auftrag erhält, ins ferne Livland zu ziehen, ahnt er nicht, dass er 85-jährig in Wenden sterben und in ebenjener mächtigen Johanniskirche neben uns begraben werden wird. Die 71 Jahre dazwischen nutzte der westfälische Adlige zum Wohle Livlands und Wendens.

Mit knapp 40 wird von Plettenberg Oberbefehlshaber des Deutschen Ordens, im Alter von 51 Jahren gelingt ihm mit 6000 Reitern und Landsknechten ein Präventivschlag gegen ein 40 000 Mann starkes russisches Heer. 1502, ein Jahr später, besiegt er mit 2530 Reitern und ebensoviel Fußvolk 18 000 Russen am Smolinasee. Nach diesem Sieg erblühen Livland und Kurland. Aber Schweden streckt seine Finger genauso nach ihm aus wie Polen. Im Großen Nordischen Krieg, bei dem es Anfang des 18. Jahrhunderts mal wieder um die Herrschaft im Ostseeraum geht, siegt Zar Peter der Große. Er erbaut St. Petersburg als Tor zur Ostsee und übernimmt die Macht im Baltikum. Doch die deutschbaltische Oberschicht darf im Land bleiben, ja er billigt ihr sogar umfangreiche Rechte zu. Namen des deutschbaltischen Adels sieht man ab jetzt auch an den Spitzen russischer Regimenter und Forschungsschiffe: Da sind der Weltenumsegler Baron von Krusenstern, die Forscher Otto von Kotzebue und Ferdinand von Wrangel – Namen, die die Zeit überdauerten und sich heute auch als Orts-, Insel- und Bergnamen in Alaska finden. Bis 1885 wird in Reval und Riga auch auf Ämtern deutsch gesprochen. Dann wird Russisch Amtssprache. Doch noch bis 1918 bleibt Riga eine deutsch dominierte Stadt mit regem deutschen Kulturleben, deutschen Zeitungen und Theatern.

Das gewaltsame Ende des friedlichen Miteinanders von Letten, Esten und Deutschbalten kommt 1939 mit dem Hitler-Stalin-Pakt, als die Deutschen »heim ins Reich« und damit nach mehr als 700 Jahren in ein Land geholt werden, das ihnen oft mehr als fremd ist.

»Eure Campinghütte hat noch den alten Charme«, schmunzelte Andrejs Kreilis, der westlich von Cēsis am Unguru-See einen Campingplatz betreibt. Da seine brandneuen Gästeblockhäuser belegt waren, zogen wir in die alte »Sozialistenhütte«, wie er sie nannte.

Doch der Blick über den Unguru-See entschädigte für Unzulänglichkeiten genauso wie Andrejs' Gastlichkeit.

Ob wir mit ihm in seine Sauna gehen wollten, fragte er, das sei doch zur Entspannung für müde Biker genau das Richtige. Nein, bezahlen bräuchten wir dafür nichts, wir seien seine Gäste.

Andrejs Kreilis ist Ende 50, sportlich und spricht gut Deutsch. 1994 habe er sich seinen großen Traum erfüllt und die Olympischen Spiele von Lillehammer besucht, erinnerte er sich.

»Das war meine erste Reise, nachdem wir endlich das russische Joch abgeschüttelt hatten.«

Drei Saunagänge lagen bereits hinter uns, jetzt traten wir erhitzt und dampfend in die Dunkelheit. Leise klatschten die Wellen ans Ufer des Unguru-Sees. Die aus einem mondlosen Himmel funkelnden Sterne ließen uns wie Wassergeister aussehen. Barfuß gingen wir an den Rand des Sees und sprangen platschend hinein. In Lettland hatte ich das Gefühl, im hohen Norden angekommen zu sein.

»Lasst uns ein Bierchen trinken«, schlug Andrejs vor. Das war ein Wort, wir ließen uns im zünftigen Saunavorraum an einem Holztisch nieder.

»Wie lange betreibst du das Camp schon?«, fragte ich.

»Vor acht Jahren war das hier noch staatliches Erholungsgebiet, wo die sozialistische Führung Urlaub machte, dann wurde es privatisiert. Ich hatte das Glück, einer von acht Miteigentümern zu sein. Doch acht Leute bedeuten acht verschiedene Meinungen. Einer nach dem anderen stieg aus, und ich kaufte mich letztlich frei.« Seitdem, so sagte Andrejs, gehe es wirtschaftlich bergauf.

Andrejs ist die personifizierte Aufbruchstimmung. Natürlich komme er mit einem Job finanziell nicht über die Runden. Er gehöre zum Sicherheitspersonal des Rigaer Flughafens, wo er 300 Euro im Monat für dreieinhalb Tage Arbeit die Woche verdiene. Danach gebe es dreieinhalb Tage frei. Dieser Schichtdienst ermögliche es ihm und seiner Frau Alina, den Campingplatz zu betreiben.

»Wie ist die Jobsituation hierzulande?«, fragte ich Andrejs.

»Acht Prozent Arbeitslosigkeit, nahe der russischen Grenze sogar 25 Prozent. Aber ich sage immer, spuckt in die Hände! Wer Arbeit sucht, findet auch welche.«

Mitternacht war längst vorbei, aber Andrejs füllte noch einmal nach. Aus dem Radio dudelte Schlagermusik, mit Schnulzen, die so klangen wie die daheim für die betagtere Generation. »Vergiss nicht«, entgegnete Andrejs auf meinen ironischen Seitenhieb über die Musik, »750 Jahre lang wurde Lettland stark deutsch geprägt. Während Litauen mit Polen historisch verknüpft ist und die Esten dieselben Sprachwurzeln wie die Finnen haben, ist unsere stärkste Bindung, auch wirtschaftlich, die an Deutschland.« Andrej lachte: »Deswegen hören wir gern solche Schnulzen, und deswegen ist unser liebstes Essen auch Schweinebraten mit Sauerkraut.«

Darauf hoben wir noch einen.

24
Bei Nacht und Nebel nach Nowgorod

Kaum irgendwo war das Harley-Feeling so stark und beglückend wie auf der Straße von Riga nach Pskow in Russland.

»Schnurgerade führt die Straße nach Nordosten«, schrieb ich ins Tagebuch. »Gleichwohl muss ich höllisch aufpassen, denn gelegentlich überrascht sie mit 20 Zentimeter tiefen Schlaglöchern.

Mit Kiefern und Fichten gemischte Birkenwälder huschen vorbei. Zwischen Feldern und Wiesen liegen kleine Gehöfte. Wildes, einsames Land, ohne Berge oder Anhöhen. Aber mit unendlichen Wäldern. Und irgendwo dahinter beginnt Russlands Weite, die selbst die Vorstellungskraft gestandener Globetrotter sprengt.«

»On the road« – voll bepackt und gut gelaunt.

Ich weiß noch, wie ich in der Gluthitze Namibias eines Tages unvermittelt vor einem Schloss stand, das ich im ersten Moment für eine Fata Morgana hielt. In Wirklichkeit war es der zu Stein gewordene Traum des deutschen Schutztruppenoffiziers Hansheinrich von Wolf, der sich am Rand der Namib ein Schloss wie am Rhein gebaut hatte. Hier im Osten Lettlands empfand ich ähnlich, obwohl das Drumherum skandinavisch kühl war. Ich manövrierte die Harley sicher über Staub und Erdstraßen und stand plötzlich vor einem richtigen Schloss.

Bis heute konnte ich nicht herausfinden, welchen deutschen Namen das »Zvărtavas pils«, so der lettische Name, einmal trug. Die Leiterin der jetzt hier ansässigen Kunstschule wusste, dass das Schloss 1881 errichtet wurde und einem deutschbaltischen Baron namens Fersen gehörte.

Wir betraten das neugotische Bauwerk, dessen mächtige Holzsäulen in der Empfangshalle gerade lackiert wurden. Bombastischer neugotischer Prunk auch in den Schlafzimmern, in denen die gedrechselten Pfosten der Bettgestelle an Kirchturmspitzen erinnerten. Alles war bestens im Schuss, man spürte die Liebe zum Detail, mit der vor allem Studentinnen und Künstlerinnen Schloss Zvărtavas restaurieren.

Ob Baron Fersen wohl ein Donnerwetter losgelassen hätte, wenn jemand mit einem Motorrad durch den Schlosspark runter zum See gefahren wäre? Ich tat es und betete dabei, dass ich nicht auf einer weichen Rasenstelle abschmieren würde.

Wir bauten unser Zelt unter knorrigen Eichen, von wo aus wir über den abschüssigen Hang auf eine Feuerstelle an einem Teich blickten. Entengeschnatter drang zu uns. Gelegentlich spritzte Wasser, wenn ein Fisch nach einem Insekt schnappte

Eine Frau kam aus dem Gutsschloss herab und entzündete ein Lagerfeuer. Acht weitere junge Frauen gesellten sich zu ihr. Auch wir gingen rüber und lernten die Künstlerinnen aus Lettland, Estland und St. Petersburg kennen. Alle sprachen Englisch, und so erfuhren wir, dass sich Schloss Zvǎrtavas seit 1996 zu einem internationalen Kunstzentrum entwickelt hatte.

Das Feuer war fast niedergebrannt. Ich stand auf, schleppte Holz herbei und legte nach. Funken sprühten in den klaren Nachthimmel, Feuerschein huschte über die Gesichter. Abseits der Feuerstelle war es kühl, und so rückte ich dichter an die Glut heran. Ein Tier raschelte. Die Enten waren schon lange still. Ich sah in den klaren Himmel und beobachtete, wie eine Sternschnuppe vorbeihuschte. »Wir dürfen uns was wünschen«, sagte Juliana. Ich wünschte uns eine sichere Reise nach Nowgorod.

Nach wie vor führt die Europastraße 77 schnurgerade nach Nordwesten. Weite Wälder begrenzen sie, Weidenröschen wogen als blühendes Meer am Straßenrand, vereinzelt sehen wir Störche, aber keine Ortschaften. Es wird eng mit der Spritversorgung!

Die lettisch-estländische Grenze überqueren wir zügig, aber unsere Frage nach Sprit kann auch hier niemand zufrieden stellend beantworten. Estland hat von den drei baltischen Staaten das rasanteste Wirtschaftswachstum, andererseits ist es das am dünnsten besiedelte Land mit weiten Wäldern, in denen Elche, Bären, Wölfe und Füchse sich gute Nacht sagen. Auch hier fanden wir kein Benzin!

Dann die russische Grenze: 32 Autos warten vor uns darauf, zunächst von den estnischen Zöllnern abgefertigt zu werden. Bei der Ausreise von Polen nach Kaliningradskaja Oblast hatten wir die polnischen Hürden sportlich in nur fünf Minuten genommen. Hier warten wir nun schon 15 Minuten. Keine Bewegung. Auch nach 45 Minuten ist keines der 32 Fahrzeuge auch nur um einen Zentimeter vorgerückt.

Ich weiß sehr gut, wie es ist, wenn beim Stau auf der Autobahn irgendwann der schlimmste Termindruck von einem abfällt und man beginnt, sich zu entspannen. Ähnlich empfinde ich jetzt. Ich denke an Russland, unser nördlichstes Reiseland, das flächen- und ausdehnungsmäßig größte Land der Erde, fast 50-mal so groß wie Deutschland!

Hier bei Pskow ist der Westzipfel Russlands; der Ostzipfel, Kap Deshnjew, liegt am Beringmeer vor Alaska. Ich versuchte, mich diesem Giganten zu nähern, indem ich vor meinem inneren Auge bekannte Erdregionen durchfuhr und hoffte, irgendwann einmal in Höhe der russischen Ostgrenze anzukommen.

Ohne Weltkarte war das eine Herausforderung. Aber die 32 Autos vor mir signalisierten, dass ich mir bei meinen Gedankenspielen durchaus Zeit lassen konnte. Ich setzte mich neben die Harley und zog Striche in den Staub. Juliana betrachtete mich verwundert, sah dann aber interessiert zu: Auf meiner Reise gen Osten durchfuhr mein Stöckchen die Türkei, dann den Iran, es gelangte nach Indien, durchquerte Thailand, Korea und Japan ... und hatte immer noch ein Drittel bis zum Ostzipfel Russlands vor sich. Jetzt wurde es schwierig; denn keine andere durchgehende Landmasse ragt so weit nach Osten. So nahm ich Brisbane in Australien zu Hilfe, das fast an die russische Kamtschatka-Halbinsel heranreicht. Erst bei Samoa im Südpazifik war ich auf dem Längengrad, der weit oben im Norden auf den Ostzipfel Russlands trifft.

Seit einer Stunde auf demselben Fleck und noch immer keine Bewegung. Die Autofahrer, meist allein reisende Männer, nehmen das gelassen, dösen, schlafen, lesen. Gnadenlos brennt die Sonne aus einem wolkenlosen Himmel. Kein Lüftchen geht. Längst sind unsere Lederhosen mit den Beinen verschweißt.

Nach insgesamt zwei Stunden hebt sich der Schlagbaum, und wir erreichen die estländische Grenzstation: erneutes Warten.

Ich bezweifele, dass wir heute noch in Nowgorod ankommen werden. Da bleibt ein etwa 45-jähriger Mann neben der Harley stehen und spricht uns auf Deutsch an.

»Das ist hier immer so«, tröstet er uns. »Die Russen haben zu wenig Personal.«

Wo er denn hinwolle, frage ich unseren neuen Bekannten Aleks.

Er lacht: »Nirgendwohin! So wie alle. Wir fahren nur flugs zum Tanken auf die russische Seite und dann schnurstracks zurück nach Estland.« Flugs, denke ich und kann mir ein Grinsen nicht verkneifen. Gewöhnlich, erzählt Aleks, dauert ein Tankausflug sechs bis acht Stunden, aber heute plane er zehn Stunden ein.

»Lohnt sich der Zeitaufwand denn?«

»Ich habe heute sowieso nichts anderes vor«, sagt er gedehnt.

Der Liter Sprit ist drüben 40 Cent billiger – bei einem 60-Liter-Tank sind das 24 Euro. Für die meisten noch mehr, denn die haben in ihre Wagen große Tanks amerikanischer Straßenkreuzer eingebaut, verrät Aleks.

Ob er ein gutes Hotel in Nowgorod kenne, frage ich.

Er selbst steige gelegentlich im Hotel Sadko ab. Das habe westlichen Standard, und das Preis-Leistungs-Verhältnis stimme. Da wir noch keinen Stadtplan von Nowgorod haben, zeichnet er uns eine bierdeckelgroße Anfahrtsskizze.

Nach vier Stunden zermürbender Warterei blubbert die Harley in die russische Grenzstation. Eine Stunde später hebt sich der letzte Schlagbaum. Unmittelbar hinter der Grenze warten drei moderne Tankstellen auf uns – meine Spritsorgen waren also völlig unbegründet.

Wir tanken, stärken uns und fahren weiter: Wälder und noch mehr Wälder. Keine Stadt, nur winzige Siedlungen, von denen Wege nach nirgendwohin führen. Weiße Kumuluswolken treiben über den zum Träumen blauen Himmel. Die Straße ist bestens, wir fühlen uns prächtig. Wie Wyatt und Billy auf ihrem Harley-Ride nach New Orleans. Dann geht die Sonne unter. Ich drossle von 100 Stundenkilometern auf 80, dann auf 60. Die Straße ist binnen weniger Kilometer ein Achsen mordendes, Stoßdämpfer killendes Monstrum geworden. »*Highway to Hell*«, brülle ich Juliana zu. Im letzten Sonnenlicht erreichen wir Pskow am südöstlichen Ausläufer des Peipus-Sees.

Pskow war unter dem Namen Pleskau eine Hansefaktorei an der Handelsstraße Brügge–Nowgorod. Ich entdecke nicht die Spur von historischer Größe, stattdessen mit Plattenbauten zugemauerte Randbezirke und ausgefranste Straßen. Doch als wir den Pskowa-Fluss überqueren, tauchen wir minutenlang ins 14. Jahrhundert ein, als Pskow neben Nowgorod eine der bedeutendsten Städte Russlands war. Bei erstbester Gelegenheit parke ich die Harley. Wir gehen zurück auf die Brücke.

Tiefblau die Farbe des träge dahintreibenden Pskowa-Flusses, an dessen Ufer unter rotweißen Sonnenschirmen Menschen beim Abendessen sitzen. Hinter einer Baumreihe erhebt sich die mächtige Mauer der burgähnlichen Altstadt, des Kreml, über der die Kuppeln der Dreifaltigkeitskirche stehen.

Als ich wenig später in Pskow tanke, schleicht ein heruntergekommener Typ mit verschlagenem Gesichtsausdruck um uns herum und versucht, mir eine »echte Rolex« für 20 Euro anzudrehen. Wir machen, dass wir weiterkommen.

Im Tagebuch findet sich über dem nächsten Straßenabschnitt die Überschrift: »Albträume auf Asphalt«. Wir träumen sie im Zwielicht, in das dichter Nebel kriecht. Wo die Nebel aufreißen, sehe ich Wälder und immer nur Wälder. Nur ein schwacher samtener Schein erinnert noch an die untergegangene Sonne. Doch beim nächsten

See, von dem erneut undurchdringliche Nebel über die Straße wabern, ist mit der Romantik endgültig Schluss.

»Vor Mitternacht werden wir nicht in Nowgorod sein!«, nörgele ich.

Juliana steckt das weg, ohne zu murren, obwohl uns beiden bitterkalt ist.

Nikolaewo, ein Ort, den man eigentlich gar nicht wahrnimmt, ist stolz auf ein Verkehrsschild, dessen Pfeile rechts nach Nowgorod und geradeaus nach St. Petersburg zeigen. Einen Moment lang packt mich der Ehrgeiz: In vier Stunden könnten wir in St. Petersburg sein, würden in der Weltstadt auch zu später Stunde noch ein ordentliches Hotel finden ... was bei Nowgorod mehr als ungewiss ist ...

Ein einsamer Polizist steht gelangweilt neben dem Verkehrsschild.

Ob er Englisch spreche, frage ich ihn. Er grummelt bejahend. Das macht mir Mut.

»Gibt es hier einen Campingplatz?«

Er: »Nowgorod!« Und noch mal: »Nowgorod!!« Dabei deutet er mit beiden Händen auf die nach Osten abknickende Nebenstraße.

Man darf das interpretieren, wie man will. Aber vermutlich verstand er überhaupt nichts. Für uns ist seine Geste der Schicksalsspruch, bestens gelaunt besteigen wir die Harley und brettern in die kalte Nacht hinein.

Gegen zwei Uhr morgens erreichen wir Nowgorod. Im Licht einer Straßenlaterne fingert Juliana Aleks' bierdeckelgroßen Stadtplan hervor.

»Geradeaus«, sagt sie, »und dann links.«

Die Harley hüpft von einer Betonplatte zur nächsten. Taxis flitzen mit hart über die Fahrbahn wummernden Reifen vorbei.

Bloß nicht die Nerven verlieren!

Den Zettel in der einen, die Taschenlampe in der anderen Hand, dirigiert Juliana mich durch Nowgorod. »Zuerst in Richtung Moskau fahren«, steht auf Aleks' Zettel. 20 Minuten später haben wir die Orientierung verloren. Ich frage einen Taxifahrer nach dem Hotel. »Sadko?« Er beugt sich aus dem Fenster und beschreibt uns in gebrochenem Englisch den Weg. Das Hotel Sadko erreichen wir nach 500 Metern!

Ich parke die Harley direkt vor dem Hoteleingang und stolpere steifbeinig die Treppe hoch, während meine vor Kälte zitternden Finger den Helmgurt lösen. Da öffnet sich die Hoteltür, ein Wachmann reißt die Augen auf und greift zum Gummiknüppel. Zum Glück kriege ich noch schneller den Helm vom Kopf. Ich stottere etwas auf Englisch, er schmunzelt und führt mich zur Rezeption.

Der Empfang ist freundlich. Man gestattet uns, das Motorrad direkt am Glasfenster der Rezeption zu parken. Ohne zu handeln akzeptiere ich den ersten Preis, den Wachmann Walodja für seine De-luxe-Bewachung der Harley verlangt: 200 Rubel, also sieben Euro. Natürlich ist das viel zu viel, aber es lässt mich ruhig schlafen.

Drei Uhr morgens. Eigentlich sollten wir nach alledem todmüde sein. Und eigentlich könnte hier die Geschichte unserer Nowgorod-Odyssee enden. Aber ich bin durstig.

»Lass uns unsere Ankunft feiern.«

Juliana sieht mich an, als wäre bei mir eine Schraube locker.

»Die Hotelbar hat leider schon geschlossen«, bedauert Svetlana an der Rezeption, aber 500 Meter weiter gibt es kleine Läden, und die seien rund um die Uhr geöffnet.

In Paris würde ich die Ankunft mit Champagner begießen, in Schottland mit Whiskey... Bei der in einem vergitterten Verkaufsstand sitzenden Verkäuferin erstehe ich stattdessen ein kleines Fläschchen Wodka, Mineralwasser und Knabbereien.

Wir tauen auf. Ich fülle das russische Nationalgetränk in die im Bad vorgefundenen Zahnputzgläser. »*Na sdarówje*«, sagen wir beide wie aus einem Mund. Ich nehme Juliana in den Arm. Es ist gut, jemanden zu haben, der auch bei Nacht und Nebel mit einem durch dick und dünn geht.

25 Highway-Melodie in Moll – zum Venedig des Nordens

Wie gern würde ich mit einer Zeitmaschine in Nowgorods Vergangenheit reisen: einfach den Apparat auf das Jahr 1300 stellen und, schwups, am Ufer des Wolchow-Flusses sein …

Ich treffe deutsche Kaufleute aus Soest, Lemgo, Münster und Dortmund, denn die Westfalen dominieren den Nowgoroder Handel. Schon gut 100 Jahre zuvor hat die Hanse den Vertrag mit den Bojaren, den adligen Grundherren des Landes, unter Dach und Fach gebracht und hier das deutsche Handelskontor St. Peterhof errichtet. In Zobel- und Hermelinpelze gekleidete Handelsherren fallen mir ins Auge. Von nirgendwo sonst beziehen Europas Fürsten kostbarere Pelze als von hier. Im Gegenzug beliefern die Hansekaufleute Nowgorod mit dem begehrten Lüneburger Salz. Und norddeutscher Salzhering ist hier ebenso beliebt wie Wein, Bier, Waffen und Glas.

In Nowgorod leben zu jener Zeit 30 000 Einwohner. Es ist die größte Stadt Russlands. Bis auf Köln sind alle deutschen Städte im Jahr meiner Zeitreise kleiner als Nowgorod.

Ich schiebe den Zeiger der Zeitmaschine vor auf das Jahr 1450.

Überall erblicke ich prächtige Kirchen: die Paraskeva-Freitagskirche, mit dem Silber und Gold deutscher Händler finanziert, die Nikolaus-Kathedrale, deren Gottesdienste auch Hansekaufleute besuchen, denn Nikolaus ist ihr Schutzpatron. Und dann ist da die Johannes-Kirche, Sitz der Kaufmannsgilde und ihrer Gerichtsbarkeit.

»Wer vermag etwas gegen Gott und Groß-Nowgorod?«, fragt mich ein Bojar und drückt damit den Stolz und das Selbstbewusstsein Nowgorods aus.

Ich durchschreite die Handelsarkaden, in denen 200 Hansekaufleute Handel treiben, schaue über den Fluss auf den Kreml, den sie hier in Nowgorod Detinez nennen. Über die fünf Meter dicken Stadtmauern dringt das Glockengeläut der Sophien-Kathedrale zu mir. Sie wird einmal das Vorbild für alle weiteren Kirchen Russlands sein. Die Bojaren-Republik »Herr Groß-Nowgorod«, wie die Einwohner ihre Stadt gern nennen, erlebt in diesem Jahr ihre Blüte.

Ich verzichte darauf, meine Zeitmaschine auf Nowgorods Schicksalsjahre auszurichten: etwa auf 1478, als Großfürst Iwan III. aus Moskau die faktische Einigung Russlands vollzieht und Nowgorod seinem Reich einverleibt. Ungleich grausamer ist Iwan IV. der Schreckliche, der 1570 mit schrankenlosem Terror die Bojaren bekämpft und große Teile Nowgorods brandschatzt. Ich bringe es auch nicht übers Herz, meine Zeitmaschine auf die Jahre 1941–1944 zu stellen, als Nowgorod durch die deutsche Wehrmacht weitgehend zerstört wurde und unzählige Einwohner den Tod fanden.

Stattdessen drehe ich meinen Zeiger zum Beginn des 21. Jahrhunderts und finde mich an der Rezeption des Hotels Sadko wieder, wo in diesem Moment Natascha erscheint, um uns zu der Stadtführerin Olga zu bringen.

Natascha ist Mitte 20 und spricht bestens Englisch. Es ist ihr gelungen, kurzfristig eine Führung durch die 1000-jährige Altstadt am Wolchow zu arrangieren. Auf dem Weg dorthin erkundigen wir uns bei ihr nach einem Supermarkt. Sie zuckt die Achseln: »Es gibt keinen Supermarkt in Nowgorod.« Aber wir seien gerade in Kaliningrad gewesen, und da hätten wir ein beeindruckendes Shopping-Center besucht, wundert sich Juliana. Das sei das moderne Kaliningrad, entgegnet Natascha, aber eben nicht Nowgorod.

Unsere Stadtführerin Olga wartet bereits vor der Sophien-Kathedrale. Bei unserem Erscheinen schaut sie ostentativ auf ihre Uhr, zieht die Augenbrauen hoch und runzelt die Stirn.

Olgas Englisch ist druckreif, und ich stelle mir vor, wie der KGB-Geheimdienst sie vor 30 Jahren auf Agent »007« ansetzte. Dass James Bonds Verführungskünste bei Olga zum Erfolg geführt hätten, ist allerdings nur schwer vorstellbar. Ihr säuerliches, etwas zerknittertes Gesicht verschwindet hinter einer zu groß geratenen, altmodischen Sonnenbrille. Während der zweistündigen Führung spult sie ihr Programm professionell ab, erschlägt uns fast mit historischen Fakten und duldet keine Zwischenfragen.

Am 16 Meter hohen Denkmal »1000-jähriges-Russland« bleiben wir stehen. »1862 errichtet...«, erklärt Olga. »Genau 1000 Jahre zuvor hatten der schwedische Wikinger Rurik und seine Mannen die Siedlung Nowgorod gegründet. 862 ist das Gründungsjahr Russlands.«

Wir schlendern an diesem imposanten Denkmal mit den 129 maßgeblichen Figuren der russischen Frühgeschichte entlang; von Rurik über Zar Iwan III. zu Peter dem Großen, hinter dem ein Schutzengel in Richtung der noch nicht gebauten russischen Hauptstadt St. Petersburg weist.

»Im Großen Vaterländischen Krieg zerlegten die Hitlerfaschisten das Denkmal und stellten es für den Abtransport nach Deutschland bereit«, hören wir, »doch die siegreiche Rote Armee verhinderte das.«

Wir stoppen am Magdeburger Tor, das 1152 in Magdeburg gefertigt wurde. Von dort folgen wir Olga in die Sophien-Kathedrale. Drinnen ist es schummrig. Mich irritiert, dass ich keine Sitzbänke sehe. »Aus Demut vor dem Herrn stehen die Gläubigen«, flüstert Olga. Runzlige Frauen mit Kopftüchern sorgen für Ordnung und Sauberkeit. Ich habe Orientierungsprobleme, denn ein Altar fehlt ebenso wie die daheim übliche Längsbetonung des Kirchenschiffs.

Plötzlich zuckt Olga zusammen und schaut auf die Armbanduhr: 18 Uhr; ihre Mutter warte um diese Zeit immer mit dem Abendessen auf sie. Sie müsse schnell zu einem Telefon, um sich wegen ihrer Verspätung zu entschuldigen. Ich freue mich, dass sich hinter historischen Daten und Fakten und der Riesensonnenbrille ein leibhaftiger Mensch verbirgt, und gebe ihr ein gutes Trinkgeld.

Am Wolchow-Strand herrschte noch Urlaubsstimmung. Mütter und Väter dösten auf Liegematten, ihre Kinder bauten Sandburgen. In Brückennähe waren Netze aufgespannt, an denen Männer Volleyball spielten. Unterhalb der wehrhaften Kremlmauer tuteten die Hörner von Ausflugsbooten. Ich vernahm nur russische Laute, wir waren die einzigen Fremden in der »Wiege Russlands«.

In einem kleinen Restaurant an der Wolchow-Brücke ergatterten wir die letzten beiden freien Plätze. Wir bestellten Essen und zahlten für Schaschlikspieße, Kroketten, Rohkostsalat, Fladenbrot und zwei Biere insgesamt knapp zehn Euro. Auch deswegen genoss ich es, hier zu sein.

Während im Radio russische Lieder zu heißen amerikanischen Rhythmen erklangen, beobachteten wir eine noch heißere Modenschau, und unser Straßenrestaurant war die Tribüne: Vor uns schlenderten die hübschesten blau- und grauäugigen jungen Frauen über die Brücke. Blond, mit tollen Frisuren, gekonntem Make-up und Beinen wie Claudia Schiffer. Modelfiguren hatten die hier sowieso. Ihre meist glatzköpfigen Freunde wirkten dagegen hausbacken.

»So habe ich mir Russland nicht vorgestellt«, sagte ich. Juliana hob ihr Glas: »Reisen ist tödlich für Vorurteile!«, konterte sie mit spitzbübischem Lächeln.

Auf dem Ausflugsboot unterhalb der Brücke wurde die Abfahrt angekündigt, eine Glocke schlug, dann dröhnte der schwere Schiffsdiesel. Zwei halbwüchsige Inlineskater bretterten halsbrecherisch über die unebene Brücke. Im moorig braunen Fluss tummelten sich die letzten Badegäste. Und noch immer flanierten die hübschen Mädchen, als stünde die Wahl der »Miss Nowgorod« an. Nur der Typ mit den groben Gesichtszügen, der jetzt eine Wodkapulle aus der Tasche zog und gierig einen tiefen Schluck nahm, passte nicht ins Bild. Besser gefiel mir der Bursche mit dem gestylten Haar und dem coolen Spruch auf dem T-Shirt: *»Punk Rock saved my Life«*.

Wir zahlten, verließen unsere Tribüne und bummelten durch den Kreml. Die Abendsonne vergoldete das alte Nowgorod und warf meterlange Schatten über den golden glänzenden Boden. Golden schimmerten jetzt auch die sonst silbernen Kuppeln der Sophien-Kathedrale.

Plötzlich waren gregorianische Gesänge zu hören. Wir folgten ihnen.

Russlands älteste Kathedrale war voller Musik, einer Musik ohne Instrumente: nur glasklare Frauenstimmen, die jetzt von Männerbässen untermalt wurden. Neben uns kniete eine Frau mit Kopftuch, sie bückte sich und küsste den heiligen Boden der Kathedrale. Dann legte sie sich der Länge nach hin, presste ihre Stirn auf die Steine und betete. Das Crescendo und Decrescendo der Musik, in der sich jetzt Männer- und Frauenstimmen abwechselten, hatte etwas Mystisches.

Abrupt das Ende. Zunächst verließen die Männer den kleinen Seitenraum der Kathedrale, dann die Sängerinnen, eine im heißen Minirock, der knapp bis über den Po reichte. Kopftücher aber trugen alle.

Am darauf folgenden Morgen leckte ein grauer Himmel regennass über das Dach des Hotels Sadko. Vorsichtig manövrierte ich die schwere Harley die steile, regentriefende Rampe vom Hoteleingang runter zur Straße. Der Nieselregen nahm zu, und anstatt wie geplant dorthin zu fahren, wo Dostojewski der Überlieferung nach an seinem Roman *Die Brüder Karamasow* gearbeitet hatte, lenkte ich die Harley auf die E 105 von Moskau nach St. Petersburg.

Die Fahrbahn hatte längst aufgegeben, dem Druck der 30- und 40-Tonner standzuhalten, und so jonglierte ich die schwere Maschine von Spurrille zu Spurrille, wich Schlaglöchern aus und hoffte, die wertvolle Harley auf dem schmierigen Belag nicht auf die Seite zu legen.

Im Tagebuch findet sich folgende Notiz: »Horrortrip! Als säße den Pkw- und Lkw-Fahrern der Leibhaftige im Nacken. Ihre Fahrzeuge sind die letzten Schrotthaufen: Lkws ohne Stoßstangen, Lieferwagen ohne Kotflügel, viele mit zerbrochenen Windschutzscheiben. Ich bete, dass wenigstens die Bremsen funktionieren. Dass viele Scheinwerfer zerbrochen sind oder an einer Seite ganz fehlen, ist das geringste Übel. Man überholt rechts, an Verkehrsregeln halten sich nur die Dummen. Meine Nerven liegen blank. Jetzt folgen Straßenbauarbeiten und Umleitungen … Wo die Fahrbahn nicht verdreckt ist, schillert sie vor Motoröl wie ein Regenbogen.

Vor St. Petersburg nimmt der Verkehr zu; rechts ein umgestürzter Lkw, links ein Chaos aus zerborstenen Metallteilen. Halsbrecherisch dröhnt der Verkehr daran vorbei.«

Wie schön wäre es, bei Sonnenschein und weniger Verkehr hier zu sein. Muße zu haben für einen Blick auf die am Straßenrand liegenden Gebäude: hölzerne Wohnhäuser von Siedlern und Kleinbauern, oft mit filigranem Schnitzwerk an den Giebeln. Einige sind grün, andere blau, von den meisten blättert die Farbe, viele sind vernachlässigt, mehrere verlassen, manche hängen in gefährlicher Schräglage, wo das Fundament im moorigen Untergrund absackte.

Auf den letzten 50 Kilometern folgte eine Baustelle der anderen, der Verkehr war zähflüssig. Da entdeckte ich plötzlich einen freien Platz abseits der Straße.

»Lass uns eine Pause machen.« Im Zickzack umkurvte ich Pfützen und fand ein Fleckchen, auf dem ich es wagen konnte, den Harley-Ständer auszuklappen. Uns war kalt, zum Aufwärmen machten wir Kniebeugen. Ich bückte mich – und traute meinen Augen nicht.

Regennass, unscheinbar und verloren, stand da ein vierblättriges Kleeblatt. Es stand da, um uns Mut zu machen.

Wir pflückten den Glücksbringer und legten ihn zum Trocknen zwischen die Blätter unseres Reiseführers. Nie zuvor hatte ich ein vierblättriges Kleeblatt gefunden …

Bald ließ der Regen nach. Zwar pafften die Lkws noch immer schwarzen Dieselqualm, und die auspufflosen Autos knatterten wie zuvor, doch als wir an einer Tankstelle einen Stadtplan kauften, riss unerwartet die Wolkendecke auf. Mit eisernen Nerven lotste Juliana uns auf den in kyrillischen Schriftzeichen ausgeschilderten Straßen punktgenau in die City.

Mein erster St.-Petersburg-Eintrag im Tagebuch ist kurz und bündig: »Da bleibt einem die Spucke weg!«

Bei der Eremitage war der Himmel wolkenfrei, und die Sonne brannte auf die City, die dampfte wie eine Tropenstadt nach einem Monsunregen. Wenig später hatte eine Brise die letzte Feuchtigkeit in den Finnischen Meerbusen gefegt.

»Saint Pete« oder »Pieter«, wie die Jungen sie nennen, ist ein teures Pflaster! Ein russisches Reisebüro hatte daheim dennoch versucht, für uns eine preisgünstige Unterkunft zu finden.

Doch je näher wir der empfohlenen Adresse in der 7. Linca nördlich der Newa kamen, umso grauer und unansehnlicher wurden die 100 Jahre alten Häuser.

Im Gebäude mit der angegebenen Nummer sah ich nur Wohnungen und einen kleinen Laden für Autozubehör. Kein Hotel. Ich betrat den Laden. Niemand sprach Englisch. Ein Kunde bedeutete mir, ihm zu folgen. Wir durchschritten einen Torbogen und betraten einen großen Hinterhof, in dem neben Werkstätten ein winziges Haus stand, wenn man diesen Würfel mit Fenstern so nennen wollte. An dem Ding stand tatsächlich »Hotel«. Ich klopfte. Ein freundlicher dunkelhaariger Mann mit südosteuropäischen Zügen öffnete. Er sprach nur Russisch. Das Minihotel mit zwei Gästezimmern war sauber, aber weder das Gemeinschaftsklo noch der Blick vom Gästezimmer auf die zerlegten Autos einer Karosseriewerkstatt – dort sollte die Harley des Nachts stehen – gefiel mir.

»Ruf Taddeo an«, riet Juliana. Taddeo betreibt eine kleine Pension nahe dem Newskij-Prospekt, der Flanier- und Einkaufsmeile St. Petersburgs. Aber auch er hatte uns während unserer Kontaktaufnahme von daheim über Internet wissen lassen, dass er keinen Stellplatz für die Harley habe.

Ich erreichte Taddeo per Handy. Er hatte noch ein Zimmer frei und wollte uns in einer halben Stunde auf dem Parkplatz an der Kasaner Kathedrale treffen.

St. Petersburg war die Hauptstadt des Russischen Reiches, war Zarenresidenz und Schauplatz der blutigen Oktoberrevolution von 1917. Stadtgründer Zar Peter I. nannte sie »Sankt Peterburg« (man schreibt den Namen in Russland noch heute offiziell ohne S), zu Beginn des Ersten Weltkriegs wurde ihr Name in Petrograd geändert, nach Lenins Tod hieß sie ab 1924 Leningrad. Fast 900 Tage stand Leningrad während des Zweiten Weltkriegs im Feuer der angreifenden deutschen Wehrmacht. Dass Leningrad, anders als von Hitler in seinem Vernichtungswahn beschlossen, nicht vom Erdboden verschwand und somit die bedeutendsten Paläste und Kathedralen der Zarenzeit erhalten blieben, ist ein Geschenk an die Menschheit. 1991 wird Leningrad in »Sankt Peterburg« rückbenannt. Zwölf Jahre später werden der damalige Bundeskanzler Gerhard Schröder und der russische Präsident Putin zum 300-jährigen Stadtjubiläum den mit einer 3,5-Millionen-Euro-Spende der Ruhrgas AG fertig gestellten Nachbau des von den Nazis geraubten Bernsteinzimmers im Katharinenpalast einweihen.

Umständlich mäandert die Newa durch die Randgebiete St. Petersburgs, bis sie oberhalb des Smolnyj-Klosters scharf nach Westen abknickt. Bald verfächert sie sich in die Bolschaja Newka, dann in die Newa, bis sie sich über Seitenarme und -kanäle in den Finnischen Meerbusen ergießt. Beim Blick auf so viel Wasser wird schnell klar, warum St. Petersburg auch das »Venedig des Nordens« genannt wird. Es ist eine sorgfältig durchgeplante Stadt, die schon von Peter dem Großen vor gut 300 Jahren als Fenster zum Westen konzipiert war. Und es heute wieder ist...

An der Kasaner Kathedrale bummelten sommerlich gekleidete Menschen und schleckten Eis. Der morgendliche Horror auf der Chaos-Autobahn war fast vergessen.

St. Petersburg ist anders. Die Stadt ist nicht nur großflächig, sondern monumental, ihre prächtigen Bauten fast protzig, eine Stadt mit unermesslichen Kunstschätzen. Während der »Weißen Nächte« sprudelt ihr Temperament über.

Wir standen noch immer auf dem Kasaner Platz. Und noch immer war kein Taddeo in Sicht. Also ließ ich die Bilder auf mich wirken: den lebhaften Verkehr auf dem Newskij-Prospekt. Rechts und links die prächtigen Paläste, Geschäfte und Wohnhäuser. Unmittelbar neben uns war der Gribojedow-Kanal, an dem Fjodor Michajlowitsch Dostojewski und seine literarischen Helden gelebt hatten.

Wo blieb nur Taddeo? Hatte ich ihn am Telefon falsch verstanden?

Wir parkten im Halteverbot. Wie lange würde der auf- und abgehende Polizist noch ein Auge zudrücken?

»Bleib du hier, ich sehe nach, ob ich ihn auf der Rückseite der Kathedrale finde«, sagte ich zu Juliana. Vielleicht gab es einen weiteren Parkplatz auf der Rückseite.

Ein Mann, ich schätzte ihn Mitte 30, mit dem Tonfall eines Schweizers aus der Basler Gegend erwartete mich: Taddeo.

»Steht die Harley hier sicher?«, fragte ich ihn. Wir gingen zu einem Wachmann, der am Rande dieses umzäunten Parkplatzes in einer Hütte mit großen Fenstern saß. Taddeo und er sprachen Russisch. Der Wachmann deutete mit dem Finger auf den Platz vor seinem Wärterhäuschen. Dort sollte ich die Harley parken. »Hier stehen nachts oft 50 000-Euro-Nobelkarossen«, beruhigte mich Taddeo. Ich zahlte für die ersten 24 Stunden und legte zur Schärfung der Wachsamkeit ein ordentliches Trinkgeld drauf.

Taddeos Gästezimmer befand sich nur wenige hundert Meter entfernt am Gribojedow-Kanal. Wir betraten die Wohnung und schauten auf den Kanal und die berühmte Bank-Brücke, deren Stahlseile in den Mäulern der viel fotografierten geflügelten Löwen enden. Wir hätten es nicht besser treffen können. Das musste an unserem Kleeblatt liegen!

»Kommt in die Küche«, rief Taddeo, »der Cappuccino ist fertig.«Das ließen wir uns nicht zweimal sagen.

26
Taddeo – ein Schweizer Korse in St. Petersburg

»Was verschlägt einen Schweizer nach St. Petersburg?«, frage ich Taddeo.

»Ich hatte die Einladung, an einer Schule hier Deutsch zu unterrichten. Während meines zweijährigen Aufenthalts lernte ich die St. Petersburger schätzen, also blieb ich und studierte an der Universität Slawistik. Ich lernte Elena kennen, wir heirateten und bekamen unsere Tochter Sophie.«

»Hast du durch die Heirat die russische Staatsbürgerschaft bekommen?«

»Ja«, sagt Taddeo, »und meine Frau die französische.«

Die französische? Er spreche lupenreines Basler Deutsch und sei doch Schweizer. Oder? »Mein Vater ist Korse, ich habe bis zu meinem siebten Lebensjahr auf Korsika gelebt. Mutter stammt aus der deutschen Schweiz, wo ich später zur Schule ging.«

Heute hat Taddeo also drei Reisepässe: den russischen, den französischen und den Schweizer Pass. Womit er einem anderen Korsen, Napoleon, der zeitlebens von St. Petersburg träumte, um Nasenlängen voraus ist. Neben Deutsch, Französisch und Russisch spricht Taddeo übrigens Englisch und Italienisch.

»Was gefällt dir besonders an Russland?«

»Die Menschen. Ihre Offenheit, ihre Großzügigkeit und ihr unbeschwertes Lachen.«

»Wir haben da allerdings auch andere Erfahrungen gemacht«, werfe ich ein. Da war zum Beispiel jene Frau, die wir an einer Museumskasse aus dem Schlaf reißen mussten und die uns mit unverhohlenem Desinteresse die Eintrittskarten zuschob.

Taddeo gibt zu, dass die Arbeitseinstellung gelegentlich noch an die kommunistische Ära erinnere. Aber das lege sich langsam. »Sobald Russen jemanden näher kennen lernen, sind sie die herzlichsten, gastfreundlichsten und vor allem geselligsten Menschen der Welt. Kürzlich musste ich nach Finnland reisen und besuchte dort ein Bahnhofsrestaurant, in dem 50 Personen wie verloren einzeln vor ihren Biergläsern saßen. Nach Russland zurückgekehrt, kam ich in ein Restaurant, in dem 20 Tische leer waren. Aber an einem gluckten 30 Leute zusammen und ließen es sich gut gehen.«

Überhaupt, wenn es ums Feiern gehe, seien die Russen Weltmeister. Um das zu erleben, sollten wir am 31. Dezember hier sein, wenn die St. Petersburger das erste Mal ins Neue Jahr reinfeierten. Am 7. Januar geht es mit dem orthodoxen Weihnachtsfest weiter, und am 14. Januar wird das Neujahrsfest nach dem Julianischen Kalender zelebriert. »Man braucht gar nicht erst zu versuchen, hier zwischen dem 31. Dezember und dem 14. Januar etwas Geschäftliches zu erledigen.«

Ob er sich nach all den Jahren noch etwas von der sprichwörtlichen Schweizer Korrektheit bewahrt habe, frage ich Taddeo.

»Meiner Schweizer Mentalität verdanke ich meinen Erfolg. Was ich zusage, halte ich ein. Das ist bei Russen nicht immer zu erwarten. Aber erstaunlicherweise erwarten Russen diese Korrektheit bei einem Schweizer!«

Eines sei für ihn nach wie vor gewöhnungsbedürftig: »Schmiergeldzahlungen … Wenn zum Beispiel ein Kind nicht die erhofften Noten mitbringt, kann man sich die gewünschte Zensur beim Lehrer kaufen. Das hat Gründe: Angestellte des öffentlichen Dienstes wie Lehrer, Polizisten und Krankenhausärzte beziehen ein so geringes Einkommen, dass sie oft am Rand der Armutsgrenze leben. »Andererseits«, hebt Taddeo hervor, »ist die Qualität der Ausbildung hervorragend.«

»Und wie steht es mit den Fahrschulen?« Ich denke an die Verkehrsunfälle auf dem »Chaos-Highway«. Da schmunzelt Taddeo: »Russen glauben, das Unglück schlüge nur beim anderen zu. Ihr werdet sehen, wie Motorradfahrer nachts bei 160 Stundenkilometern ohne Helm den Newskij-Prospekt entlangrasen. In der Schweiz oder Deutschland würden sie als lebensmüde gelten und von der Polizei bestraft werden. Hier sind es tolle Hechte.« Er lacht: »Die Fahrschulausbildung ist gut, aber letztlich kauft man sich den Führerschein mit Schmiergeld. Festpreis: 250 Euro. Bei Verkehrsdelikten sind die Preise Verhandlungssache. Ein Freund, der kürzlich mit 120 Stundenkilometern in der City von einem Polizisten ertappt wurde, sollte 20 Euro zahlen. Da sagte mein Freund: ›Du spinnst wohl!‹, schob dem Polizisten zehn Euro zu und fuhr weiter.«

»In St. Petersburg findet ihr alles, sogar Nobelrestaurants und exquisite Nachtclubs«, wendet sich Taddeo einem anderen Thema zu. »Natürlich hat alles seinen Preis. Auch Eigentumswohnungen übrigens, für die man im Zentrum pro Quadratmeter satte 1500 bis 2000 Euro auf den Tisch legen muss.«

»Wie kann man da als Russe mit einem Durchschnittseinkommen von umgerechnet 300 Euro pro Monat mithalten?«

»Auch die meisten kleinen Leute kommen irgendwie über die Runden. Viele haben eine Datscha, ein Wochenendhaus außerhalb der Stadt, wo sie Gemüse und Kartoffeln anbauen.« Dazu komme noch der eine oder andere Nebenjob. »Die Alten mit ihren lächerlichen Renten sind die Verlierer in der heutigen Gesellschaft.«

Den Sommer verbringt Taddeo mit seiner Familie draußen in der Datscha. Doch im Winter, wenn die Newa dick zugefroren ist und die ganz Unerschrockenen Löcher ins Eis bohren, um bei klirrenden Minusgraden in den Fluss zu tauchen, kommt er nach St. Petersburg zurück. Auf unsere Frage, ob er sich vorstellen könnte, in Moskau zu leben, lacht er und schüttelt den Kopf.

»Moskau ist wie die Schweiz oder Deutschland: Gestresste Menschen hetzen durch die Straßen und arbeiten täglich zehn bis zwölf Stunden. Die St. Petersburger sind viel entspannter; gehen abends früher von der Arbeit heim und dafür morgens später hin. Im Sommer ist das auch kaum anders machbar, denn dann genießen sie die langen, hellen St. Petersburger Nächte auf dem Newskij-Prospekt. Jetzt wisst ihr, warum ich St. Petersburg liebe! Der russisch-amerikanische Literaturnobelpreisträger Joseph Brodsky hat das am treffendsten auf den Punkt gebracht: ›Es gibt keinen Ort in Russland, wo die Imagination sich mit solcher Leichtigkeit von der Realität ablöst‹«.

27
Weiße Nächte in St. Petersburg

Zwei Stunden vor Mitternacht hätte man eine ausgestorbene Innenstadt erwarten können. Die Büros waren längst geschlossen, das Leben könnte jetzt zu Hause seine beschauliche Fortsetzung finden.

Nicht so in St. Petersburg.

Zwischen den Säulen der illuminierten Kasaner Kathedrale bummelte zwar niemand mehr, aber dafür pulsierte das Leben auf den Bürgersteigen, an denen in Stuttgart oder München gebaute Luxuslimousinen parkten – alle mit russischen Nummernschildern und schwarz getönten Scheiben. Gleich daneben fegten junge Breakdancer wie tanzende Derwische über das Pflaster. Einer von ihnen stellte sich zum Beat des Gettoblasters auf den Kopf und küselte wie ein Kreisel. Die begeisterten Zuschauer warfen Rubel in den bereitgestellten Pappkarton.

Geradezu unwirklich war der Blick über den Gribojedow-Kanal, in dem sich St. Petersburgs Lichterpracht grün, gelb und rot widerspiegelte. Wo sich der Kanal in das Flüsschen Mojka ergießt, leuchteten – wie ein Gruß aus einer fremden Welt – die bunten Zwiebeltürme der im altrussischen Stil erbauten Auferstehungskirche.

Alte Frauen warben für nächtliche Bootsfahrten. Eine solche Tour wäre bestimmt zauberhaft, doch erst mal waren wir hungrig und reihten uns auf unserer Suche nach einem Restaurant in den Strom der Nachtschwärmer ein, die zu Tausenden über die Bürgersteige des Newskij-Prospekts bummelten. Das waren keine Fremden, sondern St. Petersburger; zu zweit oder in kleinen Gruppen, zumeist mit einer Flasche Sekt, manchmal auch mit einem Bier in der Hand, schlenderten sie durch das Lichtermeer. Alles war in Bewegung.

Überall bildhübsche Frauen, schick und modisch gekleidet, außerordentlich geschmackvoll und gepflegt. Während der Weißen Nächte ist der Newskij-Prospekt ein langer Laufsteg, auf dem es ums Sehen und Gesehen-Werden geht.

Wir steuerten das Fast-Food-Restaurant daneben an. Aus großen *music boxes* klang *»Belfast Child«* von den Simple Minds, und ich fühlte mich noch wohler. Wir hatten Glück, dass noch zwei Plätze frei waren.

Die Speisekarte war so groß wie die Wand breit und hoch. Gut, dass neben jedem Angebot ein Foto hing, denn die Bezeichnungen waren ausschließlich auf Russisch. Aber auch ohne Bilder wären wir nicht verhungert, denn die üppige schwarzhaarige Bedienung, die unsere Bestellung entgegennahm, sprach fließend Englisch. Wir vertrauten auf Bekanntes und bestellten Coke, Pommes und »St. Peter's Burger«. Das Essen werde serviert, kündigte die Schwarzhaarige an. Und von wegen schlabberiger Pappbecher! Ein junger Mann brachte hübsch mit Zitronenscheiben dekorierte Gläser, in denen unsere Coke auf Eis sprudelte. Und unsere Burger gingen wir stilvoll mit Messer und Gabel an. Endlich sabberten mal keine Majo und kein Ketchup über die Finger.

Und noch immer war auf dem Newskij-Prospekt der Teufel los.

Inlineskater flitzen zwischen Fußgängern umher. Mountainbiker bieten halsbrecherische Artistik auf den Mäuerchen, zwei Harleys bullern vorbei, Yamahas und Suzukis kreischen. Unter 100 Stundenkilometern macht's hier keiner …

Die beim Über-die-Straße-Gehen bevorzugte Ampelfarbe ist Rot. Die Fremden schließen sich den einheimischen Flaneuren an, um nicht als einfältige Touristen aufzufallen.

Ein Uhr morgens: Die Eremitage mit den Zarenpalästen und einem der bedeutendsten Kunstmuseen der Welt ist noch illuminiert.

Wir schlendern auf der Schlossbrücke über die Newa zu der als Strelka bezeichneten Landspitze. St. Petersburg bei Nacht ist atemberaubend: links die Peter-und-Paul-Festung mit den Sarkophagen der russischen Zaren, gegenüber die Eremitage, zur Rechten der überall sichtbare Turm der Admiralität. Ein einziges Lichtermeer.

Gegen drei Uhr morgens, eigentlich schon auf dem Heimweg, stoppen wir an einem der rund um die Uhr geöffneten Läden. Drinnen ist es proppevoll, auch draußen steht man Schlange, um Sekt oder Bier zu kaufen. Wir ergattern ein Fläschchen *schampánskaje*, setzen uns an den Gribojedow-Kanal und lassen uns von St. Petersburg berauschen. Es ist einfach zu schön hier! Erst gegen vier Uhr morgens fallen wir ins Bett und schlafen unseren Rausch aus.

Breakdancer feiern in St. Petersburg auf ihre Art die »Weißen Nächte«.

Auf dem nur wenige hundert Meter von unserem Haus entfernten Markt zeigte sich eine andere Facette der Stadt. Hübsche, junge Frauen in Designerklamotten oder Motorbiker auf teuren Maschinen gab es hier nicht. Ich sah in die Gesichter von Mongolen, sah Georgier, Kasachen und Usbeken. Ich sah die junge Hutverkäuferin lustlos an ihrem Stand eine Suppe löffeln und einen alten Mann, der versuchte, Gummistiefel zu verkaufen. Vor den Ständen mit einfachen Schuhen, billiger Kleidung und buntem Plastikspielzeug herrschte Gedränge. Meine Geldbörse war tief in der Hosentasche verborgen, schützend lag meine Hand darüber. Ein vornübergebeugtes Mütterchen mit Kopftuch und Kittel, 70 Jahre oder älter, hockte auf einem dreibeinigen Hocker hinter einfachen, schwarzweiß karierten Kunststofftaschen. Juliana kaufte eine. Schon in wenigen Tagen würde die Tasche bei ihrer Schiffsfahrt von Tallinn nach Rostock zum Einsatz kommen. Ich fotografierte derweil das Markttreiben. Da hob ein Hüne von Kerl, zwei Meter und größer, europäische Züge mit asiatischem Einschlag, drohend den Zeigefinger und knurrte: *»No photos, no photos!«* Ich hielt es für ratsam, die Leica wegzustecken. Später beobachtete ich, wie er mit einem Kumpan herrisch auf andere Männer einredete. Was immer sie besprechen mochten, es war nichts Gutes.

Anderntags folgten wir Taddeos Rat und verabredeten uns mit Julia Winokurova zu einem Stadtbummel.

Julia, blond wie das Klischee einer jungen Skandinavierin, ist Ende 20 und hat acht Monate in Dresden gelebt. Seit wenigen Wochen ist sie mit einem Restaurator aus der Eremitage verheiratet, mit dem sie unweit vom Katharinen-Palast lebt. Dort sei die Luft besser als in der Innenstadt, betont sie. Wir schlendern entlang der Kasaner Kathedrale zum Newskij-Prospekt, wo wir in die U-Bahn zur Peter-und-Paul-Festung steigen wollen. Bei Tag ist das Leben auf den Bürgersteigen geruhsamer als bei Nacht, und so nehme ich mir Zeit, das prächtige, kunstvoll verzierte Singer-Haus (Dom Knigi) zu bewundern, das noch kurz vor Beginn des Ersten Weltkrieges von der Nähmaschinenfabrik mit einer Glaskuppel nebst riesigem Globus gekrönt wurde. Nichts ist in St. Petersburg alltäglich. Schon gar nicht die in bis zu 100 Meter Tiefe liegenden U-Bahnstationen. Schon stehen wir auf der Rolltreppe, die uns steil in den Untergrund führt.

Nahe der Peter-und-Paul-Festung steigen wir aus. Das allseits von Wasser umgebene Bollwerk in Form eines unregelmäßigen Sechsecks wirkt noch immer uneinnehmbar. Als wir für Eintrittskarten in die Peter-und-Paul-Kathedrale anstehen, beobachte ich, wie Julia die an der Kasse sitzende Kartenverkäuferin in den Arm nimmt.

»Eine Freundin meiner Mutter«, erklärt sie. »Bis Anfang der Neunzigerjahre waren beide als Ingenieure in einem Industriekombinat tätig. Aber im Zuge der politischen Umwälzungen verloren beide ihre Jobs, und seither verkauft die Freundin Eintrittskarten.« Wobei sie glücklich sein könne, in ihrem Alter überhaupt einen Job zu haben; sicherlich seien ihr die an der Universität erlernten Fremdsprachen zugute gekommen.

Was eine Kartenverkäuferin mit Fremdsprachendiplom verdiene, wollen wir von Julia wissen.

»Knapp 10 000 Rubel im Monat.«

»Kann man im heutigen St. Petersburg denn mit rund 340 Euro über die Runden kommen?«

»Die Generation unserer Eltern schafft das«, sagt sie anerkennend. »Wir nicht.« Das Leben der Jungen habe sich verändert. Nach der Heirat sei sie zu Hause ausgezogen. Damit habe sie mit der Tradition gebrochen, nach der Großeltern, Eltern, Kinder und Kindeskinder unter einem Dach leben. Aber das sei nun mal der Trend im modernen Russland.

Wir waren jetzt in der Kirche. Peter der Große hatte angeordnet, dass die vergoldete Turmspitze von keinem anderen Bau überragt werden dürfe. Man hielt sich daran, vom Fernsehturm einmal abgesehen.

Und dann stehen wir vor dem Sarkophag Peters des Großen, der Russland nach Westen hin öffnete. Etwas weiter weg liegt Katharina die Große, die als Sophie Friederike Auguste von Anhalt-Zerbst in Stettin geboren wurde und als 15-Jährige den späteren Zar Peter III. heiratete. Ein von ihr inszenierter Offiziersputsch führte zur Ermordung ihres Mannes und brachte sie an die Macht. Sie nahm den Namen Katharina die Große an und machte Russland zur Großmacht und St. Petersburg zu einem kulturellen Zentrum Europas.

Vor einer Seitenkapelle, in der 1998, 80 Jahre nach der Ermordung durch die Bolschewisten, der letzte Zar Nikolaus II. mit seiner Familie beigesetzt wurde, verharren die meisten Besucher. Auch wir.

Außerhalb der Kathedrale sind wir schnell in der Gegenwart zurück: Da sind Souvenirstände, an denen Postkarten und Reiseführer, Flachmänner mit Hammer und Sichel, Pelzmützen, kleine Malereien, vor allem aber die als Matrjoschkas bezeichneten Steckpüppchen verkauft werden. Es gibt sie als Harry Potter, Boris Jelzin, Pu der Bär – und sogar mit dem Konterfei des Papstes. Unter einer grimmigen Osama-bin-Laden-Puppe steht »*Wanted – dead or alive*«.

Ein Taxi bringt uns zurück in die Innenstadt.

Sie habe nicht allzu viele Erinnerungen an die Sowjetzeit, gibt Julia zu, aber an die Versorgungsengpässe zu Beginn der Neunzigerjahre erinnere sie sich: »Zum Glück gab es die Lebensmittelpakete von unserer Partnerstadt Hamburg. Das Partnergymnasium meiner Schule war das Christianeum, von dem eines Tages ein Päckchen mit dem Brief eines Mädchens namens Ute Schröder kam. So entstand eine Brieffreundschaft, die bis heute andauert. 1993 besuchten wir die Hamburger Familie sogar, und sie waren inzwischen schon zweimal bei uns.«

Wir hatten den Ehernen Reiter erreicht.

»Alle St. Petersburger haben eine besondere Beziehung zu ihm«, plaudert Julia. Es war Katharina II., die Peter den Großen hier auf den Granitsockel hievte. »Bei Brautpaaren ist dies eines der beliebtesten Fotomotive«, sagt Julia lächelnd.

Auch bei ihr! »Nach unserer Trauung fuhr die gesamte Hochzeitsgesellschaft – wir hatten vier Autos und einen großen Bus gemietet – zum Ehernen Reiter.«

»Warum nennt ihr ihn so?«

»Alexander Puschkin bezeichnete ihn so in einem Gedicht«, weiß Julia. »Unsere Freunde machten viele Fotos, und wir alle tranken Krimsekt. Wir stoppten für Fotos an der Erlöserkirche und zum Schluss an der Eremitage. Und überall Schampus! Wir waren sehr ausgelassen.«

»War das nicht auch anstrengend?«

»Ein bisschen schon ... Nach dem Fotobummel fuhren wir in die Nähe des Katharinen-Palastes, wo wir in einem tollen Restaurant zu Abend aßen.«

Und danach hätten sie bestimmt die Nacht durchgetanzt, vermuten wir.

»Nein«, lacht Julia. »Dazu reichten meine Kräfte nicht mehr.«

Am vierten Tag berauscht mich St. Petersburg noch wie am ersten Abend.

In der Eremitage bekamen wir eine Vorstellung von der schier maßlosen Prachtentfaltung zur Zeit der Zaren. Als wir uns davon im Park hinter der Admiralität ausruhen, bietet uns ein hagerer, vorzeitig gealterter Mann auf Deutsch ein Bündel Postkarten für 150 Rubel an. Das sei ein gutes Angebot.

»Danke, nein!«, sagen wir, kommen aber mit ihn ins Gespräch. Er ist 55 Jahre alt und seit zwei Monaten im Ruhestand. Sein Lebtag hat er in der Chemiebranche gearbeitet. Jetzt bezieht er eine Rente von monatlich 2500 Rubel (ca. 85 Euro). »Zu wenig zum Leben!«, klagt er. Da das abzusehen gewesen sei, habe er vor zehn Jahren begonnen, Deutsch zu pauken, um als Reiseführer Touristen durch St. Petersburg zu führen. Aber, klagt er, das Geschäft sei in der Hand der Hotels, und ohne Beziehungen kriege ein kleiner Selbständiger wie er kein Bein auf die Erde. Deswegen verkaufe er Postkarten.

Wir nehmen ihm zehn Postkarten für 100 Rubel ab, obwohl ich weiß, dass sie auf dem Markt für die Hälfte gehandelt werden. Und wir genau genommen gar keine Postkarten benötigen ...

Die Mittsommernacht lag Wochen zurück, und längst waren die Weißen Nächte nicht mehr so weiß wie Mitte Juni. Umso mehr brachte das Lichtermeer der nördlichsten Millionenstadt den Himmel zum Leuchten.

Es war eine Petersburger Nacht wie bei der Ankunft. Vielleicht waren nicht ganz so viele Menschen auf dem Newskij-Prospekt unterwegs. Schließlich war es mitten in der Woche. Erneut reihten wir uns in den Strom der Flaneure ein, vorbei an den Breakdancern, vorbei an den alten Frauen mit Kopftüchern, die rote Rosen verkauften. Auf dem Schlossplatz vor der Eremitage standen heute 25 Motorradfahrer neben heißen Maschinen, schmucke Oldtimer parkten in der Nähe. Ein russischer Cowboy sang amerikanische Folksongs. An der Brücke am Gribojedow-Kanal warb man wie eh und je für nächtliche Bootsfahrten.

Ein Uhr morgens. Auch an diesem normalen Wochentag schlief St. Petersburg nicht. Laut hupend brauste ein Jeep den Newskij-Prospekt runter. Fußgänger blieben stehen und sahen den in Fantasieuniformen gekleideten Jeep-Fahrern nach: dem Rotarmisten, dem in Mao-Look, dem Royal-Air-Force-Mann und dem Typen in der Uniform eines US-Generals. Schon war der Wagen in Richtung Newa verschwunden, und stattdessen raste ein Motorradfahrer mit steil in die Luft gezogenem Vorderrad über den Prospekt. Als hätten die Menschen der Stadt der Oktoberrevolution 90 Jahre lang darauf gewartet, endlich frei und ein wenig durchgeknallt sein zu dürfen.

Wie alte Hasen bogen wir an der Kasaner Kathedrale zum Gribojedow-Kanal ab. Unsere Harley stand noch immer sicher vor dem kleinen Wärterhäuschen. Gut zu wissen, denn in zehn Stunden wollten wir auf ihr Richtung Estland unterwegs sein.

Unserem Haus gegenüber parkten zwei Reisebusse neben der Bank-Brücke. Die Fahrgäste tätschelten die berühmten Löwen mit den goldenen Flügeln. »Das bringt Glück und Reichtum«, hatte Taddeo versichert.

Zwei Uhr morgens: Wir schlenderten zu den Menschen auf der Brücke und streichelten ebenfalls die geflügelten Löwen. Und so hoffen wir auf das Glück, eines Tages nach St. Petersburg zurückzukehren.

28
Elchtest inbegriffen

St. Petersburg war der nördlichste Punkt unserer Reise. Der Sommer war fortgeschritten, und hier, auf der Höhe von Helsinki, war in einigen Wochen mit den ersten kalten Herbstgrüßen zu rechnen. Es war an der Zeit umzukehren. Umkehr bedeutet Abkehr vom bisherigen Ziel, aber ich hatte bereits ein neues: die slowenische Adria. Das war spannend. Ich würde unbekannten Routen durch Estland, Lettland, Litauen und Polen folgen. Von dort ginge es über Süddeutschland, Böhmen und Österreich in Richtung Piran, jenseits von Venedig. Die Kompassnadel nach Süden auszurichten, versprach weiterhin sonnige und warme Tage.

Aber fest stand neben diesen Wetteraussichten noch etwas anderes: Morgen musste Juliana in Tallinn ein Schiff besteigen und heimfahren. Ein einsamer Harley-Rider würde am Kai zurückbleiben, wehmütig gestimmt, und lange auf die Ostsee schauen, bis die große Fähre mit dem Dunst über dem Horizont verschmolz.

Seit unserer ersten Saharadurchquerung unternehmen wir jedes Abenteuer gemeinsam. Diese Gemeinsamkeit war für mich schon immer die größte Reisefreude – und auch das Teilen des Erlebten danach. Gleichwohl blieben Alleingänge nicht ganz aus, wenn Zeitpläne nicht zu koordinieren waren oder Prioritäten aus beruflichen Gründen anders gesetzt werden mussten, so wie jetzt. Aber diese Abschiede fallen mir schwer … Und so kosteten wir unseren Aufenthalt in St. Petersburg bis zum letzten Moment aus. Es war fast Mittag, als wir die Stadt in Richtung Tallinn verließen. Das Zeitkorsett war eng. Morgen um zehn Uhr 30 würde Julianas Schiff ablegen. Es durfte nichts Unvorhergesehenes dazwischenkommen.

Wer lange mit dem Motorrad unterwegs ist, entdeckt gelegentlich geradezu menschliche Züge an seiner Maschine. Ich hätte schwören können, dass die Harley sich auf den Trip nach Süden genauso freute wie ich; ohne zu mucken, ohne die kleinste Panne hatte sie die bisherige Reise bewältigt. Dafür war ich dankbar.

Zwischen der russischen Grenzstadt Ivangorod und der estnischen Schwesterstadt Narwa fließt die Narwa. Sie entspringt 50 Kilometer weiter südlich im Peipus-See und mündet nordwestlich der Städte in den Finnischen Meerbusen. Bei solch einem friedlichen Bild könnte man gutnachbarliche Beziehungen vermuten, aber das Verhältnis der einander unmittelbar gegenüberliegenden Festungen Ivangorod und Hermannsfeste/Narwa ist alles andere als unkompliziert. Narwa und Ivangorod markieren die Grenze zwischen West und Ost:

Ab 1346 bauen die Ordensritter die Hermannsfeste und die Ordensstadt Narwa. Die Russen stehen dem nicht nach und errichten 1492 auf dem gegenüberliegenden Ufer ihre Festung Ivangorod. Der weitere Verlauf der Geschichte ist wechselhaft und kriegerisch: Narwa wird russisch, dann schwedisch und nach dem Sieg Peters I. im Großen Nordischen Krieg wieder russisch. 1944 kommt es hier zwischen der vorrückenden Roten Armee und der sich zurückziehenden deutschen Wehrmacht zu schweren Kämpfen, in denen das alte Narwa weitgehend zerstört wird.

Aber an all das dachte ich nicht, als ich am östlichen Narwa-Ufer die Harley parkte, um unsere letzten Rubel in einem Tante-Emma-Laden unter die Leute zu bringen. Beladen mit Brot, Tomaten, Joghurt und Schokolade, kam ich raus und sah ein blaues und ein rotes Motorrad neben unserer schwarzen Maschine parken. Juliana plauderte mit zwei jungen Männern, die sich als Mitja und Kolja aus

Weißrussland vorstellten. Ihre uralten Bikes schienen picobello in Schuss zu sein. »Meines ist eine alte tschechische Maschine«, sagte Mitja, und Koljas russisches Motorrad hatte schon dessen Großvater gefahren. Nach einem Trip durchs Baltikum steuerten sie nun Russland an. Danach sei Finnland eingeplant. Irgendwann Mitte September wollten sie wieder in Minsk sein.

Unsere Unterhaltung verlief ein bisschen holperig, aber trotzdem bedauerte ich, dass wir keine Zeit hatten, sie fortzusetzen. Nach unseren bisherigen Erfahrungen lag mir die bevorstehende russische Grenze schon jetzt im Magen, und ich wollte schnell weiter.

Das Unwahrscheinliche geschah: Wir passierten die Grenze in der Rekordzeit von einer Stunde!

Allerdings fuhren wir auch in die richtige Richtung. In Gegenrichtung parkten auf der schmalen Narwa-Brücke 80 Autos. Stillstand! Entnervte Fahrer hingen schlapp hinter Lenkrädern. Manche schlie-

Einzelkämpfer mit geteilten Träumen – Begegnung mit zwei russischen Bikern.

fen, andere lasen. Wir kennen das ... »Tanktouristen!«, hörte ich Juliana über Kopfhörer sagen und spürte förmlich, wie sie grinste.

Estland überraschte uns mit einer bestens ausgebauten Europastraße 20, die später sogar vierspurig wurde. Fast gerade zieht sie sich unterhalb der Ostsee zum ehemaligen Reval, nach Tallinn. Auf großen Hinweistafeln las ich »Dieses Straßenprojekt wird mit EU-Mitteln gefördert«. Das Zusammenwachsen Europas war selbst im fernsten nordöstlichen Winkel unübersehbar. Begeistert gab ich Gas. Und passte höllisch auf, denn so viele Radarkanonen wie hier hatte ich lange nicht mehr gesehen.

»Weite Wälder, Brachflächen mit Wildgräsern und plötzlich der erste Elch ...«, jubele ich im Tagebuch. »Auf großen Flächen leuchten Waldweidenröschen, am Fahrbahnrand klettert der Herkules drei Meter hoch. Der junge Elchbulle mit weit ausladenden Schaufeln graste nur einen Steinwurf von der Straße entfernt in einer sumpfigen Niederung, hinter der sich ein weites Waldgebiet erstreckte. Respektvoll drosselte ich das Tempo der Harley.«

Abenddämmerung lag über der estnischen Hauptstadt Tallinn, als wir uns ihr von Osten näherten. Schwaches Abendrot blinzelte zwischen prallen Regenwolken hervor. Bodensenken standen voll Wasser. Es duftete nach wilden Kräutern, gefälltem Holz und würziger Erde. Ein starker Gewitterregen war kurz vorher niedergegangen.

Wir gerieten unter Druck, da wir noch keinen Stadtplan hatten, uns verfuhren, die Straßen nass und die Randgebiete wenig einladend waren. Als wir endlich den Fähranleger der *Silja Line* erreichten, war es bereits dunkel. Man bestätigte Julianas Schiffspassage. Ganz in der Nähe bezogen wir einen Campingplatz.

Hier war es so lebendig wie auf allen bei Flughäfen, Bus-Terminals und Schiffsanlegern gelegenen Campingplätzen. Bei den meisten Gästen ging der Urlaub hier zu Ende. Sie resümierten und packten. Am nächsten Tag gingen ihre Schiffe nach Stockholm, Helsinki oder – wie bei Juliana – nach Rostock. Aber es gab auch die ganz Erwartungsvollen, die heute angekommen waren. Sie saßen vor ihren Wohnmobilen, plauderten voller Enthusiasmus bei Bier oder Wein im Schein der Campinglaterne.

Abseits vom Trubel schlugen wir unser Zelt auf. Über den Abschied sprachen wir nicht. Der war ja erst morgen …

Juliana saß auf ihrer Therm-A-Rest-Matratze, hatte Stiefel und Motorradjacke noch an. Es war kühl.

Ich betrachtete sie und dachte über unsere gemeinsame Reise nach.

Nach Osten waren auch Wyatt und Billy in *Easy Rider* gefahren: Tucson / Arizona, Flagstaff, El Paso und San Antonio hießen die Stationen ihrer Reise. Viel Wüste hatten sie gesehen und nur wenige Städte. Ich verglich Billys und Wyatts Trip mit dem unsrigen: der inspirierenden Fahrt entlang der Weichsel hoch ins Seenparadies Masurens, den Begegnungen in Kaliningradskaja Oblast und dann dem Highlight St. Petersburg. Ich fand, wir hatten größere Schätze gehoben als Billy und Wyatt in *Easy Rider*.

Und obwohl das eigentlich mein Part gewesen wäre, fragte Juliana unvermittelt: »Hast du dir schon darüber Gedanken gemacht, wohin unsere nächste Motorradreise geht?«

Pünktlich um zehn Uhr 30 legte ihre Fähre ab. Ich saß am Ufer des Finnischen Meerbusens und sah, wie das große Schiff der *Silja Line* im Westen kleiner und kleiner wurde. Plötzlich piepte es in meiner Tasche. Ich fingerte das Handy hervor: »Traumhaft schön liegt Tallinn vor mir«, las ich in Julianas SMS, » … und dir einen sicheren Harley-Ride!«

Ich bestieg die Maschine und fuhr Richtung Tallinn. Jahrhundertelang lautete der deutsche Name dieser reichen Hansestadt Reval.

Reval war eine der bedeutendsten Städte im Norden der Ostsee, ein kosmopolitischer Ort, wo neben Russisch, Schwedisch und Estnisch vor allem die Sprache der Hanse, das Niederdeutsche, gesprochen wurde. Bis 1885 war Deutsch auch Amtssprache, denn Peter der Große und die russischen Zaren nach ihm führten ihre deutschbaltische Oberschicht großzügig an der langen Leine. Bis 1918 änderte sich an ihren Privilegien nichts, und so wirkt die Altstadt auf mich wie eine hübsche deutsche Altstadt. Wie in Rothenburg oder Heidelberg sitzen Gäste auf mit Kopfstein gepflasterten Plätzen oder in mittelalterlichen Kellergewölben bei Bratwurst und Sauerkraut. Zünftig geht's auch im Restaurant »Olde Hansa« zu, wo fesche Bedienungen in alten Hanse-Trachten Mahlzeiten nach Rezepten des Mittelalters servieren.

Binnen kurzem war es fast unerträglich geworden. Heiße Luft strich durch die engen Gassen, vorbei am Domberg mit dem Wehrturm Langer Hermann, vorbei an der Olai-Kirche mit dem einst höchsten Kirchturm im Ostseeraum, vorbei an prächtigen Hanse- und Renaissancebauten, die Tallinns Platz im Weltkulturerbe sicherten. Den Flaneuren in der Altstadt machte die Hitze wenig aus. Sie gingen halt dorthin, wo die Coke oder das Bier noch kühler waren. Ich hörte vor allem Finnisch, aber auch Italienisch, Holländisch, Deutsch und Englisch. Ein paar japanische Touristen trippelten durch die Gassen, bis sie zum Eisschlecken in einem kühlen Kellergewölbe verschwanden.

Tallinn hat das düstere Kapitel der sowjetischen Vergangenheit schnell zugeklappt. Pragmatisch und in bester hanseatischer Tradition reagierten die Esten auf die wiedergewonnene Freiheit, schafften einen Riesenkran vom Lieblingsnachbarn Finnland heran und hoben kurzerhand Lenin und Genossen von den Sockeln. Und in bester hanseatischer Manier packt das Land von der Größe Niedersachsens und der Einwohnerzahl Münchens die neuen wirtschaftlichen Herausforderungen an. Wobei es die Messlatte nicht etwa bei den baltischen Nachbarn Lettland und Litauen anlegt, sondern bei Finnland: Erfolgversprechend ist der IT-Bereich. Schon heute gibt es in Tallinn mehr Internetanschlüsse als vergleichsweise in Deutschland, drei Viertel der Menschen nutzen ein Handy. Doch die Holz-, Papierverarbeitungs- und Möbelindustrie sind nach wie vor stabile wirtschaftliche Standbeine. In Estland spürte ich mehr noch als anderswo die Ankunft im neuen Europa.

Ich wollte Tallinn auf der Via Baltica in Richtung Süden verlassen, stoppte allerdings bald, um eine Coke *on the rocks* in mich reinzuschütten. Es war unerträglich heiß. Ich riss den Reißverschluss meiner Jacke auf, die Lederhose klebte an den Beinen. Neidisch sah ich auf Passanten in Shorts und luftigen T-Shirts und ertappte mich dabei, wie ich davon träumte, im offenen Cabrio zu sitzen.

Im Süden der Stadt fielen mir die schweren schwefelgelben Wolken auf. Als ich den Stadtrand erreichte, flogen Grasbüschel, Papierfetzen und leere Getränkebecher durch die Luft. Der Wind rüttelte an mir und schubste die Harley hin und her. Ich ging runter vom Gas.

Beim kleinen Ort Aäsmäe verließ ich die Via Baltica, um über Nebenstraßen ans Meer zu fahren. Die eben noch gelben Wolken wischten jetzt pechschwarz über den Himmel. Es war nur eine Frage der Zeit, bis sie aufbrechen würden. Regenspray leckte mir übers Gesicht. Ich entdeckte ein Schild mit dem Hinweis »Laitte Loss«. Eine Sehenswürdigkeit? Ein altes Gutsschloss? Ähnlich groß und informativ war die Ausschilderung »Koluvere Loss«. Hier zähmte ich meine Neugier nicht, folgte den Schildern und stand plötzlich vor einer trutzigen, von einem Wassergraben umschlossenen Burg.

Eine verwunschene, märchenhafte Atmosphäre; grauschwarz und regenschwer hing der Himmel über den jahrhundertealten knorrigen Eichen, deren Blätter im Wind nervös flatterten, Äste dehnten sich zehn Meter weit über den aufgestauten Wehrgraben, von dem aus das Wasser leise in einen darunter liegenden Teich plätscherte.

Was war das für eine Burganlage? Als hätte man das Anwesen jahrhundertelang aus den Augen verloren. Wo einst der Park gewesen war, wucherte hüfthohes Gras. Ich setzte meine Erkundung fort und stoppte an einem aus dem Boden ragenden steinernen Rundbogen. Relikte eines Grabes? Regen, Schnee und Wind hatten die Aufschrift abgewaschen, nur die Kontur eines Löwenkopfes war noch zu sehen.

Vor der Burg standen vergessene uralte Kanonen. Darüber im Burgturm ein Wappen, das mir etwas über den früheren Hausherrn verriet: Ich sah einen Bischofsstab gekreuzt mit einem Schwert, darüber die Bischofs-Mitra. Das ist das Wappen des Westestnischen Bistums mit Sitz in Arensburg (heute Kuressaare) auf der Insel Ösel (so der alte deutsche Name für die Insel Saaremaa). Ich war mir sicher, die verwitterte Jahreszahl 1541 richtig entziffert zu haben. Das war 300 Jahre, nachdem der deutsche Schwertbrüderorden und der Bischof von Ösel die Macht Estlands untereinander aufgeteilt hatten.

Unvermittelt peitschte eine Sturmböe die uralten Eichen, dass die schweren Kronen sich seufzend schüttelten. Zweige brachen und polterten auf den Boden. Blitze zuckten in schneller Folge, ohrenbetäubende Donnerschläge holten mich schnell in die Gegenwart zurück. Ich flüchtete mit der Harley unter einen Dachvorsprung. Das Gewitter verzog sich, doch der Regen prasselte weiterhin in dicken Fäden nieder.

Der Schlossgraben war ein Sturzbach, und das Wehr brüllte wie ein Wasserfall. Nach einer Stunde brach die schwarze Wolkenbank auf und ließ ein paar Sonnenstrahlen durch. Die Erde dampfte, Millionen Wassertropfen funkelten, barfüßige Kinder kamen aus einem entfernten Gesindehaus und plantschten vergnügt in den Pfützen. Doch erneut setzte Sturm ein, rüttelte an den Zweigen und ließ die Blätter von Eichen, Vogelbeer- und Apfelbäumen im Gegenlicht wie hauchdünnes Silber tanzen. Wasser troff von den Dächern, überall platschte und gluckste es.

Es folgte ein 36-stündiger Dauerregen.

Ich fuhr nicht auf die Insel Saaremaa, sondern nach Haapsalu, wo sich ein Campingplatz befand. Außer mir war kein Mensch auf den gut ausgebauten Nebenstraßen unterwegs. Nur zwei Elche.

29
On tour – Tagebuchnotizen zwischen Baltikum und Tschechien

25. August – Haapsalu (Estland)
Regentropfen hämmern hart aufs Zeltdach. Ich habe am Abend vier Radler aus Dresden getroffen, die in drei Tagen in Tallinn ihr Schiff erreichen müssen. »Wetter? Was ist das? Wir brechen morgen auf!«, sagen die vier Optimisten und schwärmen: »Hier reiht sich ein Highlight ans andere: weite Wälder, stille Straßen und Ostsee bis zum Abwinken!«

26. August – Pernau/Pärnu (Estland)
Nachts bellen Hunde, ab sechs brüllt der zweijährige Knirps meiner holländischen Nachbarn. Woraufhin seine Mutter als Entschädigung ein »*Kopje Koffie*« bringt. »Dies ist unsere Testreise«, schwärmt sie. Nächstes Jahr wollen ihr Mann und sie eine dreimonatige Auszeit nehmen, um mit ihrem Steppke Australien zu bereisen.

Die polnische Familie nebenan singt bereits früh um sieben Kinderlieder, wobei der Bass des Vaters die Hochtöne seiner Töchter überbrummt. Im Baum über ihnen krächzt eine Krähe. Nur der Himmel ist noch schwärzer als sie.

9 Uhr: Aufbruch im strömenden Regen. Die Störche im Sumpf neben der Straße finden das lustig. In Lihula stoppe ich vor einem Gutshaus. Wie kommt dieses Schloss mitten auf eine grüne Wiese? Im 13. Jahrhundert stand in Lihula eine Bischofsburg, erklärt die junge Estin, die extra für den triefnassen Harley-Rider aufgeschlossen hat. 1840 wurde das Gutsschloss erbaut, aber auch die lange Geschichte dazwischen ist spannend: 1686 erhält ein Richter von Derfelden das Gut für 2200 Tonnen Korn, 1810 ersteigert es ein ge-

wisser Karl von Wistinghausen, den letzten Eigentümer deportierten die Sowjets nach Sibirien. Heute ist das Gutsschloss ein Museum.

Vom Hafen Virtsu bringt mich eine Fähre auf die Insel Saaremaa, von deren blauem Himmel Reiseführer schwärmen. In meiner Realität jagen schwarze Wolken übers Meer. Maßloser Niederschlag, als die Fähre anlegt. Ich ignoriere den Regen, meine Kleidung hat ihre Bewährungsprobe endgültig bestanden.

Wenig später lassen die Schauer nach, und als ich nach langer Fahrt durch einsame Wälder in Valjala die älteste Kirche der Insel erreiche, schimmert erstmals seit Tallinn ein Fetzen Blau am Himmel.

Ich wusste wenig von Saaremaa und kam aus Neugier. Aber ich entdeckte ein herrliches Biker-Paradies mit freien Straßen und menschenleeren Stränden.

Im Hauptort Kuressaare folge ich der deutschen Ausschilderung zum Soldatenfriedhof. Das Denkmal eines gebeugten Soldaten trägt die Jahreszahlen 1941–1945. Unweit der hier begrabenen Russen Tovlatov und Vassiljev liegt der Jäger Georg Weinert, gefallen am 20.10.1944 im Alter von nicht mal 18 Jahren.

In Kuressaare erbaute der Bischof von Ösel-Wiek im 13. Jahrhundert eine Bischofsburg, die er Arensburg nannte. Noch bis ins späte 19. Jahrhundert gab es auf der Insel eine deutsche Zeitung und ein reges deutsches Kulturleben. Bei meiner Ankunft an der 750 Jahre alten Bischofsburg hat der Wind die letzte Wolke vom Himmel geputzt.

Der Bass der Harley brummt, als ich zum Fähranleger zurückfahre. Doch die zu riesigen Gebirgen aufgetürmten Quellwolken lassen mich Böses ahnen. Als ich das Festland erreiche, sind die dicken Wolken kurz vor dem Platzen.

In Pernau knipsen pechschwarze Wolken das Tageslicht aus. Dicke Regentropfen hämmern auf meinen Helm. Im Nu sind die

Straßen überflutet, Lkw bespritzen mich mit Dreckwasser. Prompt verfahre ich mich. Entgegenkommende Scheinwerfer blenden, Chopper-Scheibe und Brille sind nur noch diffuse Weichzeichner. Eine Stunde lang irre ich durch Pärnu, um dann festzustellen, dass der Campingplatz im Regen absäuft. Entgegen meiner Gewohnheit miete ich im angeschlossenen Traveller-Hotel ein Zimmer. Die junge Frau an der Rezeption gestattet mir, die Harley in ihre mit Vorräten voll gestopfte Garage zu quetschen, wobei ein Motorradspiegel zu Bruch geht.

Gegen Mitternacht falle ich in meiner spartanisch eingerichteten Bude auf die Matratze. Es ist feuchtwarm, über mir rauscht penetrant der Deckenventilator.

27. August – Cĕsis (Lettland)
Südlich von Pernau verlasse ich die Via Baltica, die in den Köpfen einiger Politiker bereits als durchgehende Autostraße von Berlin über Tallinn – und weiter als Tunnel unter dem Finnischen Meerbusen – bis nach Skandinavien existiert. Stattdessen folge ich der Straße 6 entlang dem Reiu, der normalerweise als unscheinbares Flüsschen durch moorige Wiesen plätschert. Doch das Regenwasser hat ihn zu einem See gemacht, über den herrenlose Heuballen treiben. Auch hier fand ich Brüssels langen Arm: »Dieses Straßenprojekt wird mit EU-Mitteln gefördert.« Zwischen den Orten Kilingi-Nõmme und Karksi-Nuia heißt das Totalsperrung. Eine Umleitung lotst mich auf Ackerwege weich wie Babybrei; die Fat Boy als Enduro, ihr Pilot mit ausgestreckten Beinen, Stiefel dicht über dem Schlamm. Ein neben der Piste äsender Elch tut so, als wären Harleys hier alltäglich, und hebt nicht mal den Kopf.

28. August – Schaulen/Šiauliai (Lettland)
Das Baltikum verblüfft erneut.

Unvermittelt stehe ich südlich von Riga vor einem »Versailles zwischen Weizenfeldern«. Die barocke Pracht von Pilsrundāle – Schloss Ruhental – ist eng mit dem Namen Herzog Ernst Johann Biron verknüpft. Was war das für ein Mann?

Die Geschichte die ich ausgrub, hat das Zeug für einen Hollywood-Thriller:

Als Sohn eines kurländischen Gutsbesitzers geboren, knüpft Ernst Johann Biron zarte Bande zu Anna Iwanowna, die 1730 russische Zarin wird und ihn noch im selben Jahr zum Grafen und zu ihrem Oberkammerherrn macht, bald darauf ist Biron Herzog von Kurland. Eilends startet Biron den Bau von Schloss Ruhental. Täglich sind 430 Pferdefuhrwerke zur Stelle, die drei Millionen Ziegel, 16 000 Kalkfässer, 12 000 Balken und 15 000 Bretter für die künftige Sommerresidenz des Polit-Parvenüs heranschaffen.

Da bricht Birons schwarzer Tag an: Zarin Anna stirbt. Ihre Nachfolger lassen Biron für 22 Jahre in Sibirien verschwinden. Erst Zar Peter III. gibt ihm 1762 Titel und Vermögen zurück. Doch dieser Zar fällt schon bald der von seiner eigenen Frau angezettelten Palastrevolte zum Opfer. Als Katharina die Große hält diese ebenfalls ihre schützende Hand über den Herzog. Nach jahrzehntelangem Auf-der-Stelle-Treten bringt Biron Schloss Ruhental endlich zu Ende. Er stirbt 1772. Rund 20 Jahre später vermacht Katharina die Große das Schloss dem letzten ihrer offiziell 21 Liebhaber, Fürst Platon Subow.

Natürlich war ich nach alledem auf das vollkommenste Barockensemble des Baltikums gespannt.

Eine Kassiererin bietet mir an, auf meinen Sturzhelm und mein Handgepäck zu achten. Doch auch so könnte ich alle Säle mit einer Gesamtfläche von 7000 Quadratmetern besichtigen.

Als letzter Besucher verlasse ich das aufwändig restaurierte Schloss. Ich tanke, überquere die Grenze nach Litauen und erreiche die Stadt Šiauliai.

29. August – Goldap/Gołdap (Masuren)

8.10 Uhr: Im Halbschlaf höre ich zwei alte Damen. »Das sind die saubersten Klos seit langem!«, jubeln sie. Als ich noch etwas schläfrig aus dem Zelt krieche, schaut ein quicklebendiger Gerhard aus Hamburg bei mir vorbei. Jahrgang 1929 und Heimwehtourist, wie er sich selbst nennt. »Ich wurde in Ostpreußen geboren.« Mit Frau und Freunden war er gerade in Masuren. Jetzt steht er bei der Harley, zieht ein Papiertaschentuch hervor, bückt sich und poliert den Chrom.

Gerhard und ich sind sofort auf gleicher Wellenlänge.

»Früher«, sagt er, »hatte ich eine NSU-Max. Aber seit 45 Jahren fahre ich Auto.« Bedauern schwingt in seiner Stimme.

Wie alle anderen kam auch Gerhard nach Šiauliai, um zum Berg der Kreuze zu pilgern. Sogar der amerikanische Botschafter tat das, wie ich in der Zeitung lese. Nach dem Frühstück fahre auch ich dorthin.

82 Pkws stehen neben acht italienischen Wohnmobilen und zwei Mopeds (50 Kubik!) mit französischen Kennzeichen und voll beladenen Anhängern. Dazwischen parke ich die Harley.

Hunderte Menschen pilgern zum Berg der Kreuze, wo neben der Mutter Gottes 10 000 mehrere Meter hohe, manchmal auch nur zehn Zentimeter lange Kreuze stehen und liegen. Die Sowjets versuchten diesen Brauch zu unterbinden und zerstörten 5000 Kreuze.

Eine protzige amerikanische Pullman-Limousine schiebt sich jetzt an die Kreuze heran. Der livrierte Fahrer springt raus und reißt die Türen mit den schwarz getönten Scheiben auf. Wie eine Filmsequenz aus *Der Pate* … Der kommt jetzt leibhaftig, gefolgt von einer halb so alten Frau mit seitlich bis zum Oberschenkel geschlitztem Rock. Ein 14-Jähriger trägt ein großes, aufwändig geschmiedetes Metallkreuz. Gemessenen Schrittes folgen ihm Pate und Gattin bis zum Rand des Kreuzbergs. Ein Kameramann filmt, während der Pullman-Fahrer das Kreuz mit einem Vorschlaghammer in den Boden drischt. Ich wüsste zu gern, wofür der Pate göttlichen Segen erbittet …

Nur im Süden der kanadischen Prärieprovinzen Manitoba und Saskatchewan sah ich ähnlich weite Getreidefelder wie bei Jurbarkas am Nordostzipfel der Enklave Kaliningrad. Als ich dort ankomme, ist es kalt und neblig. Ich stoppe an einer Tankstelle, schütte heißen Kaffee in mich rein und sehe durchs Fenster nach draußen: ärmliches Grenzland, mit Wellblech gedeckte Häusern in einer grauen Ortschaft, durch die ein kräftiges Bauernpferd einen Panjewagen zieht. Auf dem Kutschbock ein alter Mann mit grüner Feldjacke und schwarzer Mütze. Leicht vornübergebeugt, hält er die Hände mit den Zügeln entspannt auf den Knien, als würde er schlafen. Neben ihm die Bäuerin mit geblümtem Kopftuch. Diese Dörfer und ihre Menschen hat die Zeit vergessen.

In Marijampole treffe ich auf die östliche Verlängerung der alten »Reichsstraße 1«, die 40 Kilometer westlich im ehedem ostpreußischen Eydkuhnen endete.

Als ich mit meinen Einkäufen aus dem Supermarkt von Marijampole zurückkomme, steht ein Großvater mit zwei Enkelinnen neben der Harley und erklärt die Maschine. »Wollt ihr mal aufsteigen?«, frage ich. Ein Mädchen scheint mich zu verstehen, denn die Augen der Siebenjährigen blitzen. Sie schaut auf Opa, der nickt, die Kleine klettert hoch und setzt sich. Der Großvater lächelt und reicht mir die Hand.

Wenig später habe ich die litauisch-polnische Grenze überquert.

Es ist dämmrig, als ich das ehemals ostpreußische Goldap erreiche. Ein vierschrötiger Kerl zeigt auf die Harley: »Was kostet die?«, radebrecht er in abenteuerlichem Polnisch-Deutsch. »2000 Euro«, schwindele ich. Der Bursche ist mir suspekt. Er habe in Deutschland gelebt, sagt er, sei aber wegen illegalen Aufenthalts abgeschoben worden. Kostenlos mit dem Flugzeug von Frankfurt nach Warschau! Hahaha! Der Typ geht mir auf die Nerven. Wo ich wohne, will er wissen.

»Ich suche noch einen Campingplatz.«

»Camping nix gutt!« Seine Hände fliegen bei diesen Worten flink an mir entlang. »Zapzarap! Zapzarap!«, sagt er und will mich offenbar vor Dieben warnen. Aber erst mal will ich diesen Kerl loswerden.

Ich folge einem unscheinbaren Schild und lerne Marek kennen, der in Goldap ein kleines Hotel betreibt. »Camping« heißt bei ihm, dass ich in den einzigen für Camper bereitstehenden Wohnwagen einziehen kann. Viele Menschen leben hier vom Schnapsschmuggel mit Russland, berichtet Marek. Die Grenze verläuft nur zwei Kilometer weiter nördlich. Wieso er so gut Deutsch spreche, möchte ich wissen. Als Kind hat er in Berlin gelebt und dort die Realschule besucht.

Ohne Sascha hätte ich eine ruhige Nacht gehabt. Aber Sascha, ein flauschiges Etwas, bei dem der Unterschied zwischen vorn und hinten nur durch ein nach rechts oder links ausschlagendes Haarbüschel sichtbar wird, erfüllt seinen Job mit Bravour. Wann immer nachts ein Blatt raschelt, bellt er ein heiseres »Bow! Bow! Huh! Huh! Bow! Bow!«

Das nervt. Ich stehe auf, um Sascha klar zu machen, dass ich hier bin, um zu schlafen. Draußen erstarre ich: Ein Pitbull steht drohend neben der Harley und sieht mich hundsgemein an. In Rekordzeit schließe ich die Wohnwagentür. Als ich gegen sieben gerädert ins Tageslicht blinzele, döst Sascha friedlich unter einem Strauch.

30./31. August – Angerburg (Węgorzewo)

Dank seiner reizvollen Lage südlich der Rominter Heide (Puszcza Romincka) hat Goldap das Potenzial für eine Top-Urlaubsregion. Schon Kaiser Wilhelm II. sah das so und ließ hier das Jagdhaus Rominten erbauen. Hermann Göring tat es ihm nach und errichtete den Reichsjägerhof. Beide sind längst Geschichte, doch immer noch lockt der kapitale Rominter Hirsch.

Abgesehen von Jägern hat der Tourismus diese Region noch nicht entdeckt. Kurz bevor ich das ehemalige Benkheim (Banie Mazurskie) erreiche, breche ich einen persönlichen Beobachtungsrekord; ich zähle 32 Störche neben der Straße, weitere 26 tummeln sich auf der Wiese dahinter. 58 Störche auf einen Streich!

Das frühere Angerburg ist ein Sprungbrett zu den großen masurischen Seen. Mich reizt vor allem der Besuch des malerisch am Mauersee gelegenen Barockschlosses Steinort: Das Dach dieses einst prächtigen Gebäudes ist schadhaft, die Fenster des Schlosses sind mit Brettern zugenagelt. Aus einem dieser Fenster sprang am 20. Juli 1944 der 35-jährige Heinrich Graf von Lehndorff, als die Gestapo vorfuhr, um ihn zu verhaften. Um seine in Sippenhaft genommene Familie zu schützen, stellte sich Lehndorff und wurde als einer der Beteiligten am missglückten Hitlerattentat am 4. September 1944 in Plötzensee gehängt.

1./4. September – Masuren

Über den blauen masurischen Himmel treiben weiße Schönwetterwolken. Unten treiben weiße Segeljachten über den Mauersee.

Die Sonne scheint auch während der nächsten Tage, und so lasse ich mich ziellos über die stillen, Schatten spendenden masurischen Alleen treiben. Über Straßen, die zum Rasen ungeeignet sind. Aber geeignet, um beim Motorradfahren die Seele baumeln zu lassen. Ich reise hier nicht, um irgendwo anzukommen, Masurens Alleen sind mein Ziel.

Das ändert sich, als ich von Angerburg über Rastenburg und Sensburg weiter nach Ortelsburg (Szczytno) und Neidenburg fahre.

Bald darauf verlasse ich das ehemalige Ostpreußen.

5./6. September – Zwischen Weichsel und Tschechien

Noch einmal verbringe ich eine Nacht auf dem Campingplatz in Thorn, von wo ich nach Posen weiterfahre. Dichter Verkehr zwängt sich dort mit halsbrecherischem Tempo über schmale Überlandstraßen.

Sicher manövriere ich die Harley durch Posen, wofür ich allerdings mehr als eine Stunde benötige. Dann liegen die mit 40-Tonnern verstopften Straßen endlich hinter mir. In Posen brummt die Wirtschaft, Abgase verpesten die Luft. Doch plötzlich entdecke ich erfreut das Logo des Hamburger-Restaurants mit dem goldenen M. Ich stoppe und gehe rein.

Es ist wieder phänomenal: Ich war vom Reisen kaputt und vom irren Verkehr genervt. Aber mit dem Schließen der Tür bleiben Hektik, Lärm und Abgase draußen. Drinnen ist es sauber, kühl und so vertraut wie schon in Sydney, Boston oder Montreal. Ich erfrische mich, beiße in einen Big Mac und rüste mich für die Weiterfahrt.

Westlich von Posen zweigt der Schwerverkehr nach Frankfurt/Oder ab. Das ist ein guter Grund, meine Fahrtrichtung nach Küstrin (Kostrzyn) beizubehalten. Nach diesem Tag mit den auf Teufel komm raus überholenden 35-Tonnern und den wie Kamikaze-Piloten rasenden Pkw-Fahrern sind die letzten 65 Kilometer bis zur deutschen Grenze ein entspannendes Naturerlebnis.

Schnurgerade zieht sich die bestens ausgebaute Straße durch weite Kiefernwälder. Auf Waldwegen parken Autos, auf deren Motorhauben und Wagendächern Körbe voll leckerer Steinpilze, Maronen und Pfifferlinge auf Käufer warten. In der Grenzstadt Küstrin treffe ich ein letztes Mal auf die ehemalige »Reichsstraße 1«. Die Grenzformalitäten sind zügig erledigt, und schon folge ich der Bundesstraße 1 nach Berlin, wo ich nach Süden abbiege. Tags darauf erreiche ich die tschechische Grenze.

Da ist wieder das Summen der Hummeln im Bauch.

30
Böhmische Dörfer

Ludwig wird mir nicht widersprechen, wenn ich ihn einen Lebenskünstler nenne. Wie sonst hätte er es fertig gebracht, mit Mitte 30 auszusteigen, jahrelang mit einem uralten Allrad-Wohnmobil durch die Weltgeschichte zu kutschieren, an einem entlegenen See in Portugal ein Häuschen zu bauen und sich dann noch die Zeit zu nehmen, mich auf dem Motorrad zur Adria zu begleiten?

Ludwig Brandmüller und seine Frau Linda waren mir vor Jahren bei einem Treffen von Geländewagen-Oldtimern über den Weg gelaufen. Genau genommen sprang mir der unorthodoxe Aufbau seines sieben Tonnen schweren Mercedes-Wohnmobils ins Auge. Ich sprach Ludwig darauf an.

»Alles *hand made*«, plauderte er in einem lustigen Mix aus Bayerisch und Englisch. So ein Aufbau müsse doch unglaublich teuer gewesen sein, vermutete ich, aber er versicherte, der Preis, den er im US-Bundesstaat Indiana bezahlt habe, sei okay gewesen – und da seien sogar Klimaanlage, Backofen und integrierter Motorradparkplatz drin gewesen. »*Everything included!*«, lachte Ludwig.

»Sobald ich mit 18 den Motorradführerschein in der Hand hatte, stieg ich vom Moped auf eine BMW R25/3 um. Dann folgte eine 350er Horex Regina – meine Lieblingsmaschine! Sie hatte satte 19 PS und einen richtig guten Sound! Ich machte sie zum Chopper, mit hochgezogenem Lenker und schicker Sissy Bar. Vorn hatte sie Nebelscheinwerfer und Seitenbügel. Ein heißes Bike!«, strahlte Ludwig. Er kaufte sich eine Triumph, fuhr auch eine Adler MB200 und eine schwere NSU OSL. »Das sind nur einige…«, sagte er bescheiden.

»Motorradfahren ist für mich der absolute Kick!«, schwärmt der 50-Jährige. »Du sitzt auf dem Bock, spürst die Kraft unter deinem Hintern und lässt dir den Wind um die Nase wehen. Das ist Freiheit! Früher bin ich schon mal auf dem Hinterrad 200 Meter weit über den Marktplatz meiner Heimatstadt gefahren und habe dabei noch in den dritten Gang hochgeschaltet …!« Augenzwinkernd fügte er hinzu: »Ich bin noch nie ein unfrisiertes Motorrad gefahren!«

Mit diesem Burschen also hatte ich mich in der Oberpfalz verabredet, um mit ihm durch Böhmen, Österreich und Slowenien zur Adria zu fahren.

Südöstlich von Hof stand ich an der tschechischen Grenze und blickte auf die Karte. Bis auf Prag und Karlsbad, die ich noch vor der tschechischen Unabhängigkeit besucht hatte, waren alle übrigen Orte »böhmische Dörfer« für mich. Nur was sich hinter Ortsnamen wie Pilsen und Budweis verbarg, ahnte ich, und mit Slibowitz und »Böhmischen Knödeln« konnte ich natürlich etwas anfangen.

Ich wollte bei Eger (Cheb) einreisen, über Marienbad (Mariánské Lázně) fahren und mich nach diesem kurzen Abstecher in der Nähe von Amberg mit Ludwig treffen. Unsere Verabredung war spontan gewesen, und ebenso spontan würden wir die gemeinsame Reiseroute durch Südböhmen festlegen.

Gleich nach der Grenze der erste Schock. Die Verkaufstische bogen sich unter halbmeterhohen Störchen und Reihern. Die waren zum Glück aus Gips und schlicht weiß, doch daneben türmten sich grellbunte Glaskugeln und anderer Trödel. Ein Asiate versuchte, mir unverzollte Zigaretten anzudrehen. Vor allem Vietnamesen dominieren den Grenzhandel. Wie in der ehemaligen DDR wurden sie auch hier als Vertragsarbeiter ins Land geholt und blieben. Da ich keinen Bedarf an Gartenzwergen und auf der Harley keinen Platz für eine mannshohe Charlie-Chaplin-Figur hatte, fuhr ich weiter. Vorbei an Tafeln, die auf Deutsch »Tagesmenü – 2,80 €« anpriesen. Jägerschnitzel mit Pommes gehen für vier Euro über den Tisch. Die vielen Freudenmädchen von Eger, die auch allein reisenden Motorradfahrern dreist nachstellen, denken in anderen Preiskategorien. Sie suchen sich ihre Freier am Straßenrand oder auf Supermarktparkplätzen, und als ich stoppe, um mich auf meinem Stadtplan neu zu orientieren, taucht eine »Bordsteinschwalbe« neben mir auf und macht mit eindeutigen Körperbewegungen klar, was sie im Sinn hat. Bunte Leuchtreklamen zucken auch tagsüber im Dienste von Bars und Cabarets. Trotz all dieser Fallstricke gelange ich wohlbehalten in die Innenstadt von Cheb, das als deutsche Stadtgründung im 12. Jahrhundert Eger hieß.

Die Rathausglocke schlägt die volle Stunde. Ein paar Gäste im Straßenrestaurant »Radnicni Sklipek« plaudern beim Pilsner Bier. Am Brunnen mit dem Keule schwingenden Herkules lärmen Jugendliche. Eger, das ich bislang nur mit den »Egerländer Musikanten« in Verbindung brachte, hat eine der schönsten Altstädte, die ich auf dieser Reise sah. Goethe wohnte hinter der verspielten Rokokofassade des Gabler-Hauses, Friedrich Schiller betrieb am Ort des Geschehens Studien für seine *Wallenstein-Trilogie*. Im Stadthaus am Markt von Eger wurde am 25. Februar 1634 Albrecht von Wallenstein, einer der mächtigsten Heerführer des 30-jährigen Krieges, ermordet.

Unweit von Eger liegt Böhmens Bäderdreieck mit den Städten Karlsbad, Marienbad und Franzensbad (Františkovy Lázně). Karlsbad ist zweifelsfrei der diamantgefasste Smaragd unter diesen drei Juwelen. Jahrhundertelang war es eine der ersten Kuradressen im Heiligen Römischen Reich Deutscher Nation und nach dessen Ende im Habsburgerreich. Zar Peter der Große, englische Könige, Österreichs

Kaiser, Preußens Könige und viele Fürsten Europas kamen hierher, um Karlsbader Wasser zu trinken, Karlsbader Oblaten zu naschen und sich, ganz nebenbei, von ihrer elegantesten Seite zu präsentieren. Die oberen Zehntausend prägten den Karlsbader Stil und die einmalige Architektur dieser Stadt, deren Namen man auch in Geschichtsbüchern findet. 1819 wurden die »Karlsbader Beschlüsse« zur Bekämpfung revolutionärer Umtriebe und für strengere Zensur gefasst. Wonach die deutschen Liberalen an der Leine lagen.

»Weimar, Karlsbad und Rom sind die einzigen Orte, wo ich leben möchte«, schreibt Johann Wolfgang von Goethe 1812 an Wilhelm von Humboldt. Zwölfmal weilt der Dichterfürst hier, dreimal kurt er in Marienbad. Hier lernt er als 75-Jähriger die knapp 20-jährige Ulrike von Levetzow kennen, verliebt sich in sie und hält um ihre Hand an. Doch Ulrike gibt ihm einen Korb. Auf der Heimfahrt von Böhmen nach Weimar fasst Goethe seine Empfindungen in der »Marienbader Elegie« in poetische Worte.

Die Gästeliste von Karlsbad und dem jüngeren Marienbad liest sich wie das *Who's who* des Adels, der Bohemiens und Künstler; Johann Sebastian Bach und Ludwig van Beethoven kurten hier ebenso wie Richard Wagner, Johann Strauss, Franz Liszt, Robert Schumann und Frédéric Chopin, Friedrich Schiller, Stefan Zweig, Karl Marx und Friedrich Nietzsche. Heute sind es zunehmend Neureiche aus Moskau und St. Petersburg, die wie einst Maria Theresia aus Schnabeltassen die weltberühmten Thermalwasser aus den Heilquellen trinken: gegen Magen- und Darmbeschwerden sowie Fettleibigkeit.

In Marienbad ist die Zeit stehen geblieben: Der Verkehr war müde, nur ein Tourbus stoppte vor dem Grand Hotel Pacifik mit seiner überbordenden Jugendstilfassade, an der Titanen Balkone stützen und auf deren Türmen kupferne Engel goldene Lorbeerkränze schwenken. Ich sah mit prächtigem Stuck verzierte Gebäudefronten im Schönbrunnergelb neben verspielten weißen Gründerzeitfassaden. Ein von zwei prächtigen Braunen gezogener Fiaker polterte vorbei, ich wähnte mich ins Jahr 1880 zurückversetzt, doch dann holte mich das sonore Gebrumm zweier Hondas in die Gegenwart zurück. Marienbad liegt dicht an der deutschen Grenze. Ich überquerte sie, um Ludwig zu treffen.

Wenn sie nicht gerade auf Reisen sind, leben Linda und Ludwig in ihrem kleinen Dorf zwischen Bayreuth und Amberg.

Wir hatten uns kaum begrüßt, da drängte mich Ludwig schon, ihm zu seiner Yamaha Virago zu folgen. »Rund 1100 Kubik, gut 55 PS«, präsentierte er seine Maschine. Als er den Motor startete, grinste er wie ein Lausbub übers ganze Gesicht, denn der Sound seiner Maschine war so satt wie der einer klotzigen Harley.

»Mensch, Ludwig, wie hast du denn das gemacht?«

»Musste meine Harley Sportster verkaufen, weil Linda der Soziussitz zu unbequem war. Als ein Bekannter in Portugal seine Virago aus Altersgründen verkaufte, griff ich zu«, berichtete Ludwig. »Aber wenn schon keine echte Harley mehr, dann muss mein Feuerstuhl zumindest die vertraute Musik machen ...«

»Stört sich niemand daran?«

Ludwig grinste: »Ich stör mich daran nicht. Gelegentlich schon mal ein Polizist ... 20 oder 30 Euro Bußgeld sind mir der Sound meines Motorrades aber wert!« Er bat mich in die Wohnstube.

Eines Tages fanden die Gymnasiallehrerin Linda und der Reitlehrer Ludwig zusammen und heirateten. Linda quittierte den Schuldienst, erfolgreich bauten die beiden einen Reiterhof auf. 1990 verpachteten sie ihn und gingen auf Weltreise.

»Wir wollten über Frankreich und Portugal Richtung Marokko, von wo es durch Afrika nach Kapstadt gehen sollte«, erinnert sich

Ludwig und füllt die Gläser. »Aber Portugal ließ uns nicht los. Wir campierten an einem See zwischen Hügeln, wo Kork- und Steineichen wachsen, zu denen Bauern seit Jahrhunderten ihre Schweine zur Eichelmast treiben. Eines Tages lernten wir dort einen Einheimischen kennen, der ein unbebautes Grundstück mit altem Korkeichenbestand verkaufen wollte. Wir brauchten eigentlich kein Grundstück, wir standen am Beginn einer Weltreise ... Nun ja, wir einigten uns dann doch auf einen Preis, das Notarielle war schnell erledigt, und in null Komma nichts waren wir Eigentümer eines traumhaft gelegenen Drei-Hektar-Grundstücks in Portugal.«

Dass Linda und Ludwig mit ihrem Siebentonner-Wohnmobil später doch noch so manch andere schöne Ecke unseres Globus bereist hatten, war nicht minder spannend. Der Gesprächsstoff würde uns unterwegs nicht ausgehen.

Bei Furth im Wald überquerten wir die tschechische Grenze und folgten dem Böhmerwald nach Budweis (České Budějovice).

Den Böhmerwald hatte ich mir immer als verzauberte Märchenkulisse vorgestellt. Meine Fantasie ließ Postillione mit gelben Postkutschen über bucklige Straßen holpern, während die Sichel des Mondes romantisch hinter einer silbernen Wolke hervorlugte.

Allzu weit klaffen Fantasie und Realität nicht auseinander.

Auf 200 Kilometer Länge bilden Böhmerwald und Bayerischer Wald eine geologische Einheit, die der Eiserne Vorhang allerdings politisch auseinander gerissen hatte. Doch die Nachteile von einst sind die Vorteile von heute, denn dem größten zusammenhängenden Waldgebiet im Herzen Europas blieben Verkehrserschließungen und Massentourismus erspart. Ich freute mich auf die Motorradfahrt durch den Böhmerwald, der im Jahr 2000 mit dem Bayerischen Wald zur Landschaft des Jahres gekürt worden war und unter dem Motto »eine Landschaft, die verbindet« als »Naturlandschaft zweier Nationen« behutsam entwickelt werden soll.

Nicht nur nach Rom führen viele Wege, sondern auch nach Budweis. Wir könnten zum Beispiel dem bewaldeten Kamm des Böhmerwalds folgen und dort viel Fahrspaß haben oder aber entlang seiner Nordflanke hübsche alte Dörfer besuchen.

Wir entschieden uns für das Beste beider Routen. Östlich von Klattau (Klatovy) setzten wir den Blinker nach rechts und folgten dem Otava-Fluss. Schon waren wir in den Hochlagen des Böhmerwalds; Serpentinen, Wälder, Fahrgenuss pur. In 1000 Meter Höhe folgten wir der Donau-Elbe-Wasserscheide, einer märchenhaft verwunschenen Region mit schindelverkleideten Gehöften und Gasthäusern, die dem Biker mit Schinkenknödeln, Prager Würstchen oder fangfrischer Forelle den Mund wässrig machen. In Kvilda erreichen wir den Goldenen Steig, jenen berühmten Handelsweg, auf dem bis zum 17. Jahrhundert Salz von Österreich und Bayern nach Böhmen transportiert wurde. Die Moldau beginnt hier ihre Reise. Von den Hochsümpfen bei Kvilda plätschert sie nach Budweis, schlängelt sich fotogen durch Prag und mündet kurz vor der deutschen Grenze in die Elbe. Ich hörte die Moldau wie in Smetanas gleichnamiger symphonischer Dichtung leicht, beschwingt und oft mitreißend fröhlich durch die Höhen des Böhmerwalds in Richtung Budweis springen.

»Ich setzte die Flasche Budweiser an, nahm einen Schluck, hielt inne, schüttelte den Kopf und fragte mich, wie eine solche Plörre den Namen dieser schönen Stadt tragen kann.«

Ich blickte Ludwig an, der neben mir in einem Straßenrestaurant in der Altstadt von Budweis an seinem Bier nippte.

Vor uns lag der große quadratische Marktplatz, das Herz der Stadt mit dem Samson-Brunnen in der Mitte. Es duftete nach Bratwürstchen, und auf einer überdachten Bühne sang ein tschechisches Duo auf Deutsch »Die kleine Kneipe in unserer Straße«. Akkordeon-

und Trompetenspieler begleiteten die Troubadoure im Böhmerland-Sound. Ich nahm meinen Faden wieder auf:

»Ich las das Etikett der Flasche und lachte. Juliana fragte, was los sei, las und lachte auch. Da stand: ›*It's the water*‹, das Wasser macht's. Genau so schmeckte das Bier: wie Wasser.«

»Das kann aber nicht aus diesem Budweis hier gekommen sein«, sagte Ludwig.

»Tja, mein erstes Budweiser war ein *American* Budweiser, und zwar vor langer Zeit in Honolulu auf Hawaii. In all den Jahren, die ich später in Amerika verbrachte, habe ich mich nie an das Zeug gewöhnen können.«

Was es mit den beiden Budweiser-Bieren denn auf sich habe, wollte Ludwig wissen. Ich erzählte ihm die Story.

»Es beginnt 1876 mit dem aus Bad Kreuznach stammenden Eberhard Anheuser und dem Mainzer Adolphus Busch im US-Staat Missouri. Begeistert von einem aus Budweis mitgebrachten Bier, sichern sich die beiden Immigranten 1878 den Namen ›Budweiser‹ als Markenzeichen. 17 Jahre danach setzt in Böhmisch Budweis eine Brauerei die jahrhundertealte örtliche Brautradition unter dem Namen ›Budweiser‹ fort. Der Ärger beginnt, als beide Brauereien in den internationalen Markt eintreten. Der als *bud-battle*, sprich: Budweiser-Schlacht, bezeichnete juristische Schlagabtausch über die Namensrechte währt bis heute.«

Doch anders als in Amerika gilt Bier im Pilsner- und Budweiser-Land als unverzichtbares Grundnahrungsmittel. Jeder Tscheche stemmt jährlich 166 Liter Bier, womit er sein Land als wahrer Patriot auf Platz Eins der Weltrangliste hält.

Wir bestellten uns ein weiteres Budweiser-Budvar.

Ludwig lehnte sich in seinem Stuhl zurück. Rechts von uns stand das hellblaue barocke Budweiser Rathaus mit den drei markanten Türmen und dem alten Stadtwappen über dem Portal, auch weitere hübsche alte Gebäude waren an diesem Abend effektvoll beleuchtet. Bei solch märchenhaften Panoramen verwundert es nicht, dass die Filmbranche Südböhmen als Filmkulisse längst fest gebucht hat.

Ludwig hob sein Glas. Wir stießen an, und er sagte: »Wo man trinkt, da lass dich nieder, denn bösen Menschen ist das Bier zuwider.« Budweis konnte nicht gemeint sein.

Wer in Budweis ist, muss Schloss Hluboká (Frauenberg) besuchen, heißt es. Also fuhren auch wir anderntags zu dem malerisch oberhalb der Moldau errichteten Hluboká, das die Fürsten von Schwarzenberg im 19. Jahrhundert durch einen radikalen Umbau in ein Märchenschloss à la Windsor Castle verwandelt hatten. Märchenhaft ist auch der Blick auf Krumau (Český Krumlov). Auf einer Halbinsel in einer eigenwilligen Moldau-Schleife gelegen, ist Krumau eine der geschlossensten und schönsten mittelalterlichen Städte Mitteleuropas.

Bis zur österreichischen Grenze waren es von hier aus nur noch wenige Kilometer.

»Hier im Mühlviertel haben wir uns niedergelassen, um in Österreichs abgeschiedenstem Winkel ein alternatives Leben zu führen«, sagt Gerhard Nussbaummüller und fügt bedauernd hinzu: »Das war damals. Nach Öffnung der tschechischen Grenze liegt Bad Leonfelden genau auf der Achse Linz–Budweis.«

Wir waren zu Gast bei Gerhard und seiner Frau Margarete, die Ludwig vor Jahren auf dem Chilcoot-Goldgräber-Trail zwischen Alaska und Kanada kennen gelernt hatte. Gerhard und Margarete wollen in zwei Jahren aussteigen. Zwei beim Militär ersteigerte Steyr-Lkws stehen bereit, einer als Wohnmobil, der andere als Ersatzteillager. Und der gefüllte Sparstrumpf wird helfen, die Träume von Island, Kanada und Alaska wahr werden zu lassen.

Wir saßen hinter dem Wohnhaus der beiden am Waldrand, Gerhard bereitete in einem großen Topf über offenem Feuer Gulasch zu. Der Himmel war sternklar, die Luft mild, unsere Gespräche weltumspannend, der Wein süffig und die Stimmung großartig.

Völlig unerwartet blitzte es gegen vier Uhr morgens, und ein ohrenbetäubender Donnerschlag riss alle aus dem Schlaf. Der anschließende Regen hörte 20 Stunden lang nicht auf. Es regnete noch, als wir weiträumig Linz umfuhren, es regnete, als wir uns der Steiermark näherten. Leichter Niesel lag noch in der Luft, als wir durch den Ort St. Johann fuhren, dafür kroch jetzt kalter Nebel die Berghänge herab. Der Himmel über den Niederen Tauern wurde immer finsterer. Wie eine schmutzig graue Wand stand Nebel über der Straße, als wir uns Judenburg näherten. Heute noch nach Slowenien einreisen zu wollen, war unrealistisch. Wir übernachteten in dem kleinen Ort Scheifling im Gasthof zur Post. Mindestens 300 Jahre alt sei diese Herberge, sagte die Wirtin und ließ uns die Motorräder regengeschützt in der Eingangshalle parken.

An solchen Tagen sind freundliche Menschen Balsam für die Seele des Reisenden. Es war spät, und der Wirt des Gasthofs Glöckle hatte seine Küche bereits geschlossen. Die letzten fünf Einheimischen verließen gerade die Schankstube. Wir waren die einzigen Gäste. Aber der Wirt sah wohl, dass wir ausgehungert waren, und hatte ein Einsehen. Ja, Wiener Schnitzel, Pommes und Salat könne er uns noch zubereiten. Eine ältere Frau, so um die 75, im weißen Kittel, gebeugt, grauhaarig mit offenem Gesicht und sehr freundlich, brachte das Essen und erkundigte sich nach unserem Wohlbefinden. Sie hoffe, es gehe uns gut, sagte sie, und wir sollten es uns schmecken lassen. Sie verabschiedete sich, ging in die Küche zurück. Ich hatte von diesem kleinen Ort noch nie gehört. Aber ich fühlte mich willkommen geheißen. Gut gelaunt gingen wir zurück in den Gasthof zur Post.

Mit der guten Laune war es vorbei, als ich im Kärntner Unterland bei einem Harley-Davidson-Händler den abgefahrenen Hinterreifen ersetzen lassen wollte.

Durch eine große Glasfront betrete ich den Verkaufsraum, in dem sich auch die Reparaturannahme befindet. Ein junger Mann in orangefarbenem Hemd mit Harley-Logo drauf erhebt sich mühsam, fragt lustlos, was wir wünschen.

»Einen neuen Hinterreifen.«

»Moment«, sagt er, geht in die Werkstatt. Zurückkehrend: Am Freitag könne ich einen Termin bekommen.

In zwei Tagen?! Wir sind unschwer als Reisende zu erkennen. Deutlich sichtbar, parkt vor dem Fenster die voll bepackte Fat Boy. Und ein Reifenwechsel ist doch für einen Fachmann eine Kleinigkeit! Der junge Mann holt auf meine Bitte hin den Meister selbst. Grußlos schaut der an mir vorbei aus dem Fenster. Ja, ausnahmsweise heute Nachmittag, in vier Stunden könne ich einen neuen Reifen auf der Maschine haben, sagt er.

»Was kostet das?«

»339 Euro.«

Ich bin fassungslos. Das sind 200 Euro mehr, als der nackte Reifen beim Reifenservice ein paar Straßen weiter kostet.

Ja, sagt der Meister, aber das hier sei nun mal eine offizielle Harley-Davidson-Werkstatt. Jetzt meldet sich ein Mann zu Wort, der drei Meter von mir die ganze Zeit teilnahmslos an der Kasse gesessen hatte. Vielleicht der Geschäftsführer. Er spricht über meinen Kopf hinweg mit dem Meister. Es gebe ein Reifen-Special, Hinterradreifen und Montage für 239 Euro, bequemt sich der Meister zu sagen.

Ich höre, wie Ludwig nach Luft schnappt und etwas nicht Druckreifes knurrt…

Spät am Nachmittag fuhr ich mit einem neuen Hinterreifen sicher den steilen Loibl-Pass hinab nach Slowenien. Es war dunstig, und die Luft war warm. Während mir in Österreich kalter Wind ins Gesicht geweht hatte, fächelte uns hier warme Luft entgegen. Und durch das diffuse Weiß funzelte eine blassrote Sonne auf das hügelige Land. Ich war nach langer Reise im Süden angekommen.

31
Auf der Sonnenseite der Alpen – Slowenien

Warum um alles in der Welt setzt man sich auf seinen Bock? Lässt sich durchrütteln, vom Regen durchnässen, vom Wind peitschen und von der Sonne gerben? Motorradfahren ist wie eine Sucht – und es ist völlig egal, dass sogar die Kinder in einer überholenden Urlauberlimousine mit dem Finger auf den Biker zeigen und mitleidig »Mutti, Mutti, guck mal der da!« rufen.

Meine erste große Liebe nannte ich »Feuerstuhl«. Das Feuer aus 250 Kubik jener BMW R25/3 war gegenüber einem Harley-Feuer aus rund 1400 Kubik vergleichsweise bescheiden. Aber das spielt eine untergeordnete Rolle, denn Motorradfahren heißt für mich nicht Rasen, sondern Reisen, beschauliches Entdecken und unmittelbares Erleben. Nervenkitzel und Adrenalinkick nicht ausgeschlossen. All das erwartete ich in Slowenien.

Ich hatte Slowenien als den südlichsten Punkt meiner Reise gewählt, weil ich neugierig auf seine 46 Kilometer lange Adriaküste war. Ein hübscher Kontrapunkt zu dem skandinavisch-herben Norden. Auf einem Foto sah ich Zypressen, eng aneinander geschmiegte Häuser und einen Campanile ähnlich dem von San Marco in Venedig. Ohne meine Neugier hätte ich vieles andere versäumt: die unterirdische Fabelwelt der 6000 Karsthöhlen, einen der romantischsten Alpenseen bei Bled und das alte habsburgische Laibach, das heute Ljubljana heißt.

Ich besaß allenfalls Grundkenntnisse über Slowenien, war mir aber sicher, dass mir nicht dasselbe passieren würde wie US-Präsident George W. Bush, der einmal Slowakei sagte und Slowenien meinte.

Allerdings sind gewisse Orientierungsprobleme bei diesem Neuling im europäischen Club vorprogrammiert: einen Staat Slowenien gab es lange nicht, stattdessen lebten die Slowenen unter der Hoheit anderer: 788 gliedert Karl der Große ihr Stammesgebiet in sein Reich ein. Rund 100 Jahre später wird es Teil des Heiligen Römischen Reiches Deutscher Nation, fällt dann aber ans Haus Habsburg, von dem es die nächsten 600 Jahre regiert wird. Deutsch ist Amtssprache wie auch die Sprache der slowenischen Oberschicht. Es entstehen hübsche k.-u.-k.-Städte wie Laibach und Marburg (Maribor). Slowenen kämpfen mit Österreichern Seite an Seite gegen Preußen, nehmen an Maximilians Mexiko-Expedition teil und liegen 1915–17 im Kampf gegen Italien am Isonzo mit Österreichern und Deutschen in denselben Schützengräben. Ab 1918 gehören sie zum »Vereinigten Königreich der Serben, Kroaten und

In den Bergen Sloweniens genießt Ludwig die Freiheit auf der Harley.

Slowenen« und nach 1945 zur Volksrepublik Jugoslawien. Anfang 1992 erfolgt die Anerkennung als selbständiger Staat. Dieses Land von der Größe Hessens entwickelt sich seitdem zum »Musterländle«, das mit beeindruckender wirtschaftlicher Entwicklung, hochqualifizierten Arbeitskräften und sprichwörtlichem Fleiß glänzt. Seit jeher gelten die Slowenen als »Preußen des Balkans«, wobei sie sich dem Balkan nie zugehörig fühlten.

Wir hatten unsere Maschinen auf einem kleinen Platz unterhalb des Loibl-Passes geparkt. Eine eigenartige Stimmung lag über dem Land; es war extrem diesig, die Sicht betrug allenfalls zwei Kilometer. Der Triglav, der mit 2864 Metern höchste Berg Sloweniens, verbarg sich im Dunst.

»Lass uns über Begunje nach Bled fahren.« Bled war der bekannteste Urlaubsort weit und breit.

Ludwig nickte.

Ich kannte bislang nur drei Slowenen, zwei aus dem Fernsehen und einen persönlich. Da war erstens Polkastar Slavko Avsenik aus Begunje, der mit seinem »Original Oberkrainer Quintett« meine Eltern in Begeisterungsstürme ausbrechen ließ, wenn er beim »Musikantenstadl« auftrat. Der Zweite, Davo Karničar, fuhr als Erster auf Skiern vom Gipfel des Mount Everest; ich bewunderte ihn für seinen Wagemut und sein Können. Den Dritten, einen ehemaligen jugoslawischen Biathlon-Olympiateilnehmer namens Brane Kozinc, lernte ich persönlich in Alaska kennen, wo er sich kurz nach dem Start eines Extremsport-Events einen Ski zerbrach und die restlichen 500 Kilometer bei 30 bis 40 Grad minus zu Fuß zur Ziellinie stapfte.

In Bled, das schon während der k.-u.-k.-Monarchie ein beliebter Urlaubsort gewesen war, hätte ich gern die berühmte Insel im Bleder See fotografiert. Aber dicker Dunst verbarg alles. Nur verschwommen nahm ich die barocke Mariä Himmelfahrt-Kirche mit dem viereckigen weißen Turm und dem schlanken Helm wahr. Den dahinter senkrecht aufstrebenden Felsen mit der 1000 Jahre alten Bischofsburg ahnte ich mehr, als dass ich ihn sah.

Am gegenüberliegenden Seeufer steuerten wir den weitläufigen Campingplatz an. Die blasse Sonne war gänzlich erloschen, als wir oberhalb des Platzes in ein hübsches kleines Holzhaus einzogen.

Wir saßen auf der Terrasse, aßen knuspriges Weißbrot mit herzhafter Mettwurst aus der Kraina und tranken schweren roten Terano, einen Wein, der auf den stark mineralhaltigen slowenischen Karstböden gedeiht. Das Essen in Slowenien ist so schmackhaft wie das in Österreich, die Delikatessabteilungen der Supermärkte spiegeln zudem den mediterranen Einfluss wider. Wir plauderten über Gott und die Welt und ließen es uns gut gehen. Irgendwann war unsere Flasche Terano leer. Es hatte leicht zu regnen begonnen. Durch die Zweige des Waldes blitzten die Lichter des Campingplatzes unter uns. Zu den unvergesslichen Stunden meiner Reisen zählen jene, die ich mit anderen Weltenbummlern am Lagerfeuer oder im Schein der Petroleumlampe verbrachte. Vor allem mit solchen Globetrottern wie Ludwig …

Wo kann man vormittags in den Alpen klettern und bereits am Nachmittag im Mittelmeer baden? In Slowenien. Als Motorradfahrer entdeckte ich hier zudem Gebirgsrouten, die nicht annähernd so stark frequentiert sind wie die anderer Alpenregionen.

Von Bled folgten wir der parallel zur österreichischen Grenze verlaufenden Sava bis zum Wintersportzentrum Kranjska Gora, dem einstigen Kronau. Danach wurde es bergig, und die Straße schraubte sich in die Julischen Alpen. Wir waren jetzt im Triglav-

Nationalpark. Der Triglav war wolkenfrei und zum Greifen nah. Die nachfolgende Strecke war pures Fahrvergnügen. Nach einem 1611 Meter hohen Pass ging es in 50 atemberaubenden Serpentinen mit herrlichen Tal- und Bergblicken hinab an die Soča, einen Fluss, der im Italienischen Isonzo heißt.

In den Obstbäumen der Bergbauern hingen rote Äpfel, die sorgfältig gespaltenen Holzscheite waren für den Winter an den Hauswänden gestapelt. Familien saßen auf Terrassen und schauten zu, wie die Biker sich nach Osten in Richtung Bovec (Flitsch) entfernten. Unsere Straße folgte jetzt der türkisfarbenen und kristallklaren Soča, an deren Ufer Outdoor-Spezialisten für Wildwasserexkursionen warben. An ihrem Oberlauf ist die Soča einer der schönsten Wildwasserflüsse Europas. Angler schätzen ihre Äschen und die bis zu 20 Kilo schweren Marmorata-Forellen.

Bovec liegt an der Schnittstelle von Alpen und Adria. Die Luft war mit einem Mal mild, es duftete nach den Kräutern und Blüten des Südens, pralle Weintrauben hingen an Rebstöcken.

Auf einer Geröllbank in der Mitte der Soča sah ich ein gelbes Schlauchboot, dessen Besatzung pausierte. Zwei Kajakfahrer probten die Eskimorolle im Fluss, den neben den Italienern auch die Habsburger Isonzo nannten.

Auch Ernest Hemingway sah diesen Fluss und beschrieb dieses Land. Doch das Bild, das er zwischen 1915–1917 als blutjunger Rot-Kreuz-Sanitäter zeichnete, war düster. Hemingway wurde Zeuge der zwölf Isonzo-Schlachten und verarbeitete seine Eindrücke in dem Roman *In einem andern Land*. Italien hatte Österreich-Ungarn den Krieg erklärt. Hier am Isonzo starben Hunderttausende italienischer Soldaten drüben und Hunderttausende österreichisch-ungarische und deutsche Soldaten hüben. Es war eines der grausamsten Schlachtfelder des Ersten Weltkriegs.

Unweit von Neu Görz (Nova Gorica) mündet der Fluss auf italienischem Gebiet in den Golf von Triest. Wir hingegen folgten der Landstraße nach Osten und erreichten das slowenische Karstgebiet, das so löchrig ist wie Schweizer Käse.

Als der liebe Gott die Welt erschuf, hob er einige der schönsten Naturschätze auf und verteilte sie behutsam dort, wo später der Staat Slowenien entstehen sollte. Davon sind die Slowenen fest überzeugt.

Und so sieht es auch Tomaž, mit dem wir an den Höhlen von St. Kanzian (Škocjanske jame) verabredet sind. Er ist Ende 30 und hat seine Leidenschaft für Höhlen zum Beruf gemacht.

»Aus der Adlerperspektive ist unsere Karstlandschaft eher unspektakulär«, räumt Tomaž ein. Das aber ändert sich, als er die Pforte zur Höhle hinter uns verschließt und wir in die vom Fluss Reka modellierte Unterwelt hinabsteigen.

»Der Begriff ›Karst‹ stammt vom slowenischen Wort *kras*«, weiß er und berichtet, dass der Reka oben in mehreren Spalten im zerklüfteten Kalkstein dieser Karstlandschaft verschwindet. »Bei normalen Wetterverhältnissen stürzen neun Kubikmeter Wasser pro Sekunde in die Höhlen von St. Kanzian (Škocjanske jame), bei Hochwasser können es bis zu 380 Kubikmeter sein!« Dann schwillt der Wasserpegel im Höhlenlabyrinth schon mal auf bis zu hundert Meter an.

Wir folgten Tomaž in die geheimnisvolle, vielfältige Unterwelt der Tropfsteinhöhlen. Wir waren die einzigen Besucher, und nur das Pitsch-pitsch-pitsch des Wassers erfüllte diese verwunschene Welt.

Wir erreichen einen gesicherten Felsvorsprung und schauen in eine von Lampen effektvoll beleuchtete 70 Meter tiefe, senkrecht abfallende Schlucht. Atemberaubend. Tosend schießt von rechts der Reka in den als Hanke-Kanal bezeichneten Hauptstrom des Höhlenlabyrinths. Das Gurgeln des Flusses dröhnt wie überlautes

Rauschen von Blut in den Ohren und füllt den 100 Meter hohen Naturdom, an dessen Ende der Reka in einer Felsenge verschwindet, um nach 34 Kilometern nahe der Adria wieder ans Tageslicht zu treten. Zum Glück war die Wetterlage draußen stabil und der Himmel blau. Kein Regen in Sicht. Aber einen Moment lang stellte ich mir vor, wie es sein muss, wenn die Reka bei Extremhochwasser die unterirdische Schlucht bis zur Decke füllt und Holzleitern, Stege und Lampen mit sich fortreißt.

Ein Naturschauspiel wie dieses hatte ich noch nie gesehen. Ich war auf den Geschmack gekommen.

»Wenn ihr noch mehr Abenteuer sucht, ist die Križna jame (Kreuzberghöhle) genau das Richtige«, köderte Tomaž uns und schrieb uns die Telefonnummer von einem gewissen Aloijs auf.

Wir setzten uns auf die Motorräder und fuhren in Richtung Cerknika (Zirknitz). An einer Hütte am Ende eines entlegenen Waldweges trafen wir Aloijs, einen sportlichen 50-jährigen Höhlen-*guide*, der das Labyrinth der 22 unterirdischen Seen der Kreuzberghöhle wie seine Westentasche kennt.

Ich stellte mir vor, Aloijs wäre Jules Verne und wir reisten mit ihm zum Mittelpunkt der Erde. Er gab uns regenfeste rote Overalls, stabile Gummistiefel, rote Helme und helle Stirnlampen. Unsere Reise stoppte schon bald bei dem mächtigen Schädel eines Höhlenbären. »Der war vor langer, langer Zeit der Hausherr am Höhleneingang«, sagte Aloijs.

Und schon verschwanden wir in der Tiefe. Es wurde tatsächlich eine Reise so fabelhaft wie die von Jules Verne. Ohne Licht, nur im hier- und dorthin huschenden Schein unserer Stirnlampen. Wo die Seen nicht miteinander verbunden waren, schleppten wir das Schlauchboot von See zu See, sorgfältig darauf bedacht, nicht die über Jahrtausende von Wassertropfen modellierten Kalkformationen zu zertreten. Unsere Stirnlampen streiften Fledermäuse, auch Steinmarder suchen gern die Höhleneingänge auf. Es war unheimlich, die Stimmen hallten, Wasser rieselte hier, gluckste dort, plätscherte durch Kanäle, bis es in Spalten verschwand. Die Leuchtkegel streiften Stalaktiten, die wie spitze Degen von der Höhlendecke herabhingen. Nach zwei Stunden märchenhafter Reise gelangten wir zu einer großen Höhle, an deren Ende sich Stalaktiten und Stalakmiten zu mächtigen Säulen geschlossen hatten.

Ich stellte mir vor, dies wäre das Schloss des »Königs vom Mittelpunkt der Erde«. Ich sah ihn förmlich vor mir: mit seinem bis zum Boden reichenden Bart, der goldenen Krone und dem langen Stab, auf den er sich stützt, zottelige Höhlenbären und unheimliche Fledermäuse im Gefolge. Doch Aloijs drängte zum Aufbruch. Und wir reisten zurück in die Oberwelt.

32 Schlussfanfaren

Der helle Marmor des Tartini-Platzes spiegelte die tausend Lichter von Piran, deren Altstadt sich auf einer leicht gekrümmten Halbinsel in den Golfo di Trieste schiebt. So habsburgerisch-barock sich das alte Laibach gibt, so beschwingt venezianisch präsentiert sich Piran.

»Ich hätte mir kein schöneres Ziel wünschen können«, sagte ich, und Ludwig nickte. Wir saßen auf einer steinernen Bank am Rande des Platzes. Der Komponist Giuseppe Tartini stand leicht vornübergebeugt in Bronze auf der gegenüberliegenden Seite. Die Violine in der Linken und den Bogen in der Rechten, verneigt er sich. Vielleicht eine Geste für seinen Geburtsort, an dem schon in der Antike griechische und römische Seefahrer anlegten. Piran erblühte unter der Herrschaft Venedigs und gedieh unter den Habsburgern, denen Piran und die Schwesterstädte Koper und Izola mehr als ein Jahrhundert gehörten.

Kinder sausten auf Inlinern über den Platz, Halbwüchsige spielten Fußball, dass ich schon mal vorsorglich den Kopf einzog. Hinter Tartini steht ein altes, dunkelrotes Gebäude mit Spitzbogenfenstern, das Venezianische Haus, an dem vorbei man auf schmalen, lauschigen Gassen zu der über der Stadt gelegenen Georgskirche (Sv. Jurij) gelangt. Ihr schlanker Campanile war es, der mich auf Piran neugierig gemacht hatte. Eine Hochzeitsgesellschaft zog an uns vorbei und nahm vor einem Restaurant an einer festlich gedeckten Tafel unter freiem Himmel Platz. In Straßencafés wurde geplaudert und Zeitung gelesen, einer trank Mokka, die meisten waren schon beim Bier, das man hier Pivo nennt.

Es war unerträglich schwül, doch plötzlich kam leichter Wind auf. Erfrischend. Aber er trieb auch Wolken vor sich her.

Ich sah Paare Hand in Hand über den Platz schlendern und erinnerte mich, wie Juliana und ich durch das nächtliche St. Petersburg gebummelt waren. Dort wollte man die langen Weißen Nächte des kurzen Sommers um jeden Preis bis zum Morgengrauen auskosten. Über dem Tartini-Platz hingegen lag die Beschwingtheit des Südens, der nicht mit verführerischen Sommernächten geizt.

Was Juliana wohl in diesem Moment machte? Ich wusste, auch sie würde dieses Bild im weichen Licht der Laternen genießen: halblinks das Rathaus mit dem Säulenportal, an das sich der Justizpalast anschließt. Schweift der Blick weiter zum Meer, erreicht er die Bootsanleger, an denen neben blauen, gelben und roten Fischerbooten elegante Hochseejachten dümpeln. Weit draußen ankerte eine Zwei-Millionen-Euro-Jacht aus Gibraltar. Der Wind frischte auf. Taue und Kabel klatschten nervös gegen Schiffsmasten. Die Abkühlung tat wirklich gut. Ich wünschte, Juliana könnte hier mit mir das Ende unseres Harley-Ride feiern.

Es war eine spannende Reise gewesen, immer den Bass der Harley im Ohr. Auch Wyatt und Billy lenkten ihre Harleys in *Easy Rider* gen Osten und suchten eine neue Freiheit. Im Gegensatz zu ihnen haben wir sie gefunden. Und dass hinter dem einst bedrohlichen Eisernen Vorhang in Riga, Nowgorod und Piran Menschen leben, die so gern lachen, bummeln, reisen und feiern wie wir, war eine meiner schönsten Entdeckungen.

Aber das neue Europa reicht von Narwa an der russischen Grenze übers Schwarze Meer hinaus bis Zypern im östlichen Mittelmeer und bis Malta vor der Küste Nordafrikas! Da lag doch noch viel Neuland vor uns, das entdeckt werden wollte!

Während die Lichter mich umspielten und die Stimmen der ausgelassenen Hochzeitsgesellschaft am anderen Ende des Platzes zu mir drangen, stellte ich mir vor, wie ich Juliana fragte, ob diesem Motorradsommer nicht ein weiterer folgen könnte.

Sie ahnt, dass die Frage kommen muss. Hatte sie bei unserem Abschied in Tallinn ja selbst in den Raum gestellt. Aber die Antwort hing noch in der Luft ...

Seit frühester Jugend können meine Reiseziele nicht fern genug sein. Als 14-Jähriger überredete ich meine Eltern, diesmal nicht mit unserem Käfer ins wunderschöne Berchtesgadener Land, sondern nach Südtirol zu reisen. Das lag schließlich in Italien. War Ausland! Als 19-Jähriger knatterte ich, meinen Bruder Hilmar im Beiwagen, auf meiner 250er BMW durch den gesamten Alpenraum. Wenige Jahre später war ich mit Juliana auf dem Weg zum Himalaja, bald folgte der Rest der Welt. Aber warum nur in die Ferne schweifen, wenn das Gute liegt so nahe: das neue Europa ...

Jetzt oder nie, sagte ich mir, zog mein Handy aus der Tasche und schrieb ihr eine SMS: »Grüße von der Adria, habe noch immer 1000 Träume im Tank ... Du bist doch im kommenden Sommer wieder dabei?!!«

»Ich bin durstig«, riss mich Ludwig aus meinen Gedanken.

Die jungen Inlineskater waren nach Hause gerollt, und die bolzenden Halbstarken hatten sich Ball dribbelnd in eine Seitengasse verzogen. Wir erhoben uns von unserer Steinbank. Der Wind nahm zu. Die Doppelseite einer Zeitung purzelte lustig über den Marmor, bis sie am Tartini-Denkmal hängen blieb. Ein Bläserquartett spielte mit einer Polka zum Hochzeitstanz auf.

Ich folgte Ludwig in die Aroma-Bar, die tagsüber große Eisportionen verkauft und abends kalte Drinks. Der Wirt mit dem pechschwarzen Haar und einer markanten Tartini-Nase brachte uns zwei Biere und unterhielt sich dann lautstark mit seinem 15-jährigen Gehilfen.

Wir stießen mit süffigem Laško pivo an.

»Aufs Reisen!«

Fast gleichzeitig hörte ich in meiner Hosentasche das Piepen meines Handys. Gespannt schaute ich aufs Display: »Bin dabei!«, schrieb Juliana kurz und bündig.

Es krachte so ohrenbetäubend, als wäre neben mir eine Kanone abgefeuert worden. Das Donnergrollen war noch nicht verklungen, als ein brüllender Sturm kübelweise Regen auf uns schüttete.

Blitze zucken, Donner schlägt erneut auf uns ein. Wir retten unsere Biergläser und flüchten ins Innere der Aroma-Bar. Draußen kippt unser Sonnenschirm zur Seite und poltert über die Straße, Stühle tanzen, auf den Tischen machen pralle Regentropfen Bocksprünge. Sintflutartig steigt das Wasser auf der Straße auf zehn, dann auf 20 Zentimeter.

»Da kannst nix machen ...«, philosophiert Ludwig und nippt in aller Seelenruhe an seinem Laško pivo. Und auch Violinvirtuose Tartini nimmt all das gelassen zur Kenntnis.

Am Morgen darauf atmete ich den schweren, süßen Duft des Südens. Die Wolken waren aufgebrochen, und die Sonne ließ das Land dampfen. Oleanderblüten dufteten, auf den Palmwedeln lagen noch die Tropfen der Nacht. Es war ruhig, nur ein Eichelhäher lamentierte im Walnussbaum. Auf dem Feld zwischen Haus und Meer bogen sich die Weinstöcke unter den erntereifen Trauben.

Meine Harley war bepackt, Ludwig setzte bereits seinen Sturzhelm auf, und wir schoben die Maschinen auf die Straße.

Ich bestieg die Fat Boy und drückte auf den Anlasser. Erfreut sang der V-Motor die Highway-Melodie. Noch einmal lautete das Motto *»go east«*, spätestens bei Maribor würde ich unwiderruflich nach Norddeutschland abknicken, zu Juliana. Mit 1000 Träumen im Tank.

Ostsee
Rügen
Pommersche Bucht
Lübeck
Rostock
Hamburg
Swinoujscie
(Swinemünde)
Gdańsk (Danzig)
Malbork
(Marienburg)
Kwidzyn
(Marienwerder)
DEUTSCHLAND
Elbe
Szczecin
(Stettin)
Odra (Oder)
Pila
(Schneidemühl)
Chełmno (Kulm)
Toruń (Thorn)
Beginn der Reise
Hannover
Braunschweig
Berlin
Kostrzyn
(Küstrin)
Gorzow Wlkp.
(Landsberg)
Magdeburg
Frankfurt/
Oder
Poznań
(Posen)
POLEN
Odra (Oder)
Neiße
Leipzig
Saale
Gera
Dresden
Görlitz
Wrocław
(Breslau)
Jelenia Góra
(Hirschberg)
Chemnitz
Erzgebirge
Schneekoppe
1602
Wałbrzych
(Waldenburg)
Riesengebirge
Hof
Karlovy Vary
(Karlsbad)
Elbe
Kłodzko (Glatz)
Nysa (Neisse)
Cheb (Eger)
Mariánské Lázně
(Marienbad)
Praha
(Prag)
Altvatergebirge
Racibórz
(Ratibor)
Plzen
(Pilsen)
TSCHECHISCHE
REPUBLIK
Ostrava
(Mährisch-Ostrau)
Nürnberg
Domazlic
(Taus)
Klatovy
(Klattau)
Bielsko-Biala
(Bielitz)
Cham
Bayerischer Wald
1456
Gr. Arber
Regensburg
České Budějovice
(Budweis)
Prachatice
(Prachatiz)
Passau
München
Linz
Donau
Bratislava
(Pressburg)
Salzburg
ÖSTERREICH
Inn
A l p e n
Niedere Tauern
Leoben
Graz
Villach
Klagenfurt
Plattensee
Kranjska Gora
(Kronau)
Maribor
(Marburg)
ITALIEN
Bled
SLOWENIEN
Nova Gorica
(Neu Görz)
Ljubljana (Laibach)
Celje
Ende der Reise
Triest
Piran
Koper
Venezia
(Venedig)

nach Klaipėda (Memel)
Kaliningrad
(Königsberg)
zu Russland
Kętrzyn
tenburg)
Wegorzewo
(Angerburg)
a Lipka
igelinde)
Gołdap
(Goldap)
Weisschanze
Masurische
Seenplatte
wo (Sensburg)
(Nikolaiken)
Ruciane-Nida
(Niesersee-Nieden)
idzica
leidenburg)
ława
lielau)
Kaunas
nach Riga
Vilnius (Wilna)
Trakai
Marijampole
Memel
Minsk
WEISSRUSSLAND
Bialystok
Warszawa
(Warschau)
Brest
Pullawy
Lublin
Kazimierz
Dolny
Sandomierz
UKRAINE
LOWAKEI
Dnjepr
MOLDAWIEN
NGARN
RUMÄNIEN
Donau

Nachweis der zitierten Literatur

Alfred Döblin, *Reise in Polen,* © 1968 Walter Verlag, Olten © 1992 Patmos Verlag GmbH & Co. KG, Walter Verlag, Düsseldorf

Marion Gräfin Dönhoff, *Namen, die keiner mehr nennt,* © 2004 Eugen Diederichs Verlag, München

Marion Gräfin Dönhoff, *Kindheit in Ostpreußen,* © 1988 Wolf Jobst Siedler Verlag, München, ein Unternehmen der Verlagsgruppe Random House GmbH

Hans Graf von Lehndorff, *Menschen, Pferde, weites Land,* © 1980 Biederstein Verlag, München

Siegfried Lenz, *So zärtlich war Suleyken,* © 1955 Hoffmann und Campe Verlag, Hamburg